◆学校心理辅导实务丛书◆ 丛书主编 吴增强

怎样开展学校心理健康教育活动

Zenyang Kaizhan Xuexiao Xinli Jiankang Jiaoyu Huodong

廖静瑜 主编

上海科技教育出版社

图书在版编目(CIP)数据

怎样开展学校心理健康教育活动/廖静瑜主编. ——上海:上海科技教育出版社,2016.7(2020.11重印)
(学校心理辅导实务丛书/吴增强主编)
ISBN 978-7-5428-6431-4

Ⅰ.①怎… Ⅱ.①廖… Ⅲ.①心理健康—健康教育—教学研究—中小学 Ⅳ.①G479

中国版本图书馆CIP数据核字(2016)第147230号

责任编辑　李志棣　顾　菁
封面设计　李梦雪

学校心理辅导实务丛书
吴增强　主编

怎样开展学校心理健康教育活动
廖静瑜　主编

出版发行	上海科技教育出版社有限公司 (上海市柳州路218号　邮政编码200235)
网　　址	www.sste.com　www.ewen.co
经　　销	各地新华书店
印　　刷	上海师范大学印刷厂
开　　本	787×1092　1/16
印　　张	16.75
版　　次	2016年7月第1版
印　　次	2020年11月第2次印刷
书　　号	ISBN 978-7-5428-6431-4/G·3666
定　　价	58.00元

《学校心理辅导实务》编委会

主　编

吴增强

编　委（按姓氏笔画排列）

王洪明　朱仲敏　吴增强　杨彦平　蒋薇美　廖静瑜　鞠瑞利

丛书总序

随着学校心理健康教育不断推进,心理辅导教师作为一支重要的专业队伍正在逐步形成和发展。我国的心理健康教育起步于20世纪80年代中期,经历了30年的发展,从无到有,从教育、卫生系统等专业机构的积极探索到政府部门的大力推进,取得了很大的进展。但同国外发达国家乃至台湾地区相比,我们学校心理辅导教师的专业化水平还是比较低的。一方面职前专业训练体系不完善,国内目前高校设立的临床心理学、咨询心理学、学校心理学专业方向的历史还不长,专业课程和专业训练也不尽成熟,致使进入学校的心理学背景毕业生的专业能力先天不足;另一方面职后继续教育与督导体系不完善。在美国或者我国台湾地区,一个新手心理咨询师做临床个案时需要接受资深心理咨询师的督导,而在国内特别是中小学心理辅导教师接受督导的机会少之又少。这与广大中小学心理辅导教师对专业的高度热情和强烈学习愿望又形成了巨大的反差。目前,各种心理咨询与辅导的专业书籍琳琅满目,使读者目不暇接。但是结合本土实践的学校心理辅导操作手册尚不多见。上海科技教育出版社凌玲副总编数次和我商议,可否为一线的中小学心理教师、班主任写一套既有专业性又有操作性的心理辅导丛书,并委派宁嘉炜、张蕊编辑前来策划丛书编写方案。

学校心理辅导教师主要任务是:承担心理健康教育课程教学、学生个别辅导、学校心理健康教育活动,学校心理辅导室建设与运作等等。据此,本丛书包含以下四本:《怎样上好心理课》《怎样做好个别辅导》《怎样开展学校心理健康教育活动》《怎样运作学校心理辅导室》。

《怎样上好心理课》,以学生成长为主线,由八个专题模块组成,包括生命意识、生活适应、人际交往、情绪管理、学习发展、青春健康、自我认识、生涯发展。从理论与实务和专题与教案两方面,对心理健康课教学的重点、难点进行了梳理、分析,给广大心理辅导教师提供教学指导意见。

《怎样做好个别辅导》,在简要介绍个别辅导的基本程序和注意要点之后,将中小学生常见心理困惑的辅导按照专题分章讨论,具体包括:自我与人格辅导、情绪辅导、学习心理辅导、青春期心理辅导、人际关系辅导、行为问题辅导和青少年危机辅导。结合具体个案,与广大读者分享对中小学生个别辅导的经验。

《怎样开展学校心理健康教育活动》,介绍了中小学开展的各种形式的心理辅导活动,包括学校心理健康活动周、小组辅导、心理社团、心理剧、朋辈辅导等。对中小学如何开展学校心理辅导活动进行了分析探讨,并给读者提供了具体的学校心理辅导活动案例和具体操作方法。

《怎样运作学校心理辅导室》,介绍了中小学心理辅导室的规划、建设使用和制度建设,学生心理测评和心理档案管理,以及学校心理辅导伦理。目前各地许多中小学都建有心理辅导室,但是如何发挥心理辅导室的功能,使之成为学校开展心理健康教育的中心,本书为读者提供了具体的、可操作的实例和建议。

这套丛书的共同特点是融科学性、专业性与实践性、通俗性于一体。它是为广大中小学心理教师提供辅导理论和实践的桥梁。一是,把心理辅导的理论通过案例、课例转化为心理辅导教师可以实际操作的手册。二是,参与丛书编写的人员大多数是来自一线的心理辅导教师,通过丛书撰写对丰富的实践经验加以理性提升,为读者提供有益的启示。

本丛书得以出版,理应感谢丛书编委会的各位老师和参与各册撰写的各位老师,也感谢凌玲副总编,宁嘉炜、张蕊编辑,她们为本丛书的出版付出了很多辛劳。

希望丛书的出版受到广大读者的欢迎,也希望大家多提意见,以便今后不断修改与完善。

吴增强

2016年2月于上海

前言

积极心理学的出现和发展引发了一场心理学领域的革命,将研究的重心从传统的病理问题转向关注人类的优势和美德等,主张要激发人的积极品质,如乐观、毅力、希望、主观幸福感等,使人在感受积极的过程中获得切实的积极力量,并为更好的生活提供正向的能量支撑和心理动力。心理健康教育活动就是给所有中小学生提供一种积极心理品质培育的氛围和平台,采用具有创造性、针对性的活动形式,重视和尊重每一位参与活动的学生,是帮助每个学生主动开发自己的潜能、培育积极心理品质并达到健康成长目标的活动过程。

心理健康教育活动是心理健康教育的重要途径,强调互动交流、重视体验。由于学生能亲身参与到活动情境中,感受会更加真切,可达到发展性和预防性教育的目的。此外,在活动过程中注重生生、师生之间的互动与配合,从而可使他们的心灵受到触动,情感产生共鸣,这样心理上就会发生深刻的变化,并且在行为和态度上得到相应的改进。

由于心理健康教育活动的重要性,一线中小学普遍在开展此类活动,但多属于一种自发的探索,不仅缺乏理论支撑和系统设计,也存在浅尝辄止的不足。一本理论与实践相结合、案例与操作相结合、实用性强且系统阐释心理健康教育活动的书籍应运而生。

本书中的心理健康教育活动是学校心理健康教育全方位、多时空的深入和拓展:在活动途径上,从课堂教学活动延伸到心理健康主题教育活动、团体心理辅导活动和学生心理社团活动；在活动时间上，从课内延伸到课外；在活动地域上，从校内延伸到校外；在活动组织上，从教师主导延伸到学生自主。这样的书籍，为一线心理健康教育工作者提供了心理健康教育活动的全貌。

与同类的图书相比，本书具有以下鲜明的特色：

(1)针对性强。这是国内第一本聚焦学校心理活动的书籍，可以作为一线中小学开展学校心理健康教育活动的指南。

(2)操作性强。本书三大板块：心理健康教育主题活动、团体辅导活动和学生心理社团活动，每个块面里都提供了详细的案例和点评(或建议)，这些案例都是一线学校实施过的、有成效的，学校可以参考案例和点评(或建议)直接操作和使用，可谓一线学校开展学校心理健康教育活动的蓝本。

(3)可拓展性强。本书不限于为学校提供指南和蓝本，在提供的每一学段、每一种类的学校心理活动中，都提供了理论基础，为读者提供了进一步深入学习的基础。有需要拓展的读者可按图索骥，加强学习，设计出更为深入专业的活动。

本书主要分三大板块。三大板块共同的特点是理论与实践紧密结合，案例与操作清晰明确，既能满足一线心理健康教育工作者对实践素材的渴求，又能为他们提供进一步理论学习的通道。

第一板块为心理健康教育主题活动，由七章组成，第一章主要从理论层面介绍心理健康教育主题活动的作用、特点、理论基础、分类、实施以及评价等；第二至第七章，分别介绍了适合小学、初中、高中三个学段的典型心理健康教育主题活动，分别是小学的心理绘画和音乐心理辅导活动，初中的心情故事创作和心理手语操，高中的校园心理剧和生涯规划。在介绍每一种心理健康教育主题活动时，仍先是介绍相关的理论与操作要点，然后提供精彩的案例和点评。

第二板块为团体辅导活动，由五章构成，第一章从理论层面介绍团体辅导活动的概念、功能、分类、理论基础和具体实施；第二至第五章分主题介绍自我探索、情绪困扰、人际协调和学习问题的团体辅导，每个主题下都依小学、初中、高中三个学段各提供一个优秀的案例，并配有专业的点评和建议。

第三板块为学生心理社团活动，由五章构成，第一章从理论层面介绍学生心理社团活动的概述、功能和建设。第二至第四章依小学、初中和高中三个学段介绍经典的社团活动，每个经典的社团活动都配有案例和点评。第五章分别介绍了小学、初中、高中三个学段中建设相对规范成熟的学生心理社团，以此向读者展现学生心理社团的建设方法。

心理健康教育活动是学校心理健康教育的有机组成部分，可提高学生心理素质、健全学生人格。因此，推出一本理论与实践、案例与操作紧密结合的有关心理健康教育活动的专业书籍，对学校心理教师及班主任、学科教师、学校德育管理工作者等都具有非常重要的指导作用。大量操作性强、参考面广的活动，能够帮助他们更好地开展心理健康教育主题活动、团体辅导活动和学生心理社团活动，从而提升学校整体的心理健康教育水平。相信本书的推出，能为推动学校心理健康教育普及化与专业化作出一份贡献。

目录

第一篇　心理健康教育主题活动

第一章　心理健康教育主题活动概述 ……………………………………… 2
第一节　心理健康教育主题活动的作用与特点 ……………………… 2
第二节　心理健康教育主题活动的理论基础 ………………………… 5
第三节　心理健康教育主题活动的分类 ……………………………… 9
第四节　心理健康教育主题活动的实施 ……………………………… 10
第五节　心理健康教育活动的方式 …………………………………… 10
第六节　心理健康教育主题活动的评价 ……………………………… 11

第二章　心理绘画 ………………………………………………………… 13
第一节　理论与操作 …………………………………………………… 13
第二节　案例与点评 …………………………………………………… 16

第三章　音乐心理辅导活动 ……………………………………………… 22
第一节　理论与操作 …………………………………………………… 22
第二节　案例与点评 …………………………………………………… 26

第四章　心情故事创作 …………………………………………………… 31
第一节　理论与操作 …………………………………………………… 31
第二节　案例与点评 …………………………………………………… 35

第五章　心理手语操 ……………………………………………………… 39
第一节　理论与操作 …………………………………………………… 39
第二节　案例与点评 …………………………………………………… 43

第六章　校园心理剧 ……………………………………………………… 46
第一节　理论与操作 …………………………………………………… 46
第二节　案例与点评 …………………………………………………… 51

第七章　生涯规划与实践 ·· 58
第一节　理论与操作 ·· 58
第二节　案例与点评 ·· 64

第二篇　团体辅导活动

第一章　团体辅导活动概述 ·· 68
第一节　团体辅导活动的概念、功能和分类 ·························· 68
第二节　团体辅导活动的理论基础 ···································· 70
第三节　团体辅导的实施 ·· 80

第二章　自我探索团体辅导 ·· 83
第一节　认识自我——小学 ··· 83
第二节　悦纳自我——初中 ··· 89
第三节　探索自我——高中 ··· 94

第三章　情绪困扰团体辅导 ·· 98
第一节　寻找快乐——小学 ··· 98
第二节　调整情绪——初中 ··· 104
第三节　积极情绪——高中 ··· 110

第四章　人际协调团体辅导 ·· 114
第一节　乐于交往——小学 ··· 114
第二节　学会交往——初中 ··· 125
第三节　异性交往——高中 ··· 132
第四节　亲子交往——高中 ··· 136

第五章　学习问题团体辅导 ·· 141
第一节　喜欢学习——小学 ··· 141
第二节　学会学习——初中 ··· 148
第三节　自主学习——高中（生涯辅导） ···························· 152

第三篇　学生心理社团活动

第一章　学生心理社团活动概述 ······································· 158
第一节　社团活动的概念与特征 ······································ 158
第二节　心理社团的功能 ··· 161

第三节　心理社团的建设 …………………………………… 163
第二章　小学心理社团活动 ……………………………………… 168
　　第一节　趣味心理游戏 …………………………………… 168
　　第二节　心理广播 ………………………………………… 183
第三章　初中心理社团活动 ……………………………………… 187
　　第一节　心理小实验 ……………………………………… 187
　　第二节　心理小讲堂 ……………………………………… 199
第四章　高中心理社团活动 ……………………………………… 210
　　第一节　心理课题探究 …………………………………… 210
　　第二节　心理影视赏析 …………………………………… 217
第五章　心理社团发展状况 ……………………………………… 228
　　第一节　六师二附小阳光心理社团 ……………………… 228
　　第二节　龚路中学倾心社团 ……………………………… 238
　　第三节　进才中学语者心理社团 ………………………… 244
后记 ………………………………………………………………… 254

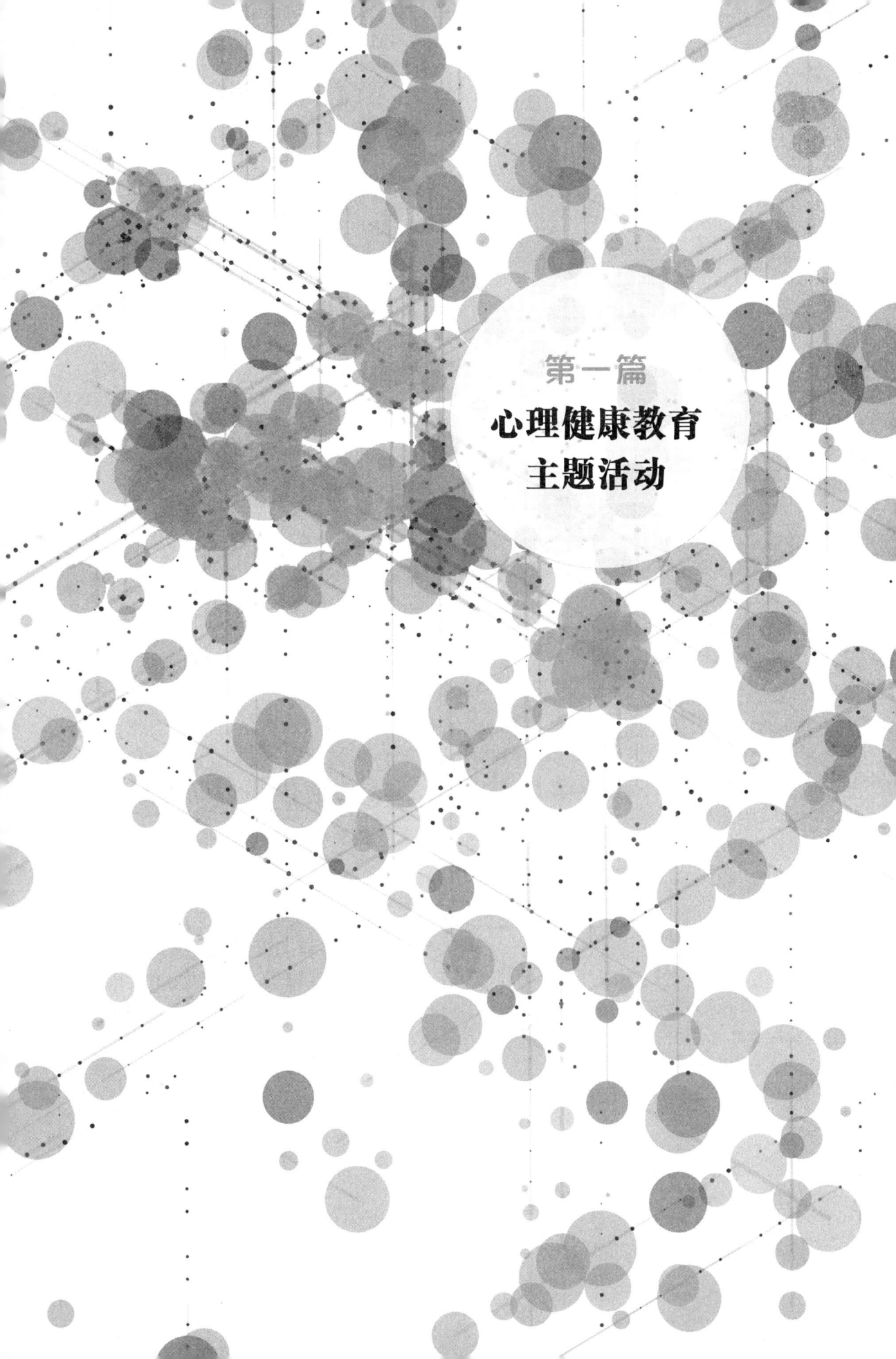

第一篇
心理健康教育主题活动

第一章

心理健康教育主题活动概述

　　心理健康教育已是中小学学校教育的有机组成部分,在中小学生的日常学习与发展中起着重要的作用。心理健康教育主题活动强调互动交流、重视体验,是目前心理健康教育课受到重视的部分[1],但又不局限于在心理健康教育课中实施。由于学生能亲身参与到模拟情境中,感受会更加真切,可达到发展性教育和预防性教育的目的[2]。此外,在主题活动过程中注重生生、师生之间的互动与配合,从而可使他们的心灵受到触动,情感产生共鸣,这样心理上就会发生深刻的变化,并且在行为和态度上得到相应的改进[3]。心理健康教育主题活动是德育和心理健康教育的载体,其核心概念是活动、感悟、分享与转化[4]。

　　"活动"是指能够引发学生亲身体验或亲"心"体验的活动;"感悟"是指在体验基础上形成的领悟;"分享"是指分享彼此的感受、经验和信息;"转化"是指将活动主题上学到的东西转化运用到实际生活中去,其核心概念体现在主题活动的操作流程和基本模式之中。在心理健康教育主题活动中可培养学生合作、坚强、勇敢、乐观、进取、耐挫等良好心理品质,以达到提高学生心理素质、健全学生人格的目的[5]。

　　由此可见,心理健康教育主题活动是一种以活动为主要载体,使学生的内心在自然、安全、开放、尊重的氛围中得到开展,最终达到自我教育的效果的一种心理健康教育途径。

第一节　心理健康教育主题活动的作用与特点

一、心理健康教育主题活动的作用

　　对中小学生而言,心理健康教育主题活动能帮助学生正确地认识自己的心理状态,由此开始关注和觉察自己的心理健康状况。在活动过程中,透过体验、互动、表达等不同形式的活动设计,能协助学生调整对自己的认知,提高自尊,学习自我接纳,重视自己的心理健康状态。此外,心理健康教育主题活动能强化学生的心理健康素质,提高中小学生对生活和学习的抗压能力。有研究发现,持续四个月的心理健康教育能提高学生的心理健康水平,改善其各方面的焦虑程度[6]。也有学者研究发现,进行心理健康教育可以平衡学生的不良心态,发展其健康的人际关系,提高环境适应性[3]。

二、心理健康教育主题活动的特殊性

　　心理健康教育主题活动是在心理老师无条件接纳和支持的基础上,通过特定形式和主

题的教育教学活动,使学生内心发生某种变化的过程。如果心理健康教育课还得不到刚性保障的话,心理健康教育课的时间与对象都是有限的。心理健康教育主题活动是对心理健康教育课的补充,实施的条件与门槛不高,能在所有学校开展,能面向全体学生实施。心理健康教育主题活动有别于其他的学科课程或者心理健康教育课,具有一定的特殊性。

（一）活动重点是学生的内在体验和自我启发[7]

心理健康教育主题活动通过特殊的活动设计和形式安排,经由学生的参与和互动,让其获得内在体验,产生心里的感悟。这些内在体验会成为学生珍贵的心理资本,让他们在应对现实生活中类似冲突或压力时,可灵活运用或作为决策的参考依据。让50个学生参与相同的心理健康教育主题活动,可能会获得50种不同的启发和感悟,这些独特又珍贵的自我启发与生硬的理论教学相比较,学生吸收的效果肯定更好,能在他们心中留下更深刻的印象。换句话说,心理健康教育主题活动是提供一种平台和机会,让学生透过活动体验进行自我教育,在活动过程中学生也能理解心理健康教育的宗旨就是助人及自助。

（二）活动方式是体验、分享和共情[7]

心理健康教育主题活动中设计有让学生分享自己的感受和体验的环节,通过和大家分享,可让学生认识到自己和他人的差异性,也能学会对他人的尊重和包容。同时,和大家分享的过程也能使学生释放内心的压力和焦虑,宣泄自己的负面情绪,学习接纳自己,并获得团队同伴的共情和支持。学生共情的能力,对其人际互动非常重要,对他们的生命发展影响深远。

（三）活动关键是无条件接纳和尊重[7]

心理教师作为心理健康教育主题活动的指导者,同时扮演了两种角色。一个角色是活动的引导者,负责引导主题活动的进行;另一个角色是支持者,通过无条件接纳、尊重,提供学生安全感和心理支持。让学生和老师之间建立信任关系,产生心理安全感,进而解开防备,并认识到自己的心理反应没有是非对错之分,体验和接纳自己当下的感受,跟着主题活动的进行,学习情绪调试和宣泄及压力释放的适当方式。

（四）活动目的是培养良好的应对态度[7]

心理健康教育主题活动不是为了解决某个特定问题而设计的活动,而是要透过主题活动帮助学生具备良好的行为和态度,当他们遇到问题或冲突时能以正确的态度应对。主题活动不单单是要建立学生良好的行为和态度,还要让他们能觉察到自己不好的行为和态度,进而改善不良的行为和态度。从主题活动中学生觉察到哪些行为和态度为带给他人不愉快的感受,产生想改变的动力。

（五）活动是潜移默化的漫长过程[7]

心理健康教育主题活动要改善学生的行为、态度、人生观、价值观等,这些改变在短时间内不容易体现,也很难科学地量化。换句话说,心理健康教育主题活动是一种潜移默化的改变过程,必须持续一段相对比较长的时间。目前我国对学生的心理健康状态的评定多以问卷或量表形式进行,但是受到期望效应、社会赞许效应等因素的影响,活动效果的评价存在一定的难度。

三、心理健康教育主题活动的优点

(一) 形象化及直观性[7]

通过情境的再现,使得教学情景更加直观、形象,让学生愿意积极踊跃地参与;新鲜有趣的主题活动能调动学生的好奇心和积极度,愿意融入主题活动温馨有趣的氛围中。情境再现的过程中,能让学生产生身临其境的感受,更易激发其深刻真实的内心体验。

比如,"职业体验"活动的目的,在于让学生从课本中走出来,获得最直接的生活体验,更让学生理解独立生活的艰辛与不易,培养学生的感恩心。同时,每位同学也通过自己的努力,为所在岗位做一份贡献,服务社会,锻炼才干。在各个岗位上学生直接感受到了各行各业的艰辛与快乐,看到了不同的人千姿百态的生活方式和五彩缤纷的生活状态,理解了生活的酸甜苦辣,也学会了感恩、奉献与报答。

(二) 生动性和活泼性[7]

心理健康教育主题活动可根据情境的需要,融入不同的元素。比如,音乐心理教育活动,针对不同环节学生情绪的起伏变化,搭配能引导不同情绪的背景音乐,会使得活动过程更加生动有趣,灵活多变。音乐和教材教具的多元组合搭配,可调动学生参与的积极性,使得整个活动在轻松有趣的过程中度过,达到寓教于乐的目的。裴利华认为,丰富多彩的形式与手段,轻松愉快的活动环境,是调动学生积极参与活动的重要条件[8]。

以心理手语操为例,它是心理健康教育的一种重要形式,作为一种特殊的表达思想情感的方式,是一种心理保健操。通过跳一跳、动一动等肢体动作,在强身健体的同时,还能促进沟通、调节情绪,培养积极乐观的心理素质,是帮助学生自然地进行人际沟通与交流的有效媒介。目的在于帮助同学缩短人与人之间的距离,感悟人际互动的魅力。心理手语操不但在帮助学生完善自我成长、悦纳自我心身,提高自信心,树立正确的生活态度,增强团队协作能力,塑造健康人格方面具有独特作用,而且可引导学生更加积极关注心理健康,不断提高学生心理健康教育成长质量。通过手语操为学生搭建沟通的平台,也为学生搭建一个展现自我风采的平台。

(三) 教育性和成长性[7]

中小学生能够通过主题活动体会和理解活动设计的意义,进而进行自我教育。比如,利用心情故事征文与演讲。这种利用书写性和表达性的活动方式,能让他们的情绪得以宣泄,内心深处的情感也获得了表达,起到很好的预防或治疗效果。表达性的校园心理剧也有相似的作用。裴利华的研究发现,通过对大学生进行30个课时的参与式活动,发现学生的心理健康状态有明显的改善[9]。类似的活动也在中小学得到了重视。

以校园心理剧为例,这是基于心理剧的理论基础,兼具教育性和治疗性,把学生遇到的心理问题搬上校园舞台,让学生自己表演、自己观看、自己体悟,从而使表演者和观看者得到启发。学生从校园心理剧中能体验心理的细微变化,进而达到宣泄、释压和领悟。通过学生"自己演,演自己",把大道理用心理剧的形式表现出来,既能够让学生从中受到心灵上的启迪,又能使学生感受到现实生活的美好,还能增进互动交流,促进学生间的感情和友谊,得到正确的认识自我和成长的机会。

(四) 双向性和同一性[7]

心理健康教育主题活动所注重的不是心理教育教师单向传递信息,而是在教师指导下,以学生之间的互动交流为主,学生与学生、学生与老师之间的双向交流和沟通。研究发现,双向的心理辅导可以有效地促进学生某些人格品质[10]的培养。这也说明在心理教育过程中以主题活动的形式展开课程是比较受到学生喜爱的,效果较为显著。同时,现代教育目标是让学生的知、情、意能全面提高,主题活动就是让学生通过参与和互动,达到这三者高效的整合。

(五) 形式和内容的丰富性

心理健康教育主题活动丰富了心理健康教育的形式和内容,表现为主题和形式的丰富多样[11]。多样化的主题不但有利于调动学生的参与积极性,还可以满足不同需求的学生。另外,心理健康教育主题活动的形式有心理知识竞赛、心理素质拓展训练、心理主题讲座、心理电影展播、成长故事分享晚会、心理知识板展览、心理健康宣传刊物大赛、校园心理剧大赛等,心理老师可以根据学生需求设计不同形式的主题活动,满足各种心理成长的需求。

以心理绘本阅读为例,绘本作为一种独特的文学形式,是青少年文化的呈现,是青少年自身世界的重要组成部分。学生借由心理绘本可以进入自身的内心世界。心理绘本的生动趣味满足了学生好奇的天性,为学生打开了通往世界的大门。同时也是学生认识自己、认识世界的"窗口",是学生寄托情感的精神之所。借助心理绘本,学生可以释放自己的情感,满足心理发展的需要。同时,还可以促进其他方面的发展。

第二节 心理健康教育主题活动的理论基础

一、皮亚杰的认知活动学说

皮亚杰(J. Piaget)认为活动是一切认识和心理产生的源泉。将活动视作其整个发生认识理论体系的逻辑起点和中心范畴。其活动范畴,包括有意和无意活动、主体作用于客体的同化活动和客体作用于主体的顺应活动等主体的内部活动与主体的外部活动[12]。

皮亚杰认为,个体的认识产生于主体的活动,活动使得主体认知结构不断形成、丰富和发展。主客体的相互作用、主客体的分化都离不开"活动"这一中介物。借助于活动,主客体得以不断地互为建构,体现了主体的能动性和认识发展的无限性。皮亚杰的发生认识论的观点,特别是就活动对心理发展的作用的论述,为当今学校心理健康教育主题活动的开设提供了心理学依据。

二、列昂节夫的活动心理学

列昂节夫(A. N. Leontyev)从辩证唯物主义观点出发,以活动为基本范畴,探讨了活动与意识、个性统一的问题,构建了新的心理科学体系,即活动理论。其主要观点是:①人的心理的产生离不开活动的发展,活动是心理学研究中具有发端性的基本范畴。②活动是主客体之间相互作用、相互转化的中介物,它具有对象性、社会性和历史性的特点。任何活动都是有对象的,离开了对象,活动也就失去了存在的意义,因而活动具有对象性。③活动可以分为外部实践活动和内部心理活动两大类,它们之间可不断地相互转化,既有活动的内化过程,也有活动的外化过程。内化是指,将"外部物质性对象的外部形式的过程转变为在智慧方面、意识方面进行的过程[13]"。外化则是指心理活动向外在的实践活动的转化。④实现内部和外部活动相互转化的根本原因在于活动具有共同的结构。任何一种活动都是为一定的动机所激发和推动,都是为了满足一定的需要和达到一定的目的的,而目的的实现是通过一系列具体条件所许可的一系列动作来完成。⑤活动是意识和个性的开端,人的意识和个性是在活动中形成和发展的,同时又通过活动表现出来。反过来,人的个性、意识的发展又能促进活动的发展,二者是相辅相成的统一体。列昂节夫的活动心理学对内部、外部活动之间的作用与转化机制的论述,值得在设计心理健康教育主题活动时加以考虑。

三、库尔特·勒温的团体动力学说

心理健康教育主题活动不仅强调学生的主体性活动,而且是以集体教学为主要形式,因此以针对团体对个体行为的影响等作本质性探索的团体动力学说,也成为心理健康教育主题活动建设的心理学理论基础。

库尔特·勒温(K. Lewin)的团体动力学理论,从本质上探索了团体内各种潜力的交互作用,团体对个体行为的影响等内容。其主要观点是,团体并非是互不相干的单个个体的集合,而是一个由相互联系的个体所构成的一个有机整体。由于团体成员对共同目标的追求和对团体内一定价值规范的认同和遵守,使得团体内具有个体所没有的动力特征,即团体内聚力。团体内聚力的形成,有助于团体成员安全感的满足及对团体的认同感和归属感的产生。在具有内聚力的团体中,团体内个体成员将自己的动机、需要与团体目标紧密地连接在一起,自觉地为实现团体目标而努力工作,促使个体成员的思想、行为与其他团体成员趋向一致。可见,通过团体来改变其中个体成员的行为要比单个地改变个体的行为更为容易。

目前我国的学校教育是以班级授课形式为主,以班集体为学校的基本单位。在班集体中由于有共同的奋斗目标,统一的舆论和规范,使班集体内容易形成团体内聚力。根据团体动力学原理,在一个具有团体内聚力的班集体中进行心理健康教育的效果要比教育单一学生来得好。心理健康教育主题活动不局限于班级团体,可以利用多种形式的集体来开展心理健康教育,既可提高活动效率,更可提高活动效果。

四、现代活动课程理论

现代活动课程理论萌芽于卢梭、柏拉图的教育实践和教育主张中。但现代活动课程理论体系的形成是基于实用主义哲学的进步主义运动的兴起为标志。以杜威为代表的进步主义教育学派,针对传统教育以"教师、课堂、教材"为中心的弊端,强调以儿童的兴趣和需要为出发点,以"学生、活动、经验"为中心,通过学生自主的实践活动,促使学生在获得直接体验和直接经验的过程中不断发展。

教育学和心理学对活动课程的理论研究不断推陈出新。首先,人们认为活动课程与学科课程都是学校教育中相对独立的、具有自己独特的价值和功能的课程形态,具有等价性和互补性的特点,片面地重视某一方面,而忽视另一方面,都不利于人的全面发展。其次,人本主义课程理论也对活动课程理论发展起推动作用。人本主义者主张课程要以学生的自我实现为其教学目标,强调在教学过程中师生间情感性关系的建立,主张学校应以注重学生情感领域和认知领域整合的合成性课程为主,帮助学生主动整合自我的思维、情感和行动,促进学生个性的发展。最后,为适应当代社会和科技发展的整体化、综合化的趋势,课程改革出现了综合化的趋势,活动课程也日趋综合化。如20世纪70年代后渐渐受到重视的"综合学习",对活动课程的经验和体验学习的深化起到了良好的促进作用,使活动课程出现了一种新的形态,即"综合实践活动"。

目前的心理健康教育主题活动正是在吸收历史上活动课程理论的研究成果的基础上发展起来的。它在强调教师主导作用的同时,突出了学生的主体性;强调学生直接经验学习的同时,不排斥学生间接经验的学习,主张学生在活动中综合运用知识,促使学生在认知、情感和行为方面,在学生主体与自然、社会关系方面都获得统一协调的发展。现代活动课程理论的发展为中小学心理健康教育主题活动提供了直接的理论基础。

五、后现代课程观

后现代课程观为心理健康教育主题活动的操作模式"感知－分享－感悟－践行"提供了理论支撑。它强调价值多元,重视学生的个性,尊重学生的个性差异,具有明显的个体性和建构性。它否定了传统课程的预设性、静态性,认为课程不再是"跑道",而是"奔跑",是在教师的带领下,师生共进、相互鼓舞的"奔跑"。心理健康教育主题活动呈现开放性、动态性和不确定性,是情绪调节、情绪体验、心灵的沟通、理念的认同,强调学生的心理体验和分享,重视开放的、互动的、共同的对话,学生的想法没有绝对的对错之分,只要是真实感受和想法都可以尽情地表达和抒发,在对话交流中产生心灵碰撞的火花[14]。

六、新的心理健康教育观

实施心理健康教育的重点不在于传授多少心理学知识,而在于对学生的现实生活和心理发展有指导意义。心理健康教育主题活动应以解决学生成长中的问题和学生潜能开发为主线确立活动目标,以学生的心理感受和心理体验为核心,以学生的心理健康发展和成长为归宿。中小学心理健康教育主题活动的实施是一个生成,而非预设的过程,强调人的心理品质的"形成"而非"教成"。心理健康教育主题活动的设计需要在学生自我的逐步生成过程中流动,活动实施的每一个环节,都可能面临众多未知的、偶然的因素,自我的每一步新生都伴随着活动实施的不断设计、更新和扩展[14]。

七、发展性心理辅导

发展性心理辅导是以全体学生为对象,遵循学生心理发展的规律和特点,采取多元化的辅导措施,针对性地帮助学生尽可能圆满地完成各自的心理发展课题,从而更好地认识自己,开发潜能,促进个性的发展和人格的完善。20 世纪 40 年代,以罗杰斯(C. Rogers)和马斯洛(A. Maslow)的理论为代表的人本主义心理学,重视人的内在潜能的发挥和自我实现,改变了长期以来以障碍性辅导为主的辅导模式,为发展性心理辅导的形成奠定了人性观的基础。

20 世纪 50 年代,以艾里克森(E. Erikson)和哈维格斯特(R. J. Havighurst)为代表的心理学家提出的心理发展观,进一步促进了发展性心理辅导思想的形成[15]。艾里克森的心理社会发展理论和哈维格斯特的综合适应发展任务理论都用发展变化的观点来看待个体心理的成长,重视环境、教育对个体心理发展的影响。这种毕生发展观为发展性心理辅导的形成奠定了理论基础。皮亚杰的智力结构发展理论,柯尔柏格(L. Kohlberg)的道德阶段发展理论,萨帕(D. Super)的职业取向阶段理论都分别从不同的角度提示个体心理发展的某些规律,对发展性心理辅导理论的建立产生积极的促进[15]。

发展性心理辅导是坚持"以学生为中心,以学生发展为中心"的现代教育发展运动[15]。它对学校教育教学的影响极其深远,产生了现代教育观念的一大变革。发展性心理辅导在实践中逐渐形成"六个坚持"的指导理念,即:①坚持以积极的人性观为指导;②坚持以学生成长发展为中心;③坚持以个体的感悟体验为手段;④坚持以他助-互助-自助为机制;⑤坚持以大心理教育为内容来源;⑥坚持以学生的年龄特征为基点。六个坚持的指导理念,对心理健康教育主题活动的规划和设计影响深远[15]。

发展性心理辅导对人的看法分为三点:①每个人都有其善性。人是理性、善良和值得信任的,人的取向是成长、健康、独立自主、自我认识和自我实现的。②每个人都有潜能。人各具潜质,可自然地成长。③每个人都有接受辅导的需要,特别是成长中的儿童与青少年,需要有人帮助他们顺利度过各个发展阶段,完成各种发展任务。

近年来,发展性心理辅导日益受到广大学校心理健康教育工作者的重视,并以其"预防性"和"发展性"逐渐成为学校心理健康教育工作的发展方向。该模式以全体学生为辅导对象,注重学生心理潜能的开发和人格的完善。学校发展性心理辅导的实施可采取班级心理辅导活动课、个别或团体咨询、家庭和社区辅导网络相结合的金三角模式[16]。而在心理健康教育主题活动中,依据发展性心理辅导的原理与思想来进行目标、内容、操作的设计,能提升心理健康教育主题活动的品质与效益。

八、积极心理学

积极心理学是一种风靡于心理学领域的新型研究方向,它强调心理学不仅要研究人或社会所存在的各种问题,同时还要研究人的各种积极力量和积极品质,将研究的重心从传统的病理问题转向关注人类的主观幸福感和健康等,这样的理念符合现代社会的发展和人类自身的需求,不仅在心理学领域取得了巨大的成就,而且其思想已经渗透进了心理治疗、教育、社会学、管理学和经济学等多个社会领域。

积极心理学思想诞生很早,从马斯洛到贾霍达都曾提出过这种设想或思想,直到塞里格曼(M. Seligman)提出了积极心理学思想后,越来越多心理学家开始涉足这一研究领域,很快成为一种世界性心理学研究活动。积极心理学强调不仅要关注人和社会存在的问题并设法解决,且主张要激发人的积极品质,如乐观、毅力、美德、主观幸福感等,使人在感受积极过程中获得切实的积极力量,并且成为更好生活的支撑和动力。积极心理学的出现和发展引发了一场心理学领域革命,相对于传统心理学所关注的通过治疗心理疾病和消除人的各种心理问题,使社会成员的心境和生活趋于正常,其新的理念和主张更符合现代社会的发展和人类本身的需求,因此在西方心理学界乃至国际心理学界已引起了普遍的关注和广泛的兴趣[17]。

积极心理学主要研究人类力量和美德等积极方面的心理学思潮。而以积极心理学理念为指导的积极教育倡导所有人,不论年龄和生活状况,都能学习和达到成功;要用持续和创造性的方法来打开一个人的心智;重视和尊重人的文化遗传、年龄、生活情境、信仰和个人的特点。心理健康教育主题活动就是提供学生一种主动积极学习的氛围和平台,使用具有创造性的活动形式,重视和尊重每一位参与活动的学生,肯定每个学生都能学习并达到成功的活动过程。

第三节 心理健康教育主题活动的分类

按组织方式分:心理健康教育主题活动以规模大小可分为三类[18]。第一类是班级团体活动,第二类是学校层面的家长与学生的亲子心理活动,例如讨论交流会、专题讲座等,第三类是与校外基地合作的社会实践活动,让学生走出校园,深入社会,利用社会教育资源对学生进行心理健康教育的一种活动方式。它不仅可以让学生学到在校园中接触不到的东西,更能激发学生的兴趣,提高活动的实效性。活动形式多元,如参观、访问、公益劳动等。例如组织学生参观战争纪念馆、访问先进劳动工作者等活动,可培养学生坚韧的意志品质、丰富的情感体验、拉近与现实社会的距离。

按活动形式分:心理健康教育主题活动主要以心理绘画、音乐心理辅导活动、心情故事创作、心理手语操、校园心理剧、生涯规划与体验等活动形式为主。活动的选取根据主题的需要,由内容的特点决定最适当的活动方式[19],兼有理论知识的融入和穿插。根据戈亮亮等人的研究,心理健康教育活动的基本特征是计划性、目的性、经验性、外显性、形式的活动性、结构的开放性、训练的系统性、学生的主体性[20]。

第四节 心理健康教育主题活动的实施[21]

要实施好心理健康教育主题活动,需要注意以下操作点:

活动准备:搞好心理健康教育主题活动并非易事。首先,教师要认真准备,掌握本次活动的目的、要求以及重点活动项目等;其次,教师要提前向学生讲明活动要求和应做好的准备工作;最后,教师要提前布置好活动的环境,环境条件(如空间大小、环境布置等)会对活动的效果产生潜在的影响,不仅可以对学生的心理发展产生暗示作用,学生也可以通过环境来投射和表达自己的情绪体验。此外,对学生在活动中可能出现的超出常规的认识和行为,教师如何处置也应做到有所准备和预见。

宣传发动:心理健康教育主题活动要提高学生的参与度,需要加强宣传与发动。对于囿于现实条件不能覆盖到全校的活动,心理健康教育主题活动往往以活动小组的形式来组织,小组的组织形式直接影响活动效果。分组一般采取自愿结合的形式,这样学生参与的主动性比较高,原则上不要由教师强行分组。每个小组可以选一个组长,其职责是维护组内秩序、承接活动环节、带头表露或接纳。

心理激活:活动的主题往往是与学生的现实生活相联系,但要使活动的内容与学生的兴趣之间建立直接联系,还需要教师设置一些有吸引力的情境,调动学生参与的积极情绪,即学生的心理激活水平。学生的心理激活水平,直接影响着心理健康教育活动的效果。

回顾与升华:心理健康教育主题活动的结束阶段,组织者要加强总结,引领大家一起回顾在活动中经历过的心情愉悦的体验,让学生在自己的心理发展和积极的情绪体验之间建立起紧密的联系;在活动之后,教师对活动的目的、意义和结果进行总结,在活动的目标和意义上有所提升,对活动的影响给予方向性的、符合社会主流价值观的正面引导。

第五节 心理健康教育活动的方式[22]

心理健康教育主题活动的具体实施方式是多种多样的。

小组讨论:小组讨论是心理健康教育活动中最为普遍采用的方法,指在教师的引导和组织下,让学生对某一主题发表自己的看法和意见,进行研讨、共同成长的方法。运用小组讨论时,教师特别要注意做好引导工作,对学生的发言不予以价值判断。

游戏活动:游戏活动既是中小学生课余时间最熟悉、最喜欢的一种发展身心的活动方式,也是将学生的内心世界投射出来的一种心理教育方法。教育者在传统的校园游戏中,如果加入心理健康教育的元素,加以积极的引导,就能够促进学生人格的完善、加强合作与竞争精神的培养，发挥心理健康教育的功能。

角色扮演：角色扮演是指通过让学生扮演或模仿一些特定的角色，将学生暂时置于他人的位置，通过学生对角色的模仿、想象、感受和体验，使学生增进对他人社会角色及自身原有角色的理解，从而学会更有效地履行自己的社会角色。角色扮演活动能够起到澄清问题、疏解情绪和塑造行为等重要作用。

故事法：故事本质上并不是对事件的客观描述，而是投射了大量的描述者和理解者的主观态度、感情、期望和经验的文本。他人的故事可以作为活动的开始，引出对心理现象的理解。让学生述说自己的故事，可以起到宣泄情绪、表达自我的作用。

实践活动：心理健康教育主题实践活动主要包括社会活动（春游、秋游等活动）、社会考察（参观、访问和社会调查）、社会服务（公益劳动、志愿者服务）和社会实践（军训、学农）等形式，其主要目的在于让学生认识自己所生活的环境，寻找自己的社会定位以及体验不同的生存和生活方式等，社会实践活动是促进个体社会性发展的有效方式。

第六节　心理健康教育主题活动的评价

对心理健康教育主题活动进行评估，可以及时发现、纠正存在的问题，提炼值得借鉴的经验，为教育者提供即时反馈，从而全面促进中小学心理健康教育活动的理论创新和技术改进，其评价方式主要有以下几种[22]：

教师自我评价：教师自我评价具有内在性、动力性和体验性的特点，是对整个活动过程最有力的评价之一。一般教师自我评价要在活动结束后及时填写，做到尽量客观、准确，这样教师的自我评价才能达到自我反省、自我提升的目的。

学生反馈：学生评价具有直接性、生动性的特点，也是对活动效果的最有力评价之一。学生的反馈信息可以通过问卷调查方式来搜集，最好是匿名的、开放式的、描述性的，这样可以获得丰富的信息，对于提高活动的效果具有重要意义。对学生自主评价心理健康教育主题活动而言，主要包括两个方面：对活动进行评价、对自身进行评价。可请学生对本次主题活动本身进行评价，通过本次活动的参与，学生发现了什么、了解了什么、学会了什么、懂得了什么和感悟了什么。体验的状况、行为的表现和素质的发展都是学生自身评价的重点。

专家评定：评价可以由专家审阅活动方案、现场观察活动、多方面了解反馈意见，对教育者组织活动的理念、能力和效果做出全面的评价，并提出修改意见。专家评价具有全面、深入、专业性强的特点，可以对教师的教育水平做出最有力的评价。

评价主体的多元化是现代教育评价的重要特征，教师、学生和专家都是心理健康教育主题活动评价的主体之一。总之，心理健康教育活动把学生那些属于内隐、潜在的心理行为问题，以"动态、开放"的方式加以解决，体现了理论联系实际的原则、启发式和知行统一的原则，每一次心理健康教育主题活动都会使学生有新的发现和收获，引导学生身心向着健康的方向发展。

参 考 文 献

[1] 张秀娟.职业学校心理健康课教学模式的探究[J].职业圈,2007(20):118-119.
[2] 李恒.中学心理健康教育途径的有效化研究与实践[J].中学课程资源,2013,(1):41-42.
[3] 杨辉,王艳.论心理健康教育课的教学模式研究[J].教学方法,2012(6):45-46.
[4] 张志.德育心育一体化的主题活动课[J].中小学心理健康教育,2007(23):11-15.
[5] 李文莉.初中生发展性心理辅导的研究[J].当代教育论坛,2005(24):69-70.
[6] 吴岩.心理健康课对中职生心理健康水平的影响[J].高教研究,2011(320):213-214.
[7] 孟雁鹏,支愧云,杨晓东.大学生心理健康教育活动课的实施探讨-以生命之歌活动课为例[J].黑龙江生态工程职业学院学报,2013(5):52-54.
[8] 裴利华.心理健康教育课的三种偏向与纠正[J].教育探索,2004(10):90-92.
[9] 裴利华.团体辅导在心理健康教育课程中的应用研究[J].中国心理卫生杂志,2006,20(8):527-530.
[10] 刘桂芬.在大学生心理健康课程教学中运用团体活动的几点思考[J].校园心理,2010(3):33.
[11] 宋怡,杨映秋,孔燕.心理健康主题活动对高校心理健康教育课程体系建设的价值思考[J].二十年"心"之探索-高校心理健康教育理论与方法研究,2010:236-238.
[12] 张英.中小学心理健康教育活动课程的若干理论与实践问题研究[D].福建:福建师范大学,2002:14.
[13] 周菲.皮亚杰"活动"范畴的哲学评价[J].校园心理,1994(2):58-60.
[14] 毛春梅.和谐的心理健康课堂模式解析与应用探讨[J].中小学心理健康教育,2011(3):18-19.
[15] 陈汉民.中小学发展性心理辅导的理论和实践研究[D].福建:福建师范大学,2005:9-12.
[16] 刘宣文.论学校发展性心理辅导[J].教育研究,2004(7):55-59.
[17] 董佼.积极体育教学对小学生心理发展影响的实验研究[D].上海:华东师范大学,2012:1-4.
[18] 王长华.浅谈心理健康教育工作之主题活动-以黑龙江省大庆实验中学为例[J].新课程研究,2013(5):160-161.
[20] 戈亮亮.新课程背景下高中心理健康教育课设计模式探索[J].新课程研究:教师教育,2011(11):179-180.
[21] 俞国良,邢淑芬.德育课程实施心理健康教育的基本思路[J].中小学心理健康教育,2004(7):48.

第二章

心 理 绘 画

第一节 理论与操作

一、理论

（一）儿童绘画的实质和特点

认知发展理论、心理分析理论、情感绘画理论等对儿童绘画都进行分析，或认为儿童绘画源自人类本身的驱动，是天生就具备的，是一种天性和本能；或是认为出于表达情感的需要，儿童借助绘画这一语言表达内心的所想、所感；抑或认为是受环境影响的从众心理，日渐习得。虽然各种理论的分析有所不同，但都有一个共同点：绘画给儿童带来最初快乐的很大程度不是绘画的结果，而是儿童在随意涂抹的过程中摆动手臂在纸上流下的痕迹，伴随这种愉快的自我发现的感觉经历，随之产生浓厚的兴趣冲动，而日后的发展正是顺应和展示这一兴趣，这是儿童的一个自然发展阶段。绘画是儿童不教自为的一种自然发现，儿童绘画的实质是一种兴趣的自然展示，兴趣是儿童绘画的内在动力。同时，儿童把绘画当作他们游戏生活中不可或缺的一个重要的组成部分，因而儿童绘画的实质是儿童的自我表现，是儿童的一种游戏，其基本功能在于启迪儿童的心智和情感，它是研究儿童心理发展的一个重要途径。

研究儿童绘画和背后的心理机制，首先要了解儿童绘画的特点。儿童绘画是人类从事艺术活动的一个特殊阶段，它伴随儿童成长，反映儿童的天性，表现儿童的思维活动，是儿童用于表达思想感情的特殊视觉语言。儿童的绘画有自己的特点：天真、浪漫、新奇、大胆、率真，他们在绘画时无拘无束，没有任何的清规戒律，形成儿童画特有的稚拙、梦幻甚至荒诞的意味。粗看，儿童画显得散漫、随意、杂乱，细细品味儿童画每幅都不失造型艺术的特点，他们用笔用色大胆，不加修饰，形象极为简练、概括、夸张。幻想生动地反映了儿童的认知方式和情绪情感，反映了儿童阶段的心理特征和智力发展水平。儿童画和成人的艺术创作，从本质上来说是不同的，儿童绘画特征是儿童的心智和心绪的自然流露，同时，也受他们技术能力的一定局限。儿童画中表现出的艺术趣味，并不是儿童有意的追求，是他们情感的自然流露，儿童画是人类参加艺术活动初级的艺术创造，它的价值是不容忽视和贬低的。

（二）与绘画相关的小学生心理发展的特点

1. 小学生的感知发展特点

儿童绘画是儿童美感认识功能的一种体现，儿童通过感觉、知觉、表象、想象等心理活动创造绘画,取得心理平衡。因此,感知力是儿童身心发展的重要因素,也是儿童审美能力培养的重要内容。小学低年级学生的感知觉笼统而不精确:颜色视觉方面,以 7 岁儿童的颜色差别感受力为基准,9 岁可平均提高 45%,11 岁时可提高 60%,10 岁儿童这种能力发展得最快。女孩的颜色视觉能力比男孩略高一些。7 岁儿童的视觉感受性增长最快,小学生视觉条件能力也发展最快,尤其是在 10 岁的时候。低年级学生对于形状常常表现出笼统、不精确与综合的特点,所画形象具有符号化特点。

2. 小学生的想象特点

低年级小学生的想象具有明显的无意识性、再造性、幻想性。中高年级之后,想象的有意性、目的性迅速增长,无意想象逐渐减少,但仍起作用;想象中再造性逐渐减少,而对表象的创造日益明显,高年级学生可以想象出直接经验中从未有过的事物;想象更富有现实性,从远离现实的童话式幻想逐步向现实主义幻想发展。现代儿童的生活阅历更丰富多彩,又受到书刊杂志和影视文化中的童话片、科学幻想片的影响,想象力比以前同龄儿童要丰富活跃得多,致使他们的美术作品更富有想象力和创造性。

3. 小学生的思维发展特点

思维是通过分析、综合、比较、抽象、概括等过程以间接途径获得对事物的本质和规律的认识,思维不仅是智力的核心成分,而且影响着认识过程的其他成分。小学阶段,是儿童思维发展的一个重大转折时期。从进入小学起,儿童就开始正规的学习,系统地掌握关于自然和社会的知识经验,自觉地服从和执行集体的行为规范,在学习过程中,儿童的各种心理过程的有意性的抽象概括性也随之得到发展。

按照皮亚杰的思维发展阶段理论,小学生处于由具体形象思维向以抽象逻辑思维的过渡期,并且存在一个转折期,而这个转折期也就是小学儿童思维发展的关键年龄段。一般认为,这个关键年龄段出现在四年级(10-12 岁),但有一定的伸缩性,可提前到三年级,也可推迟到五年级。但这种抽象逻辑思维仍与感性经验、具体形象性相联系,这对小学生绘画十分有利。

(三) 儿童绘画与儿童的心理发展之间的关系

1. 儿童绘画是帮助我们了解儿童心理发展的良好通道

绘画是一种表情达意、反映客观现实的有效工具。通过对小学高、中、低年级学生的绘画作品与心理发展关系的分析,就可以认识到小学低年级儿童的绘画表现出非常丰富的想象力。儿童以他们特有的思维方式和绘画表现手法绘画,致使这一时期的儿童画特别富有魅力,令人赞叹不已。在这一时期儿童心理过程的有意性和抽象性也随之得到发展。中高年级以后的儿童已经能够较熟练地掌握一些基本的绘画技能技巧,力图通过多种方法表达事物的真实面貌,此时的儿童进入了儿童绘画的初步写实期。儿童画大部分还是运用线条和平面加以表达的,儿童逐渐摆脱了画我所知的状态,开始根据真实事物的属性进行如实的描绘,反映了现实主义的态度到写实期的后期。随着生活经验的累积,儿童的空间观念和时间观念等逐渐发展起来了,儿童开始运用透视画法,在二维的平面上显示物体在三维空间中的立体关系。再通过与周围环境的接触,儿童的语言也丰富起来,思维能力包括一切的高级神经活动也相应得到了发展。在这一时期的儿童的思维发展从以具体形象思维为主要形式逐渐向以抽象逻辑思维为主要形式。

   2. **儿童绘画展示其生活环境**

   儿童生活的环境不同，表现出的画面主题和内容各有特色：出生在城市的儿童从小就熟悉公园、街道、楼房，画面表现的内容大都是繁华的城市情景；在农村成长的孩子，在画面中表现的内容大都是当地的特色风景。

   3. **儿童绘画作品的构图、色彩展示其性格特点**

   儿童绘画的方式与成人有着很大的不同。他们总是从自己最感兴趣的一点画起，然后逐一展开，任由自己的思绪像空中的小鸟，自由地翱翔，全无整体可言。尽管如此，他们完成后的作品却依旧生动，他们的构图别出心裁，他们的色彩为成人所不及。而儿童绘画作品的构图、色彩能很好地向我们展示儿童鲜明的性格特点。在心理研究中，通常把人分成四种不同的气质类型：即多血质、胆汁质、黏液质、抑郁质。前两种气质的学生在绘画时更富有激情，色彩明快，构图饱满，只是缺少耐心，容易激动，又稍带马虎；而后两种类型的学生，则更多地表现出认真，有始有终，只是动作过于迟缓、拘谨。所有的这些，在很大程度上是学生气质类型的写照。所以，要想使拘谨的作品能放开，从长远的角度来看，通过培养他们活泼、开朗的一面，不断通过暗示、表扬等办法，增强他们的自信心，能够起到较好的效果。

   4. **绘画是儿童表达情绪情感的途径**

   绘画是儿童表达自己情绪情感的一个重要途径。儿童用自己的画表达欢快和喜悦，也用自己的画表达愤怒和忧虑。儿童通过绘画消除心理紧张，宣泄和释放积压的能量，以维持心理上的平衡。儿童常具欢乐、愉快、苦恼、愤怒、嫉妒、厌恶等各种情绪，他们常常将这些情绪转化成为可以看得到的图画形式。

   5. **绘画展示男女生绘画心理差异**

   一般来说，男孩和女孩也有共性，都喜欢鲜艳明亮的颜色，对色彩的刺激感受较为单纯，对强烈的色彩极感兴趣。女孩在形象思维、感性知识、色彩感受、语言表达、知觉等方面优于男生，尤其是在想象画方面，画得好的女孩比男孩多。男孩在逻辑思维、理性知识方面优于女孩，主要表现在：对形体的感觉比较敏感。如造型、比例、透视、黑白、线条等。女孩对色彩的感受要比男孩好。

   综上所述，绘画是儿童展示认知、情绪情感、生活环境、性格特点、性别差异等的天然途径。在心理健康教育中应该充分发挥绘画的功能，引导学生将自己内心的感受、心理的活动、情绪情感的表达等通过绘画表达出来，从而达到提升其心理健康水平的作用。

二、操作

（一）确定主题和要求

   绘画是一种开放性的活动，在小学阶段可以在各个领域开展。而心理绘画，注重的是学生将绘画聚焦在自己的心理事件和心理感受，尤其是在积极心理学理念的引导下，通过积极心理学的一些方法引导学生从积极乐观的角度来面对和处置生活事件。这与一般的绘画活动是有区别的，因此，在开展心理绘画活动之前，应该确定好主题，同时明确活动要求，不可过分强调绘画技巧以打击学生参与活动的热情与积极性,真正引导学生通过绘画活动达到心理疏导、提升心理健康水平的效果。

(二)活动准备

首先,教师要对心理绘画的理论和实践操作做细致深入的研究。因为心理绘画是一项专业性较强的活动,只有教师自己理解透彻,才能有效地引导学生在活动中达到心理的功能;其次,教师要对活动目的、要求以及重点活动项目了然于胸,同时提前向学生讲明活动要求和应做好的准备工作,需要家长配合的,也应通过各种形式向家长进行说明;此外,对学生在活动中可能出现的超出常规的认识和行为,教师如何处置也应做到有所准备和预见,尤其是某些学生在心理绘画中可能展示出来比较严重的心理问题,教师尤其需要及时关注和疏导。

(三)活动实施

首先,要加强宣传和发动,提高学生的参与度。虽然绘画是小学生天然表达情绪的途径,但由于学生的绘画天赋与技巧有较大的差异,因此要在宣传中加大对活动目的和意图、活动要求等的说明,鼓励所有孩子用画笔最真实地表达自己的心声;其次,肯定学生的参与热情,不管是否设置各种奖项,所有参与活动的学生都应该获得鼓励与肯定;最后,收集活动作品,对作品进行分类、整理和归纳,既作为本次活动的积累,同时作为下次活动的准备。

(四)活动回顾与总结

心理绘画活动结束后,应该在全校范围做一次活动总结。由于绘画具有一定的观赏性,有条件的学校可做展示,将优秀作品在全校范围展出。这里需要注意的是,与一般的绘画展示中强调绘画技巧不同,心理绘画比赛展出的作品应该以情真意切、积极阳光的心态为首要的展出条件,而不是绘画技法,这样才能真正凸显活动意图。

若在心理绘画活动中发现一些有异常心理反应的学生,教师尤其需要及时关注和疏导,有必要的应告知家长并及时转介。

第二节 案例与点评

一、案例

浦东新区青少年心理健康教育发展中心每年在区"5.25心理活动月"中,通过心理绘画比赛的形式,以"心理绘画 阳光生活""阳光家庭 美好生活"等为主题,引导小学生挖掘生活中积极向上、美好善良的事件以心理日记表现出来,同时配以一幅或多幅心理绘画(绘画风格和使用材料不限),学校择优将作品上交进行展评。比赛持续三年,涌现了大量优秀的心理绘画作品。

作品基本情况表

年份	一等奖	二等奖	三等奖	总计
第一届(2012)	21	42	61	124
第二届(2013)	12	27	35	74
第三届(2014)	15	28	52	146

（一）作品主题分析

由于第一、第二届心理绘画的大主题都是"心理绘画 阳光生活"，而第三届征询多方意见后定为"阳光家庭 美好生活"，因此分析时将两个大主题分开统计归类。

前两届主要涵盖的主题为（按主题出现的次数多少排序）：1. 热爱美好生活，渴望美好事物；2. 保护和爱护环境；3. 人际交往；4. 情系雅安；5. 感恩父母；6. 爱心（对动物、老人等）；7. 应对挫折；8. 关注身体健康；9. 情绪调节；10. 将学到的心理技术帮助他人；11. 生活的烦恼；12. 其他。

第三届主要涵盖的主题为（按主题出现的次数多少排序）：1. 全家出游、一起劳动；2. 家庭的欢乐时刻；3. 节日团圆；4. 爱家之情；5. 感恩父母；6. 给家人过生日；7. 化解亲子矛盾；8. 父母的心理支持；9. 其他亲密家人；10. 未来的家。

从三年的作品主题分析及日记分析可以看出以下几点：

第一，两年作品涵盖中小学心理辅导的各个主题，其中"热爱美好生活，渴望美好事物"为最集中的主题，符合大赛倡导的积极心理学理念。

第二，三年作品的主题集中点有所不同。除了"热爱美好生活、渴望美好事物"及"保护环境"两大主题是前两年共同关注的主题，第一年"生活的烦恼"这一主题比较集中，而第二年"人际关系""情系雅安"及"感恩父母"比较集中，第三年因为是以"阳光家庭 美好生活"为主题，因此主要聚焦在家庭生活，其中"全家出游""一起劳动""家庭的欢乐时刻""节日团圆""爱家之情""感恩父母"等是比较聚焦的几个主题。这表明，虽然心理绘画日记能够展示学生在小学阶段普遍关心的心理主题，但仍然会随着时间、校园氛围以及社会事件等多种因素的变化而改变。

第三，经过三年的尝试，绘画和日记的主题更加聚焦心理元素，同时出现了一些心理意味非常浓的作品。如"将学到的心理技术疏导他人"，传达了孩子对心理辅导的内心认同，折射了基层学校心理工作已经深入孩子的内心；而"生活的烦恼"中"渴望父母陪伴"，反映了孩子内心真实的渴望与缺失，心理老师应加强与此家庭的沟通，帮助孩子改善孤独的现状。应该说，学生在创作这些作品时，已经在表达深层次的内心需求，不是停留在简单表面的心理绘画，而是达到了一定的深度。

（二）代表作品

选择每一年中的代表作品进行呈现和解析。

作品1　美好的一天

这幅画，是第一届心理绘画大赛一等奖作品，作者是三年级刘姓同学。小作者用四格漫画的形式和丰富鲜艳的色彩展现了农民工子弟在大上海求学、生活的快乐与幸福。

画面中，小作者用细腻的笔触，描写了从吃早饭、逛公园、玩游戏、放风筝直到睡觉完整的一天生活：美味的早餐，温馨的家；公园中的嬉戏，美丽的大自然；科技馆内遨游，知识的殿堂；带着满满的收获，进入甜甜的梦乡。小作者的文字中透露出欢快愉悦的心情与健康积极的风貌，也展现了对上海的热爱与依恋。

民工子弟的生存、教育、心理健康状况等虽然受到广泛关注，但一直令人堪忧，而小作者"一天"却是那么美好与快乐。可见，正如小作者发言时说的那样，学校给予的优质教育，同学老师给予的温暖关爱，让自己爱上上海这个第二故乡，也让自己融入、稳定和幸福。

作品2　我为爷爷开心锁

这幅画，是第二届心理绘画大赛一等奖作品，作者是四年级徐姓同学。作为"学校培训过的心理委员"，小作者敏锐地觉察到一贯乐天的爷爷近期郁郁寡欢，有了"心结"。小作者用自己学到的共情、转移注意力等心理辅导技巧，成功地帮助爷爷打开了心结，走出了被导游骗走3000多元的烦闷阴影。

画面中，小作者开动"小百灵嘴"（原文），引导爷爷说出自己近期烦闷，帮助爷爷拿出年轻时的军功章，之后又拉爷爷去健身广场上感受初春的阳光与温暖，让爷爷几天的闷闷不乐转为会心微笑。

作品形象生动，色彩鲜明，两个主人公的表情尤其突出。小作者关爱的神情、嘟起的"小百灵嘴"，爷爷看着军功章时的会心微笑，真实地展现了祖孙两人的融洽亲情，以及小作者将心理委员接受过的心理辅导技巧开导他人的学以致用。当然,小作者的心理辅导不算严格意义上的心理咨询,但她在日常生活中的敏锐觉察力、对亲人遇到心理困惑时的关怀备至,却是学校心理健康教育工作的成果。

作品3　与家人乐游辰山植物园

这幅画,是第三届心理绘画大赛一等奖作品,作者是四年级张姓同学。小作者在绘画中描述了和爸爸妈妈一起游玩辰山植物园的点点滴滴,有"好不容易能和爸爸妈妈一起出来玩"的快乐,有看到各种各样植物的兴奋与好奇,有爬上辰山的劳累,有站到山顶的成就感,也有穿越浮桥时的担心恐惧。

整个画面和谐生动,色彩饱满,人物亲切可爱。远处的高楼大厦和车水马龙,近处的绿树成荫和鸟语花香,都包围着满脸微笑的三个人,非常鲜明地凸显了一家人外出游玩时的幸福与快乐,很好地展示了本次绘画活动的主题"阳光家庭　美好生活"。

二、点评

(一)心理绘画日记比赛特点

浦东新区小学生心理绘画日记比赛连续举办了三年,经过三年的探索,积累了丰富的经验,这些经验为小学开展心理绘画,拓展心理健康教育途径,提升心理健康教育实效提供了非常有价值的参考。总体来说,浦东新区小学心理绘画日记比赛具有以下几个特点:

(1)通过反复的探索、对教师的培训,学生作品从纯绘画到聚焦心理元素,学生更加懂得运用绘画日记来表达心理困惑与需求。

在进行作品主题分析的过程中,研究者发现,第一年心理绘画日记作品在聚焦心理元素方面不如第二年和第三年。这是因为:第一,第一年作品虽然数量众多,但主题分散,即使是最优秀的一等奖作品,仍然有一部分作品的主题和"心理"主题关系不大,而还有很大一部分作品则更多地是纯绘画作品,并没有太多地聚焦心理元素;第二,第二、第三年心理绘画日记作品，不仅更加聚焦主题，而且更加深入，真实地表达了学生内心需求与渴望。比如同样是"生活的烦恼"主题，第一年的作品都是表达对学业过多的焦虑和对自由生活的渴望，文字也比较简单，并没有深入描写内心感受。而第二年虽然仅有一幅作品，但小作者文笔细腻、情感真实而丰富，描写了父母工作忙碌时自己的孤独生活及对关爱的渴望，让人在观赏作品的时候感同身受，具有很强的感染力。小作者能通过绘画日记展示内心渴望，也是一种心理调适，研究者据此对该校提出加强小作者的心理辅导与家庭跟踪。

（2）作品逐渐融入多种心理调适方法，学生将课堂所得学以致用，学校心理工作起到了助人自助的效用。

两年的实践与探索中涌现出众多采用心理调适方法来辅导自己甚至他人的作品。比如某小学一年级徐姓同学作品《要99分，1分留给快乐》，描述了小作者在新生入学适应时乐观地应对新的学习生活，并用自己的心理调节方法开导因99分而闷闷不乐的同桌；某小学五年级孙姓同学作品《法宝》，描述了自己在跳高测试中失败了两次，通过心理老师教授的缓解紧张的方法，终于在第三次顺利通过。小学生的心理调节方法虽然稚嫩，不一定有效，却透露出他们萌芽的心理健康意识，也充分说明了学校心理健康教育工作的良好效果。类似的作品还有很多。

（3）心理教师与美术教师的专业合作更为融洽，绘画的心理辅导功能发挥得更加到位。

心理绘画日记探索了绘画日记在小学心理健康教育工作中的运用及作用，经过三年的探索，基层学校对心理绘画日记的定位把握得越来越准确，由第一年美术教师发挥主导作用过渡到以心理教师为主，美术教师为辅，共同开展专业合作。经过这样的过渡，基层小学一步步探索绘画的心理辅导功能，探索心理教师与美术教师的专业合力，也增加了小学心理工作的丰富性和全面性。

（4）多种途径的表达方式，帮助学生在"外化"心理绘画日记的同时获得更为深入的心理辅导。

比如在第二年的探索中，研究者将有声日记加入其间，即学生将日记通过自己的声音来表达，配到心理绘画中去。心理辅导非常重要的基础是来访者能够用语言表达内心的所思所想，而来访者表达的过程，也是进行心理辅导的过程。有声心理绘画日记，正是学生将日记中的经历及所思所想用自己的声音及情感表达出来。当学生用自己独有的音色、情感表达时，既增添了日记的真实、深刻与个性，也是在给自己开展心理辅导。因此，色彩、画面、文字及声音，多种途径的表达方式，帮助学生获得更加深入的心理辅导。

（二）心理绘画日记辅导方式的注意点

从上文的分析可以看出，心理绘画日记是一种符合小学生心理特点，且简单易于操作的心理辅导方式，但在实际开展过程中，尚需要注意以下几点：

（1）与其他心理健康教育方式相结合。

由于小学心理健康教育工作以兼职教师开展、融入学校其他工作为主，因此开展方式也比较灵活多样，如心理活动课、心理拓展课、心理小报、心理广播、心理社团活动等，如何将心理绘画日记与这些形式相结合，而不是另起炉灶，给学校造成过多的负担，是开展工作时需要深入思考的问题。

可否将心理绘画日记,在征得小作者的同意下,在心理小报上集体展出,在心理广播中以专题形式进行广播,或者在心理活动课与心理社团活动中进行集体分享,是值得尝试的一些做法。

(2) 发挥绘画的积极心理学功能,做到与绘画治疗相区分。

在小学心理健康教育中使用心理绘画日记,旨在引导小学生挖掘生活中健康向上的心理事件并寻找事件蕴含的积极心理意义,旨在贯彻积极心理学的宗旨——研究小学生积极的品质,充分挖掘小学生固有的潜在的具有建设性的力量,促进小学生的心理健康。

而以投射理论为基础的绘画心理治疗,其对象主要集中在儿童青少年群体,主要针对情绪异常的儿童。闫俊和崔玉华认为绘画心理干预不仅可以处置人们的情绪和心理创伤问题,而且可以使心理障碍患者的自我形象自尊或自我概念社交技能等得到提高。

可见,在小学生中尝试心理绘画日记,应与心理绘画治疗严格区分开来。首先,两者的取向不同。前者以积极心理学为取向,后者主要以"消极心理学"为取向;其次,两者针对的对象不同。前者以全体小学生为主,后者主要针对情绪异常儿童;最后,两者的操作难度不同。心理绘画治疗需要专业的治疗手段与技术,一般心理教师无法开展,而学校心理绘画日记,可由心理教师和绘画教师协同开展,若发现异常学生,则须通过转介开展进一步的治疗与干预。

(3) 尽量简化绘画的艺术要求,发挥绘画的心理疏导功效。

心理绘画日记,主要帮助学生发现生活的美与丑,在疏泄情绪的基础上寻找生活中的积极因子。因此,应侧重心理绘画日记的"心理"功能,淡化绘画的艺术要求。只要学生能够表达内心真实真诚的感受即可,笔画的优劣、色彩的浓淡,不应成为评判心理绘画日记优劣的标准。只有这样,才不会打击学生创作的积极性和抒发真情实感的主动性,也才能达到活动的终极目的。

参 考 文 献

[1] 张亚玲.儿童绘画与儿童的心理演变关系探析[D].西安:西北师范大学,2007.
[2] 章学云.心理绘画在小学心理健康教育中运用[J].思想理论教育.2013(22).

第三章

音乐心理辅导活动

第一节 理论与操作

一、理论

（一）音乐治疗的概念

音乐治疗是集音乐、医学和心理学为一体的一门边缘交叉性学科，它既是艺术，也是科学，还是一种人际互动的过程，更是一种治疗的形式。在国外，前美国音乐治疗协会主席、（Temple University）教授 K. Bruscia 在他的《定义音乐治疗》（1989）阐述了权威的观点："音乐治疗是一个系统的干预过程。治疗师在这个过程中，通过采取各种方式的音乐体验和在此过程中发展起来的治疗关系来帮助患者达到健康。"

在国内，著名音乐治疗学家、中央音乐学院张鸿懿教授给做出了这样的定义："音乐治疗是新兴的交叉学科，它以心理治疗的理论和方法为基础，运用音乐特有的生理、心理效应，使求治者在音乐治疗师的共同参与下，通过各种专门设计的音乐行为，经历音乐体验，达到消除心理障碍，恢复或增进身心健康的目的。"

（二）音乐治疗的基本原理

"以乐为药"是音乐治疗的本质，目的是使人们通过音乐活动减轻消极情绪、改变行为方式，治疗身心疾病，增进身体健康，从而提高生命质量。首先，音乐作为一种有节奏的声波，当音乐的频率和节奏等与生物体内部的频率和节奏保持一致时，便会引发同步的和谐共振，这有助于调节生物节律、激发内心情感，达到身心平衡。其次，音乐音响通过人的听觉器官，作用于听神经纤维，并将其转化为神经冲动传至大脑，再由大脑进行加工整合后发出不同指令，进而达到影响全身的肌肉、血压、脉搏、内分泌等生理器官的效应，有助于人体代谢功能，使人体处于和谐有序状态。最后，音乐是情感的载体，音乐利用特定的音响变化与特定情感变化的复杂对应，形成异质同构关系，使治疗对象能够在音乐中得到情感共鸣，通过联想与想象，诱发心理潜能，打开心理症结，调节不良情绪，最终达到心理平衡。

（三）音乐治疗的功能作用

1. 生理作用

音乐主要通过声波的形式刺激人们的听觉器官，使体内产生和谐有序的共振，这种共振使人体内的潜能得以激发,也会引起心跳速度、皮肤温度、肌肉伸缩以及呼吸、消化、循环和内分泌等一系列的变化。此外,音乐还有明显的镇痛作用。由于大脑皮层的听觉中枢和痛觉中枢相邻,通过音乐刺激可以使听觉中枢达到兴奋状态,相邻的痛觉中枢就会得到有效的抑制,从而缓解疼痛。音乐还可以显著增加人体免疫球蛋白 A 的含量,使人融入声波场,排除杂念、畅通经络、平衡内分泌,增强人体免疫功能。

2. 心理作用

音乐对人情绪的影响是巨大的,音乐治疗师将音乐当作患者内心生活的镜子,使之成为一根与内心情感有共鸣的弦,让患者在感受音乐时产生情绪上的波动,进而提高自我意识和心理支持。音乐治疗师遵循"同步原则",逐渐改变患者的负性情绪。与此同时,治疗音乐使患者的联想与想象得以激发,投射患者内心,满足心理需要,转化情绪感受,实现"高峰体验"。

3. 审美作用

音乐有各种各样的风格和情绪,但所有音乐最基本的共同点就是"美"。美的音乐可以使求治者宣泄积压已久的消极情绪,唤醒患者对美的体验,从而唤醒患者内心的积极生命力量。正是由于这些美的力量,才能使患者摆脱痛苦,走出困境,找到解决困难的方法。所以,音乐的美拥有把消极的创伤体验转化为积极的生命体验的神奇功能。

4. 社会作用

音乐是社会性的非语言交流的艺术形式。音乐活动通过创作、歌唱和乐器演奏等表现形式,本身就构成了一种社会交往。由于社会信息和社会交往的不足是导致不同程度的人际交往心理障碍的原因,因此为治疗者建立一个轻松愉悦的人际交往大环境是十分必要的。采用音乐治疗,通过治疗师组织合唱、乐器合奏、舞蹈等音乐活动,使患者在活动中既能够得到情感交流,相互支持、理解和同情,又能恢复自己的社会交往能力,提高自信心和自我评价,逐渐实现自愈功能。

(四) 音乐治疗的研究方法

音乐治疗的方法多种多样,可以分为三种形式:接受式、再创造式和即兴演奏式。

1. **接受式音乐治疗**

接受式音乐治疗(receptive music therapy)又称聆听法,即在治疗师的指导下,聆听特定的音乐以调整人们的身心,减轻患者的疾病,达到健身的目的。接受式音乐治疗主要包含音乐聆听、歌曲讨论、音乐冥想、音乐想象等方法,音乐治疗师通过指导语与乐曲,使求治者体会音乐产生的各种生理及心理体验,从而调节情绪,达到健身祛病的目的。此种方法也是音乐治疗中最常用的方法。

2. **再创造式音乐治疗**

再创造式音乐治疗(recreative music therapy)也称主动法,是指对病人进行引导使其参与到音乐活动中,从而改善病人的行为。这种方法主要包含演奏演唱和音乐技能学习,使病人在歌唱、演奏乐器和音乐韵律操等活动中,感受到音乐的律动,将身心融入音乐中,以刺激视听神经,激发自身活动,使肌肉放松,触发内心情感,最终改善病症。

3. 即兴演奏式音乐治疗

即兴演奏式音乐治疗(improvisational music therapy)通常称为即兴法,主要通过在特定的乐器上自由地即兴演奏音乐,最终达到治疗的目的。这种方法通常选用鼓、三角铁、铃鼓、木琴等简单乐器,病人在治疗师引导下随心所欲地演奏。即兴演奏后通常进行讨论,让患者直接表达自己的内心情感与症结,同时也为患者提供一个适应社会生活和人际关系的热身平台,从而使患者改变自身、适应社会,与他人和谐共处。

(五) 音乐促进中小学生心理健康的优势

音乐作为一种治疗手段是有其坚实的科学依据的,而在治疗之外,针对正常人群,它也能通过变化无穷的优美旋律和动人心弦的乐曲节奏给人以生理上的共振、情感上的激发,启迪智慧、陶冶情操、强健身体,从而起到促进人们身心健康的作用。音乐辅导在对中小学生心理健康的积极影响方面,具体可以归纳为以下几点:

1. 音乐有助于中小学生缓解学习压力,减轻心理焦虑

学习压力较大是当前中小学生比较常见的心理困扰之一,这种压力会使得学生对学校有顾虑,阻碍了记忆力和解决问题的能力,甚至对班集体、教师产生恐惧,从而影响了心理健康和正常学习。音乐通过放松学生大脑神经,调整学生情绪,有效地缓解学生这种学习压力,减轻心理焦虑。

2. 影响比较深远,有助于中小学生情操的陶冶和心灵的净化

音乐辅导和教育中选用优秀的音乐作品,包含着真诚的体验,反映了生活的意味和生活的真实,表达了人类对理想的追求和向往,代表时代的共同心声,这些都会对学生产生潜移默化的影响,使他们情不自禁地受到打动。

3. 音乐有助于中小学生亲社会行为发展,形成健康心态

亲社会行为通常指对他人有益或对社会有积极影响的行为。表现为分享、合作与助人等。音乐辅导与教育的内容是这一行为的良好催化剂。音乐辅导与教育中的合唱(奏)与舞蹈部分强调成员之间的合作,学生感受到别人的合作,也会主动地与别人合作,养成合作与集体意识;音乐欣赏传递出一种分享意识,让学生重视他人的快乐,乐于与人分享;颂扬友爱、关怀等的乐曲,感染学生的助人意识,能起到比思想品德课生硬说教更好的感化作用,效果也更趋于稳定而长久。

综上所述,音乐是一种具有很大价值的心理健康教育载体,在中小学校中,充分利用好这一载体,将有力地提升学生的心理健康水平。

二、操作

(一) 确定活动主题,选择适切音乐

音乐具有多样性和发散性的特点,要开展音乐辅导,在主题的选择上,可以根据小学不同阶段的心理特点和所面临的心理主题进行设计,而确定主题之后,便可以选择适切的音乐。比如,一年级学生所面临的主要的心理主题是入学适应,那么可以将入学适应确定为音

乐辅导的主题,在此基础上选择一些与入学相关的歌曲和乐曲,采用寓教于乐的方式开展音乐辅导,也可以扩大音乐选择的范围,只要能缓解学生入学适应中的压力与焦虑的音乐都可以选择等。需要注意的是,不可过分强调音乐技能以打击学生参与活动的热情与积极性,真正引导学生通过音乐辅导达到心理疏导、提升心理健康水平的效果。

(二) 活动准备

首先,教师要对音乐辅导的理论和实践操作做细致深入的研究,要将音乐教师的专业力量争取进来。因为音乐辅导是一项专业性较强的活动,除了心理辅导教师,音乐教师的专业加入不可或缺,只有心理教师与音乐教师共同合作,才能选择好适切的音乐,并将音乐辅导的活动设计得合理而专业;其次,教师要根据不同年级学生所选择的不同主题设计丰富的音乐辅导活动。以上文提到的一年级的入学适应,教师除了选择音乐,还需要设计好与音乐相配套的活动。一年级小学生活泼好动,敢于尝试新鲜事物,可以设计音乐健身操或音乐木偶剧,提高学生的参与度,让学生在身与心的参与中真正达到心理疏导的功能;此外,对某些确实存在某类心理困扰的学生,在教师有能力的情况下,可以设计某一主题的小团体音乐辅导,通过音乐这一良好的载体,帮助这些学生逐渐走出心理困扰,找到自己解决问题的方法。

(三) 活动实施

音乐具有天然的吸引力,设计精良的音乐活动,学生愿意主动参与进来。因此,在活动实施过程中,可在全校采用统一活动的基础上,根据各年级的心理特点开展丰富多样的音乐活动。比如音乐欣赏和音乐健身操,适合小学所有年级学生参与,而音乐木偶剧则相对适合小学低年级学生参与,音乐唱名字、音乐找朋友、音乐即兴表演则相对适合小学高年级学生的参与。也可发动家长参与其中,通过音乐营造小学生良好的亲子氛围。

在实施活动的过程中,应加强对活动的设计与策划。无论是被动式的音乐欣赏,还是主动式的即兴表演,无论是参演木偶剧还是做健身操,每一个活动都需要进行精心的策划与设计,需要心理教师、音乐教师和体育教师等通力合作,将各方的专业力量融会贯通,给到学生既专业又有趣的辅导。

(四) 活动总结

音乐心理辅导,不仅仅是让小学生在音乐中进行活动,更需要在活动中有所感悟。因此,在所有活动结束之后,应该在全校范围做一次活动总结。活动总结可以从以下两个层面进行思考和设计。

学生层面,可以引导学生撰写对整个音乐心理辅导的活动感悟。感悟注重多元化和多样化,不设过多限制。通过收集和分析学生的活动感悟,可以了解活动的效果,并为今后进一步设计音乐心理辅导提供参考。

教师层面,由于音乐心理辅导的专业性比较强,设计起来难度也比较大,因此,在整个音乐辅导结束之后进行总体考量,是非常必要的。可通过对参与活动的心理、音乐和体育教师进行深度访谈,了解音乐心理辅导进一步努力的方向;对全校积极参与活动的教师进行访谈,了解学校开展音乐心理辅导的效果、不足和今后努力的方向等;如设计有亲子音乐辅导,还可以访谈家长,了解家长对活动的建议和想法;若设有小团体辅导,尚需要开展精细专业化的前后测量数据对比,了解小团体辅导的效果和参与学生对小团体辅导的反馈。

通过学生、教师和家长全方位的了解和总结,就能对这一活动的方方面面做深入的了解。虽然音乐心理辅导具有较强的专业性,但由于音乐特有的生理、心理效应,且音乐心理辅导对于环境及硬件设施的要求相对简单,对场地和设施的要求几乎可以忽略不计,而且音乐心理辅导的性价比相较于很多辅导方式而言更高,能够有效提升辅导对象的自愈能力。因此若能在小学生中恰当运用音乐心理辅导,将起到非常有益的心理辅导效果,是值得运用和推广的一种心理辅导方式。

第二节　案例与点评

一、案例

上海市普陀区武宁路小学结合小学生身心功能均处于积极的发展变化中这一特点,尝试开设了"音乐辅导为主体的心理社团活动以及系列主题活动",运用音乐治疗的多种方法对小学生进行了系统干预,旨在激发学生积极的自我认知,感受同伴、家人的情感支持。活动主要分为两个大环节。

(一)环节一

通过调查发现,武宁路小学各个年级学生压力源不同。比如一年级的孩子压力源于入学后的不适应。二、三年级孩子的压力源于人际沟通,四年级孩子的压力源于成长中的烦恼,自信心不足,五年级孩子的压力源于升学择校的焦虑。学校根据这一调查结果,在不同年级组织开展了一系列不同的音乐主题活动。

主题活动一:心理宣传月启动仪式——《自由支配的快乐之旅》

活动对象:全体师生

活动内容:以游戏互动的形式让全校师生参与一场快乐之旅,让全校师生感受快乐、体验快乐、分享快乐,从而达到减压放松的效果。

活动说明:选定几个孩子在台上跟随着音乐任意选择自己喜欢表达快乐的方式,做出各种身体姿态,其他师生也跟随他们一起做这些动作,体验孩子与孩子、孩子与老师、老师与老师之间亲密感的连接,从而达到分享音乐、感受快乐、体验快乐的过程。

主题活动二:《小小课堂,大大成长》

活动对象:一年级学生

活动目的:让学生感受校园里的快乐,体验长大的幸福,养成良好的课堂习惯,尽快适应学校生活。

活动内容:表演小动物音乐木偶剧,让一年级的孩子感受和体验校园里的快乐。

活动说明:以音乐木偶剧的形式,让一年级的学生直观地感受和体验。从小动物们遇到的困难和各种困惑中,来提示同学们应该怎样正确处理和化解它们,从而增强自信心,尽快地适应小学生活。

主题活动三:《亲切问候 亲密友谊》

活动对象:二年级学生

活动目的:通过音乐游戏的方式建立同学之间的亲密感、安全感。

活动内容:运用自我演绎的方式,唱出自己名字,寻找新朋友。

活动说明:寻找认识的或不认识的同伴,通过歌唱的形式来介绍自己,体验不同的介绍方式,产生不同的共鸣,从而增强同学之间的亲密感、包容感。

主题活动四:《成长中的红领巾》

活动对象:三年级学生

活动目的:释放成长中的烦恼,以良好的心态面对各种负面的情绪。

活动内容:第一,分享回忆最快乐的一件事并说说自己的感受(音乐伴奏);第二,分享第一次戴上红领巾的心情(音乐伴奏);第三,游戏《找领袖》。

活动说明:运用音乐体验各种积极的情绪,让学生体验游戏中相互默契、相互帮助。消除负面的情绪,不断地在游戏中建立积极情绪,从而积极地面对学习和生活。

主题活动五:《最喜爱的歌》

活动对象:四年级学生

活动目的:让学生充分、独立地表达他们的感受,从中感受到自由选择的快乐。

活动内容:

第一,分享自己最喜欢的一首歌;第二,介绍自己为什么喜欢这首歌;第三,听这首歌的时候自己的心情如何;第四,同伴们听了这首歌的感受、心情又是如何?

活动说明:

每个人都会有自己特别喜欢的一首歌或一段旋律,在音乐中可以感受各种不同的心情。在听歌的过程中每个人都有不同于别人的感受,听同一首歌每个人的感受是不同的,教师引导学生把积极的心态传播给每一个同伴,让同学们可以在音乐中产生积极的体验。

主题活动六:《鼓圈》

活动对象:五年级

活动目的:

帮助面临升学择校压力的五年级学生释放负面情绪,增强快乐奋发向上的精神,增强学习的信心,激发学习的斗志。

活动内容:

第一,让学生选择自己想要的乐器,围坐成圈;第二,运用各种不同的节拍,将每个乐器演绎出来(不需要会乐器);第三,体验鼓圈的魅力。

活动说明:

这并非普通的击鼓表演,而是集体音乐治疗的一种形式——"鼓圈"。它是由任意的一个班级学生在心理教师的引导下围成一个圆圈,并在引导下演奏打击乐器。它有别于其他鼓组或鼓乐团有目的的表演,而是让参与者在鼓圈活动中得到成长。击鼓不但能缓解压力,促进沟通,经过心理教师设计引导的鼓圈活动,有助于提高参与者人际交往能力,提高自我尊重意识,提高创造力,为个人与团队注入活力。同时鼓圈活动有益于降低参与者的焦虑情绪,提高身心健康水平。

(二) 环节二

社团活动《感恩的心,感谢有你》
活动对象:单亲家庭的孩子及家长
活动目的:通过开展"幸福妈妈家园"活动,使妈妈和孩子更自信、更和谐、更温馨。
活动过程:四个朗诵《四季》、心理剧《感恩的心》、冥想《我和心灵有个约会》。

二、点评

(一) 特点

普陀区武宁路小学开展的"音乐辅导为主体的心理社团活动以及系列主题活动",活动设计科学合理,活动内容丰富充实,总结起来具有以下几个特点:

(1)整个活动根据小学生不同年龄段的心理特点和压力来源分层设计,专业性强,实效性高。

一年级的《小小课堂 大大成长》,根据一年级学生以具体形象思维为主的特点,采用学生喜爱的音乐木偶剧,帮助学生从小动物们处理困难和疑惑的方法中获得启发;二年级的《亲切问候 亲密友谊》,仍然采用低年级学生喜爱和适合的游戏形式,帮助学生在游戏和活动中增进友谊;三年级的《成长中的红领巾》和四年级的《最喜爱的歌》,则根据中高年级学生开始由具体形象思维向抽象思维过渡的特点,既有游戏,又开始引导学生进行相对抽象的思考(分享回忆最快乐的一件事、最喜爱的一首歌),尤其侧重引导学生对自己情绪的关注和思索(说感受、分享心情);而五年级的《鼓圈》,则充分发挥高年级学生的自主选择能力和创造能力,让学生在心理教师的引导下自主演奏打击乐器。应该说,每个年级的设计都具有良好的层次感和梯度感。

(2)活动形式既采用了接受式音乐辅导,也采用了再创造式和即兴演奏式音乐辅导,符合小学低、中、高年级、教师群体以及家长群体各自不同的身心特点和活动方式。

在音乐治疗之外,针对正常人群的音乐辅导,仍然可以采用上述的三种辅导形式。本案例中,低年级的多以接受式音乐辅导为主,中年级以再创造式音乐辅导为主,而五年级毕业班则以即兴演奏式音乐辅导为主,针对教师群体的采用再创造式的音乐辅导,而针对家长群体的则以接受式为主。三种音乐辅导形式相辅相成,相得益彰,针对不同的群体取得不同效果,可谓层层递进,设计精良。

(3)音乐选择上,根据每个年级学生的心理主题进行选择,既针对小学生的音乐偏好,又能够达成音乐舒缓的效果。

在音乐心理辅导中促进小学生心理健康的时候,首先要了解学生的心理状态,针对不同的学生采取不同的音乐处方。本案例中,武宁路小学在选择音乐方面也花费了大量的心力:无论是心理宣传月启动仪式上欢快音乐的选择,音乐木偶剧中音乐的设计,或者各个主题活动中需要使用的音乐伴奏,都需要设计者精心挑选、精致搭配,才能实现每个主题活动的目的和意图。

(4) 开展亲子音乐活动,争取单亲家庭家长的参与,是一项具有创造性的尝试。

单亲家庭学生的成长取决于单亲家长有关的多种因素,如家庭经济状况,家长与孩子共处的时间,家庭内部的压力等。相对来说,单亲家庭经济状况较差,家长能够与孩子共处的时间相对较少,家庭内部的压力也较大,这些都会对学生造成很不利的影响。但由于家庭离异是一个相对复杂和敏感的话题,学校对离异家庭的学生进行心理援助具有一定的难度,而当学生出现心理困扰需要得到心理辅导时,与家庭对学生产生的影响相比,学校能够提供的帮助、发挥的作用也相对有限。因此,找到一个合适、合理的切入口,争取到单亲家庭的父母力量,让单亲家长共同加入到关爱孩子的力量中来,是学校开展单亲家庭学生心理援助的重要举措。而本案例中,将音乐这一喜闻乐见的形式作为媒介,开展"幸福妈妈家园"活动,通过朗诵、心理剧、冥想等形式,帮助妈妈和孩子更自信、更和谐、更温馨,这是对单亲家庭心理援助的一种适切又新颖的方式,值得其他学校借鉴和学习。

(二) 音乐心理辅导方式实践的注意点

依据音乐治疗、音乐心理辅导的理论,结合普陀区武宁路小学开展的"音乐辅导为主体的心理社团活动以及系列主题活动"可以看出,音乐心理辅导是一种非常值得在小学推广使用的心理辅导形式,然而,在具体实施中我们仍然需要注意以下一些要点:

(1) 在开展音乐心理辅导过程中,教师必须具备一些基本素质,包括:音乐学科知识,教育学和心理学知识。但在小学的心理健康教育工作中,除非心理教师兼教音乐科目,否则很难同时具备这些素质。因此,在设计和实施音乐心理辅导时,应该将学校的心理教师、音乐教师的力量集合起来。若需要设计音乐健身操、音乐身体活动等,还需要将体育教师的专业力量结合进来,才能设计出集心理学专业基础、音乐学科基础和运动学科基础于一体的音乐心理辅导。

(2) 学校教学主管部门针对音乐心理辅导工作需求,可以有计划、有步骤地聘请有关学者、专家到学校传授知识、指导实践;适时组织心理教师外出参加培训或进行有关方面的考察学习,以达到心理健康教育与音乐心理辅导相结合、互辅佐、融会贯通、教学相长的最优化效果,构建学生迫切需要的音乐心理辅导之家,为学生身心健康护航。

(3) 要广泛开展以小学生心理健康知识和音乐心理辅导为主题的宣传、宣讲活动,使小学生了解小学时期年龄阶段的生理特点和心理特征,让学生了解音乐与心理健康的关系,了解音乐可以给予他们的帮助。学生了解了音乐的积极作用就会主动配合教师在课堂教学和课外活动中的心理辅导,使音乐心理辅导更具有实际意义。

(4) 学校的音乐心理辅导应做到与音乐治疗相区别。音乐心理辅导与音乐治疗在取向、对象、目的上都有所不同。前者以积极心理学为取向,后者主要以"消极心理学"为取向;前者以全体普通的小学生为主;后者主要针对心理健康水平较低或心理机能失调以及心理上有障碍的小学生;前者的目的是通过音乐的舒缓、辅导等提升小学生的心理潜能,帮助小学生更好地应对人生各个阶段中的心理困惑或难题,后者的目的则是通过各种专门设计的音乐行为,经历音乐体验,达到消除心理障碍,恢复或增进身心健康。

参 考 文 献

[1] 李沫潼.音乐治疗对中学生考试焦虑心理干预的实践研究[D].天津:天津音乐学院,2014.

[2] 尚志华.音乐治疗与青少年心理健康教育[D].呼和浩特:内蒙古师范大学,2010.

[3] 吴雅芳.音乐教育对中学生心理健康教育的作用与实践研究[D].长沙:湖南师范大学,2012.

第四章

心情故事创作

第一节 理论与操作

一、理论

每个人的内心都有属于自己的心情故事,我们也总是有意识或无意识地生活在自己的故事里面。每个人一出生,就开始聆听和铭记发生在我们周围的故事。家长、学校、书本、传播媒介等通过不同的途径告诉我们数不清的故事,明白或者含蓄地知会我们,生活实际是或者应该是什么样子,我们就是通过这种基本的方式来理解、传达生活的意义。在我们学会思考之前,我们就已经在他人的意识以及周围世界的经验下理解我们自己。我们每个人都是沉浸在故事化的意义网络之中。叙事,赋予了我们的生活世界以某种意义,也就是某种为人理解的关系框架。这种产生意义的叙事建构作用既是我们生活的基本现实,又是实现未来新颖可能性的希望源泉。正是在这个意义网络的组织之中,我们建构个人的自我,实现人格的健全和心灵的康愈。叙事心理治疗的作用就是在这样一个错综复杂的历程中展开的。心情故事创作,作为学校心理健康教育的一种形式和载体,正在逐渐被推广、运用。其正是运用了叙事方法,植根于叙事疗法的理论,成为学校心理健康教育中打动人心的一种方式。

(一) 叙事疗法的起源与定义

叙事疗法兴起于20世纪80年代末,由家庭治疗家迈克·怀特与大卫·艾普森等人开创,受后建构主义理论影响深远,认为心理疾病是因为生活叙事出现了错误和歪曲,而心理治疗则是修复生活叙事的活动,通过流动的叙事过程可以整合分裂的经验,促进自我的康复,重构生活意义。

叙事心理治疗是指咨询者通过倾听他人的故事,运用适当的方法,帮助当事人找出遗漏片段,使问题外化,从而引导来访者重构积极故事,以唤起当事人发生改变的内在力量的过程。我们所说的叙事心理治疗,并不是在众多的心理治疗体系之外的又一个理论和操作体系。严格说来,它是一种生活观,一种看问题的态度和视角,一种身体力行的实践方式。"叙事疗法运用故事的隐喻,把众人的生活当成故事,以有意义且能实践的方式,体验他们的生活的故事,以此治疗他们;以社会建构的隐喻,以人和人、人和习俗制度间的互动,建构每个人社会和人际的现状,并把焦点放在社会现状对人类生活意义的影响。"

叙事心理治疗旨在通过当事人诉说的故事探求当事人的生活体验,使当事人重新看到自己的力量,并体验成功,最终使其重拾主宰自己生活的能力与信心,继续自己的生活。简单地说,叙事治疗的过程就是通过叙说,在情节结构中换掉占主导地位的那些事件,以另一个情节结构取而代之,使在新的情节结构中那些曾占主要地位的事件处于附属地位。

叙事心理治疗认为:叙说是人的基本交流工具,在生活中人都有讲故事的天性,向别人叙说自己的故事,或倾听别人说别人的故事,是一种最好的心理交流和咨询手段。故事是生活的反映,有情节,有过程,容易引起倾听者的心理共鸣。每个人都是自己的故事的作者。人在经历事件,也不断诠释其意义。

(二) 叙事疗法的应用

叙事疗法的应用体现在以下几个方面:

故事叙说——重新编排和诠释故事。叙述疗法与传统模式的不同之处在于并不试图寻求或建构当事人关于情景的单一解释,而是致力于评估和改变当事人关于自己生活的叙事。咨询师首先要解构那些限制了来访者生活的主流叙事,协助来访者看到新的故事讲述方式的可能性,并让来访者洞察到故事背后的自己积极的力量。

问题外化——将人与问题分开。叙事治疗还有一个显著特点是"问题外化",也就是将人与问题分开,不要把人和发生的问题连在一起,让问题是问题,人是人,这样就可以把人从问题中解脱出来。外化是叙事疗法的一个特殊手段。当问题在人外面时,他就能负起如何与问题互动的责任。

进行对比——形成积极有力的观念。人的经历是多方面的,有成功的事例,也会有失败的案例。成功的经验会引起当事人的希望和自信,失败的经历则会引起当事人的胆怯和害怕。叙事疗法最大的功能就是要激励受治疗者,让成功案例唤起患者的信心和勇气。当叙事过程中通过叙述当事人成功过的案例时,就会增加积极的自我认同,做事情就会很自信,做事情成功的概率也会越来越高。叙事疗法主要是唤起受治疗者自己的信心和力量,依靠的是自己的勇气去看到希望。叙事治疗过程的一方面依靠生活中的经验作为叙事资料,去引起当事人的心理活动,同时叙事还可作为干预手段在研究中使用。叙事总是与反思联系在一起,我们在叙说生活故事的过程中,也就审视了自己。这种反思或审视是一种内源性的干预,调动受治疗者的心理动力。发现问题远比问题本身更有意义,咨询和治疗的过程中咨询师只是外部因素,关键是要唤起当事人的内部希望和努力,咨询师只是旁观者,不能代替受治疗者去克服困难和解决问题。咨询师的作用是唤起受治疗者克服困难和解决问题的勇气并自己去寻找解决问题的方法。

(三) 叙事疗法的特点

每一种心理治疗方法都有其特殊的治疗技术和其核心作用机制,叙事疗法作为一种新生的治疗方法,较多理论尚不完善,纵看已有的关于叙事疗法的研究文献,很少有学者对其作用机制予以探讨。我们不可否定,在咨询中良好的咨访关系、咨询师所表现出来的真诚和尊重等态度对来访者问题的解决有很大帮助。胡文芝等学者通过研究指出治疗师的问话预设不仅能够有效地促进治疗师和来访者之间的互动,而且能够通过积极评价提高来访者对自身主体性的认识,促使其发生积极改变。同时,治疗师的问话预设有助于将会谈引导至正确的、有益治疗的方向,并通过给予来访者适时的指导,促使来访者对自身问题构建新的认识,实现认知重构。也有其他学者对语言在心理咨询过程中的应用进行了研究,并对咨询的影响效果予以肯定。因此,言语的建构作用在叙事治疗过程中起到了重要的作用。这主要可以从叙事疗法对心理问题和治疗理念两个方面予以印证。

叙事疗法的问题观——话语构建了消极的叙事自我。有学者提出,心理咨询中不同的心理治疗流派之所以在宏观的治疗理念和微观的方法技术上呈现出百家争鸣的景象,根本上是源于对"自我"的不同认识。叙事自我的形成可以帮助我们诠释叙事疗法对个体心理问题形成上的观点。叙事的意义在于以时间为主要维度,为我们的日常行为及生活事件建立联系,将一系列独立的事件组织起来从而获得连续性。"由时间为维度串联起来的连续性的故事就是个体的叙事自我。维果斯基指出,人特有的高级心理机能不是从内部自发产生的,而是产生于人们的协同活动及人与人的交往之中;在人的外部活动中初步形成的人的高级心理机能,借助语言符号为中介作用,向人的内部转移,内化为人的心理结构和心理技能。从这个角度,就会不难发现个体心理问题的产生也是个体借助语言建构的结果,个体在特定的历史文化环境中生活,通过语言及非语言的形式进行交流。这种交流的过程不仅仅是一种表达,更重要的是一种意义的建构,个体的叙事自我便是在语言的交流中慢慢形成的。然而,当个体经由消极无力的语言所建构的叙事自我或者已建构的叙事自我与当前的生活的重要经验产生矛盾时,问题就会产生。

叙事疗法的治疗观——借以语言重新组织人生经验。话语通常用来表达我们的思想,从诠释学的角度来看表达的过程也是意义诠释的过程。具有意义建构的作用,不同的话语方式会影响个体自我建构的取向。受问题故事压制的话语方式是无力的、消极的,它会使个体陷入一个恶性循环之中,叙事治疗就是通过对话,使来访者摆脱这种消极的话语方式。采用积极的话语方式,以建构更有生命力的人生故事,语言的建构与作用在治疗过程中发挥着至关重要的作用。

贝斯利(Besley)指出当个体讲述生活时,语言会模糊、改变甚至扭曲我们的经验;语言能制约我们如何进行思考、感受以及行动,因此,语言能够被有目的地用作一种心理治疗的工具。叙事学者吉尔弗里德曼在叙事治疗过程中特别重视语言的运用,尤其是问话的方式,他在《叙事治疗——解构并重写人生故事》一书中采用了一个章节的内容来阐述如何通过不同的问话方式促使来访者改变。当一个来访者不再用消极的话语描述自己的生活经验,表示来访者已经发生了较大的转变。治疗过程中的话语不仅可以使来访者发生改变,更可以帮助来访者构建新的人生故事。在重构人生故事的过程中,来访者话语的表达更是意义建构的重要组成部分。同时话语还可以促进新故事中积极态度的建构和践行新的行为。

创作心情故事,是一种通过实践来感受心灵的方式,依靠生活中的经验作为叙事资料,以自己或他们的内心故事为内容,通过综合文字、歌声、音乐、图像、短片的形式,表达内心的想法与情感。这对于学校心理健康教育而言,无疑是增加了心理健康教育的形式,并拓宽了心理健康教育的内容。在学生通过心情故事创作的过程中,去体验生活、感悟生活,将在生活中体验到的想法、情感体现在心情故事中。创作心情故事的过程是对自己心理状态的一种内省,这种反思或审视对学生而言是一种内源性的自我干预,能调动其心理动力,唤起信心和力量。学生通过创作属于自己的心情故事,并把这个故事传递给更多的人,也把更多的心灵正能量传递给身边的人,唤起读者的内部希望和努力。

二、操作

（一）选择心情故事素材

心情故事的选材非常重要。心情故事，最重要的是这个故事本身。一个心情故事是不是能够打动人，故事本身所蕴含的打动人心的力量不可或缺。在学校心理健康教育中，心情故事可以是教师创作的，也可以是学生创作的。如果是教师创作的，那么这样的心情故事要为心理健康教育服务，要达成心理健康教育的目标，启发、引导学生产生更多的心理体验与感悟。如果心情故事是学生创作的，那么这样的心情故事一定是表达学生自己的想法和感受的，故事素材本身没有类别或者内容的局限，但是教师在辅导学生进行心理创作时，要让学生感悟到心情故事的选材是这个心情故事能不能吸引人、打动人的重要的因素，并且选材要为整个思路或设计服务，脱离整体思路或设计的素材，是需要调整的。

（二）巧妙设计心情故事

巧妙设计心情故事情节，充分运用跌宕起伏的心情故事情节，充分体验故事所带来的乐趣和成就感的同时感悟生活、感悟人生。叙说是人的基本交流工具，在生活中人都有讲故事的天性，向别人叙说自己的故事，或倾听别人说别人的故事，是一种最好的心理交流和咨询手段。因此，无论是站在叙说心情故事的角度还是听取心情故事的角度，有情节，有过程，容易引起倾听者的心理共鸣，而每个人都可以成为自己的心情故事的作者。心情故事主要以情节取胜，以情节吸引人，必有其独到之处。

（三）雕琢心情故事的语言

在心情故事中，语言通常具有重要的影响力，语言的建构与作用在心情故事创作中发挥着至关重要的作用。话语通常用来表达我们的思想，从诠释学的角度来看表达的过程也是意义诠释的过程。不同的话语方式会对整个心情故事产生不同的影响。如果心情故事的话语方式是无力的、消极的，它会使创作者和欣赏者感受不到心情故事本身具有的治愈作用，甚至产生意想不到的结果。而如果在心情故事中用充满能量的、寓意的、打动人心的语言，那么就能建构富有生命力的心情故事。

（四）综合呈现心情故事

文本形式的心情故事引人沉入思考，数字形式的心情故事调动起多种感官，其直观、生动让人身如其境。因此，心情故事的呈现方式，可以是多样的，可以是图片配文形式的、可以是纯文本的心情故事，也可以是综合运用各种多媒体方法的数字心情故事。数字心情故事，就是以PPT、短片等形式为载体，如综合运用文字、音乐、图像呈现出的心情故事。这其中没有孰优孰劣，有的只是不同形式的心情故事所呈现出的独特的特点以及适合不同年龄层次的学生身心发展规律的特征。选择一种适合本心情故事的、符合心理健康教育对象年龄特点的呈现方式，才是最好的呈现形式。

（五）设计好心情故事结尾

一个心情故事是一个有机的整体，如果说好的开头有先声夺人、启发诱导之功能，那么，精妙的结尾就应具有耐人寻味、言虽尽而意无穷的作用，因此要设计好心情故事的结尾，利用好"尾因效应"让结尾成为故事的点睛之笔，成为整个故事的升华，让欣赏者久久思考、回味无穷。

第二节　案例与点评

一、案例

上海市娄山中学瞿亦任同学等创作的数字心情故事《土拨鼠心中的目标》在长宁区2012年首届心理健康活动月"数字心情故事"评选活动中荣获一等奖。

（一）长宁区2012年首届心理健康活动月"数字心情故事"评选进程

1. 工作进程

（1）时间

2012年4月27日—5月20日，征集

2012年5月20日—5月27日，评奖

2012年5月27日—6月8日，公布结果，展示阶段

（2）要求

每校限送一篇作品，中学主要选送学生作品，小学幼儿园主要选送教师作品，作品时长4~6分钟，可以是励志类、治愈类和积极心态类。

2. 活动要求

要求各校把自身的办学特色、办学目标和该活动有机整合。积极探索和建立活动持续开展的长效机制，打造学校心理健康教育品牌。

3. 活动保障

长宁区教育局成立领导工作小组，制订工作方案和目标考核方案并提供经费上的支持。各校落实责任、落实方案，扎实开展工作。

项目取得的成效：

（1）数量

长宁区56所中小学都进行了数字心情故事的创编宣传和征集，100%学校选送作品，经评选共有35个作品脱颖而出，获得嘉奖。

（2）质量

35个中选作品，内容涉及个别辅导、心灵感悟、班队合作、励志、心态调整和亲子关系等，创作手法更是新颖和别出心裁，令人耳目一新。评委在评审中往往拍案叫好，连声称赞。

（二）数字心情故事报名表

数字心情故事名称	《土拨鼠心中的目标》		
参赛学校	上海市娄山中学	学段	初中
参赛学生	瞿亦任等3名学生		
指导教师		联系电话	
学校地址		邮编	
创作意图	以"土拨鼠"为主人公，叙述土拨鼠在完成心中目标过程中的系列故事，其中有土拨鼠同伴的帮助、土拨鼠老师的支持，还有土拨鼠自己内心的坚持。以土拨鼠的故事为线索，结合文字、歌声、音乐、图像、短片等各种数字形式，以数字心情故事的方式呈现。动人的故事背后，包含了自我认同、坚持不懈、心理支持等心理元素，拥有打动人心的力量。		
创作剪影			

（三）学生感言

在制作数字心情故事的过程中，我有了许多感想，感受同伴在我成长中的帮助，感受教师对学生用心，感受师生的共同成长。数字心情故事，就是以PPT为载体，以感人故事、真实的事件为线索，贯穿联系整部影片。当我和同学们在制作前，都会打草稿，理清所想表达的思想。与此同时，培养对于故事的采集、文字编写PPT灵活运用等方面的能力，能在综合方面提升我的信息素养，同时播放后也能吸引观众的注意，让他们通过数字故事的表达清晰地明白故事体现的主旨以及理解较深层次的思想教育内涵，让人印象深刻。同时通过制作过程，也又一次感受到了同学间的团队合作精神，并且认识到能够完美地制作一件好的作品，需要良好的文字语言水平和艺术审美能力，我也通过这次的制作得到了提高。

（上海市娄山中学　瞿亦任）

（四）辅导老师感言

一开始学生和我讨论整个思路时，想到采用新闻采访的形式，因为受数字心情故事时间的限制,选择用一首大家喜欢的歌,是因为他们在日常生活中相互之间会做一些"恶作剧",比如会以改编热门歌曲歌词的方式"嘲笑"对方。受此启发,一起选曲目,改编歌词,这样一首让人耳目一新且又动人的歌曲就出现了。

学生希望自己献声,所以他们把自己改编好的歌,选两位男生录好音。接下来就是声像结合了。要在这首歌的意境下穿插合适的图片、文字、短片。他们着实在这方面下了很大的工夫,一起回忆生活中的点点滴滴,并寻找创作素材。最让我感动的是他们还记录下了他们和体育老师在一起的场景。这位年仅27岁的年轻女教师在今年元宵节不幸心脏病突发去世了,所以,其中的每个画面都有他们的内心故事,有苦、累、酸、甜,更有情!在全班播放他们制作完成的数字心情故事后都被感动了!

学生内心的动人故事,就这样,通过文字、歌声、音乐、图像、短片向我们娓娓道来。我觉得他们是带着真情制作的数字心情故事,所以感觉特别真实、特别有情!

二、点评

(一) 心情故事来源于生活,而又高于生活

心情故事一定是达到人心的,无论是自己的故事,抑或他人的故事。若是来源于生活而又高于生活的故事,那一定是具有打动人心的力量的。故事选材没有大的限制,但是如果故事讲述或隐喻着学生自己的或同龄人的类似经历,那么对学生具有更大的吸引力。心理辅导老师在为学生进行选材把关上,可以和学生一起探讨,有些心情故事的选材,可以让学生自己去感悟;有些心情故事的选材,需要心理老师引领学生一起解读并给予点拨,才能更好地表现故事的意境。《土拨鼠心中的目标》就是这样一个来源于生活而又高于生活的心情故事选材。土拨鼠在完成心中目标过程中的系列故事中,有土拨鼠同伴的帮助、土拨鼠老师的支持,还有土拨鼠自己内心的坚持,这何尝不是一个成长中的学生要去经历的生活故事呢?

(二) 心情故事的呈现方式可以多样化

一个心情故事的呈现方式,可以是多样的,可以是纯文本的心情故事,也可以是综合运用各种多媒体方法的数字心情故事。正如前文所述,数字心情故事是指以课件、短片等形式为载体,综合运用文字、音乐、图像呈现出的心情故事。各种形式没有优劣,有的只是不同形式所呈现出的不同特点。文本形式的心情故事引人沉入思考,数字形式的心情故事调动起多种感官,其直观、生动让人身如其境。在《土拨鼠心中的目标》中,运用的是数字心情故事的形式,学生在设计使用多媒体形式呈现心情故事的过程中,是一种创造力的培养,更是一种深入的思考,让学生在感悟心灵之余得到了综合能力的培养。

(三) 心情故事的呈现要富有感染力

学校心理健康教育工作的对象是充满朝气和活力的学生,所以心理健康教育的形式应该是丰富而活泼的,而心情故事就是一个这样的载体,在心情故事的选材中,富有感染力的故事呈现方式是必不可少的。在故事的情节设计上,要巧妙设计、引人入胜;在故事叙述的

语言上,要富有感染力、深入人心;在音乐的选择上要符合心情故事的意境;在图片或短片的选择、拍摄上要富有生命力,这样才能使得心情故事的呈现富有感染力。《土拨鼠心中的目标》中,土拨鼠的冒险经历跌宕起伏,其中的语言表述形象而生动、充满童趣,画面体现出温馨、怡人的视觉感受,这都是富有感染力的心情故事呈现方式。

(四)教师也要储备丰富的心情故事

给学生一滴水,教师自己要有一桶水。教师要辅导学生进行心情故事创作,那么教师本人就需要积累大量的丰富的心情故事素材,才能做到信手拈来,以备所用。所以教师平时要注重积累,储备心情故事,不仅数量要多,还要对不同专题的、不同类型的心情故事加以分类,也要有适合不同心理年龄的心情故事。心情故事创作是学生喜闻乐见的心理健康教育途径,其运用不仅增强心理健康教育的趣味性,而且它是生活教育的一种积极的尝试,可以促使学生对生活的思考和感悟更深刻、更久远,相信对学生的心理成长会有较大的促进作用。《土拨鼠心中的目标》的辅导老师,就是这样一位老师,在对心情故事有了比较深入的研究后,指导学生进行心情故事的创造,使得心情故事的创作成为了心理健康教育的又一途径。

参 考 文 献

[1] 胡文芝,廖美珍. 心理治疗中问话的预设机制与语用功能[J]. 中国临床心理学杂志,2013(1):165-169.

[2] 杨菲. 自我的社会建构论与叙事心理治疗[D]. 长春:吉林大学,2008:14.

[3] 杨莉萍. 社会建构论心理学[M]. 上海:上海教育出版社,2006.

[4] 杨世欣:叙事疗法:话语下绽放的叙事自我 第4期[4]魏源. 解构并重述生命的故事——叙事疗法述评[J]. 台州学院学报,2004(4).

[5] 刘雅丽. 叙事心理治疗理论研究述评[J]. 烟台:鲁东大学,2013:01 湘潮(下半月)2013:01.

[6] 沈之菲. 叙事心理治疗:一种后现代的心理咨询方法[J]. 中小学心理健康教育,2003(12).

第五章

心理手语操

第一节 理论与操作

一、理论

心理手语操是舞动团体心理辅导的一种方式。手语是使用手势、身体动作、脸部表情表达意思的语言,它是听力障碍的人交际和交流思想的一种手的语言。手语操是配合音乐,借助手语表达歌词意境的一种社会文化。作为一种社会文化,手语操首先凝聚的是手语使用者,也就是聋人的思想感情和精神力量,当它逐渐被社会其他成员接纳、喜爱并运用于表现、传递理想信念、生命渴望和生命力量时,这种文化的感染力愈发强大。此外,从表现形式来看,手语操是一种集体形式的活动,它需要由参与者共同完成。也就是说,在完成的过程中,它需要完成者个人的用心投入以及集体的和谐默契,它是内部力量与外在环境的相互调和。综上所述,手语操运用于学校心理健康教育的意义在于,一方面,它能帮助学生实现"助人自助"——学习手语时,能体会生命感,实现自我审美的提升,情感的升华;表现手语时,能完成态度的呈现,力量的传递。另一方面,手语操的集体表现形式,对于学校班级建设、团队建设、人际关系等具有一定的指导意义。

舞蹈心理治疗是表达性艺术治疗的分支之一,它又被称为舞蹈治疗(Dance Movement Therapy,缩写为 DMT),或简称为"舞动治疗"。美国舞蹈治疗协会(ADTA)把它定义为"一种运用舞蹈或动作过程以促进个体情绪、身体、认知和社会整合的心理疗法"。我国舞蹈心理治疗的第一人伏羲玉兰女士认为:"舞蹈心理治疗运用动作和有节奏的表情动作来帮助个人建立整体意识和正常行为操作功能。舞蹈心理治疗的特殊之处在于身体与心智并重、语言与非语言兼用,而且以启动人性的健康潜能为主,不偏重于处理病状问题。作为医学、心理学、艺术学等学科相交的产物,舞蹈治疗弥补了传统谈话心理疗法的不足。"

舞动心理治疗按不同的理论基础形成了不同的派系,主要的包括发展性舞蹈治疗、心理动力舞蹈治疗、荣格舞蹈治疗、完形动作治疗、心理分析动作治疗、人本舞蹈治疗、心理戏剧动作治疗、表情动作治疗、体验动作治疗、真挚动作治疗、全息舞动治疗等。

从总体上看,又可以按治疗目标分为三个层次:支持性舞动治疗、内省的舞动治疗以及心理分析的舞动治疗。

支持性舞动治疗,又可以称为调理或辅导。这是较浅层次的,但应用得最广泛。在这一层次,其目标一般来说是通过各种舞动身心调理活动,而不是通过心理的内省或心理的分析来达到的。支持性舞动调理活动提供了参与和体验的机会,并由此强化人们健康的行为。

内省、思考和语言的心理分析等方法的使用在整个过程中仅占较少的部分,而把重点集中在对现实生活的体验和可观察的行为上。活动的目标是:增强正常的心理应对方式,促进正确的行为控制能力,支持健康的情感和思想,打破社会性孤立状态,提供安全感和现实社会的信息刺激,把当事人置于集体的动力影响之下,并对紧张焦虑的当事人起到安抚作用。体验式的舞动治疗活动是有结构、有计划的,要为当事人提供情感上的支持,给他们创造体验成功感的机会,以起到缓解焦虑等积极作用。在活动的过程中,要对当事人进行指导、支持并提供安慰和建议。不同程度的人,从那些自我人格基本完整、仅仅是在紧张状态下暂时产生心理障碍的正常人,到那些心灵破碎、心理严重退行或患有幻觉幻想的、急性或慢性的精神病患者、严重的恐惧和焦虑的病人都可以从这一层次的舞动治疗中获益。

内省的舞动治疗。这一层次的治疗与支持性治疗相比更深一些。在这一层次治疗的过程中,除舞蹈活动之外,还伴随着治疗师与当事人之间的语言交流,而且语言的交流越来越多地成为重要的组成部分。在治疗过程中,舞蹈活动的内容是主要针对情感和思想观念来安排的,并成为舞动之后语言讨论过程的主题。治疗强调暴露个人的思想、情感和人际之间反应的问题。治疗的注意力主要集中在对现实的体验,以及治疗师与当事人之间的人际反应过程。在这一层次的治疗中,当事人的心理防御机制和不正常的人际行为都可能受到挑战,而治疗的目的是建立和促进正确的行为模式。因此治疗活动的设计是强调认识自己的情感,创造性地解决自己所面临的问题,促使不良行为的改变。在这一层次的治疗中,不进行对潜意识矛盾的探索,但是与前面的支持层次相比,仍然要求当事人把主要精力放在自我暴露,要主动和有能力通过内省来理解自己的行为。内省层次的舞动体验侧重于帮助当事人重新建立自己的价值体系和行为模式,学习新的人际之间的态度和责任感。

心理分析的舞动治疗。这是最深层的舞动心理治疗,其主要目标是针对深层的潜意识活动。在这一层次,舞蹈治疗活动是被用来发现、释放和解决那些对个人的人格发展产生消极影响的潜意识矛盾。在这一层次的治疗中,舞蹈治疗活动常常被用来引发联想,引发与现在或过去经历有关的情感,当事人的潜意识内容被用来重建新的心理防御机制,深化自我理解,促进自我的调控能力,进而达到重建人格的目的。这一层次与内省层次治疗的区别在于要求当事人内省的程度和质量不同,并相对较多地集中在过去经历。目的是引发对关键的、潜意识的矛盾的领悟,并通过在内省中经过对最深层的恐惧和矛盾的领悟,促使人格的转变。

在西方,经过60年的临床认证,舞蹈治疗的应用效果可归纳为:健康人群:一系列的定量研究表明,舞蹈治疗能促使健康人群在诸如身体姿势、自我接受、动作整合等生理和心理方面发生积极变化。有许多研究表明,舞蹈治疗能有效地帮助人们克服心理问题,培养健康的自我形象、建立自尊、促进放松与减少压力等。

心理手语操,是以团体支持性舞动辅导为主要目标的,结合内省舞动辅导目标的舞动心理团体辅导的一种方式。手语操运用于学校心理健康教育中,其最终目标在于引导学生在学习和表现心理手语操的过程中,丰富动作语汇,体会生命的节奏,增进对身体自我的觉察,并在支持性的气氛中,坦然面对动作经验中的内在历程,从而提升审美、促进放松、进行减压、接纳自我、建立自尊、适应环境、促进人际交往。同时,通过心理手语操的集体表现形式,对于学校班级建设、团队建设、人际关系等具有一定的积极的促进作用。在学校心理健康教育中运用心理手语操这一活泼、生动、结合身体运动和心理体验的心理健康教育形式,对于丰富学校心理健康教育的方式、拓宽学校心理健康教育的内容、促进学校心理健康教育的成效有着十分重要的意义。

二、操作

手语操在心理健康教育中的运用,应该着力于挖掘其内涵,根据学生心理特点,结合学校实际,丰富并创新其形式。

(一)设计思路

在教育实践中不难发现,当代学生的情感丰富,只是内敛而不善于表达。基于此特点,总的设计理念为:让学生在一种充满温情、充满感染力的氛围中,感受生活力量、生命力量;设计主题活动,通过手语的表达,音乐的渲染,传递青春正能量;通过情境表演的感染,让学生反思并调整自己的生活方式、生活态度。

1. 借助手语,关注聋人群体,获取生命正能量

受国外大学生心理健康教育载体先进理念的启发,如美国,以社会服务的形式带动学生为老年人、残疾人等进行义务服务,增强学生社会责任感——结合学校实际,可以搭建学生与聋人群体的交流平台,既希望学生学习基础手语,服务聋人群体;更希望学生在与这个群体的交流接触中,获取生命正能量。

2. 善用音乐心理调适训练,实现审美、认知、情感的升华

音乐心理训练调适在学生心理辅导中起着调节情绪、陶冶情操、完善人格等方面的作用,其心理机制是审美反射的生理机制和联想的认知心理相互作用、相互融合的过程。手语操是在音乐的伴奏下完成的——手语动作通过音乐旋律的配合,达到音乐、形体、心灵、精神的结合与互动。因此,手语操实际上也是音乐心理调适训练的运用。若能合理选择音乐,充分发挥音乐感染力,实现音乐与手语的完美结合,将使手语操表演在心理健康教育中发挥及其有效的作用。

3. 情境表演等形式的融合,让手语操意境生动、具体化

手语操的呈现,可结合情境表演、诗朗诵、舞蹈等艺术形式,将有声的调节与无声的力量融合在一起。但必须把握的一个点是:手语操为主,其他形式为辅——用手语表达歌曲,表达情感,展现力量,辅以情境表演、诗歌、舞蹈等,将手语操的内容更生动、更具体地展现,具有吸引力的情节,更能引发学生共鸣,更能让学生主动反思并调整自己的生活方式、生活态度。

(二)运用途径

手语操在心理健康教育中的运用途径可以进行以下内容的尝试:

1. 作为新生入学教育的内容之一

新生入学之初,要帮助学生建立起归属感,就需要采取一些方式进行团队建设。对于新生来说,手语操不失为一种有吸引力的团队活动。学校可以开展大型手语操活动,可以开展班级手语操比赛,班级可以开展小组手语操比赛。任何级别的比赛,比赛单位成员群策群力设计节目,共同练习,无形中增进了团队成员的交流,增加了成员相处的时间,也使其在入学之初因为共同的目标形成向心力。

2. 作为心理健康活动月的特色品牌活动

可以将手语操比赛打造为学校心理健康活动月的特色品牌项目,作为一种校园文化的传递和传承。这个途径的手语操比赛,相对前一种途径,区别在于,它的参与者,或许没有前一途径的多,但它对作品的诠释,会以一种故事般娓娓道来的形式,从而更细腻、更丰富、更完整。具体说来,前一种途径强调团队成员的参与,而这一种途径,则追求挖掘作品的深度,重视作品的宣传、教育意义。

3. 作为日常心理健康教育活动

手语学习可以作为一项常规活动长期存在。比如,可以作为心理协会的社团活动、也可以作为心理爱好者的专题系列讲座等。要顺利实施该项计划,建议可以与手语专业团体形成共建合作关系。一方面,定期请他们来为学生开办手语讲座,普及手语知识;另一方面,建议学生积极参与这些群体的团队活动,完成一些力所能及的服务工作,如手语宣传推广等。

(三)改革与创新

手语操的运用,可以尝试不断改革创新。

1. 学习方式的创新

目前,网络平台上有很多手语操学习视频。但从将手语操纳入学校心理健康教育的意义和能起到的效果来看,更提倡专业人员面对面的手语教学。专业人员对手语内涵的理解更深,更能起到一种言传、心传、身教的作用。毕竟,除基本手语外,更希望实现的是学生与手语使用者形体和心灵的沟通。而且,尽管网络有手语操视频,但数量有限,很多学生喜欢的,想学习、想表现的歌曲找不到视频。手语使用着可以对歌词进行手语教学,学生在学会歌词手语以后,对手语操进行编排,突破了网络有限视频教学的限制,而且既有利词汇的手语学习,也为学生提供了创作空间。

2. 活动形式的创新

将手语操运用于心理健康教育领域,要求作品完整,内容饱满,现场感染力强,提倡与其他艺术形式的结合,如音乐剧、情景剧表演、钢琴、小提琴伴奏、演唱、舞蹈、诗朗诵等。这种创新,会体现在评分要求中:如手语表现、表演形式、现场感染力、队形、服装及精神面貌等。可以看到,除手语表现外,对作品的创新(包括形式、队形和服装)与感染力有较高要求。这些要求,无疑会使作品既有内容又有实质,符合学生心理特点,满足学生心理需求,并能起到潜移默化的教育作用。

3. 活动背景与主题的创新

可以用手语操表现的节目很多,涉及的领域包括感恩、励志、生命教育等。但需要注意的是,与手语操有关的活动,不管是户外比赛,还是室内展演,每次应该有一个明确的主题,有一条清晰的主线,否则重点不突出,学生只会把它当成一项娱乐,很难达到心理健康教育的目标。只有把握主题,呈现背景并深度挖掘,这样的心理教育才会深入人心。据此,每一次手语操活动,需要根据当年的热点事件设计主题,如针对学生冷漠、不会感恩的现象,制定

"铭记温暖,学会感恩"主题;根据空难事故背景,制定"将爱心传播,为生命祈祷"主题等。主题确定后,选曲围绕主题展开,表演要求突出主题。实践证明,这样的活动贴近学生生活,意义深刻。

第二节 案例与点评

一、案例

上海市建平实验学校刘丽秋老师辅导的心理手语操《挥着翅膀的女孩》在浦东新区2013年心理健康活动月"阳光校园,积极人生"初中生心理手语操比赛中荣获一等奖,以此为案例,与读者分享。

(一)比赛方案

浦东新区第三届"中小学心理健康教育活动月"
"阳光校园,积极人生"初中生心理手语操比赛方案

1. 活动目的

为进一步加强初中生心理健康教育,丰富初中生积极的心理体验与课余生活,引导学生关注心理健康,弘扬心理文化,更好地展现当代初中学生良好的精神面貌和阳光心态,在初中学校决定举办心理手语操比赛。

2. 时间安排

(1) 2013年4月24日前:各校参赛报名。
(2) 2013年5月16日前:各校送光盘初赛,组织初评。
(3) 2013年5月29日:全区决赛。评出一、二、三等奖若干。
决赛时间:2013年5月29日(周三)下午13:30
决赛地点:上南中学南校区(永泰路1655号)

3. 活动细则

(1) 各校自行组织排练,上报参赛曲目及参赛队伍。
(2) 比赛形式:各参赛队伍按照抽签顺序依次登台表演,每支参赛队的表演可有前旁白、朗诵或舞蹈、演唱等形式进行。
(3) 心理手语操表演所需道具和音频光盘自备。

4. 评分标准

(1) 手语表现:手语动作准确到位,能跟上音乐节拍,流畅、整齐。
(2) 表演形式:表现形式灵活多样,穿插有旁白、朗诵、舞蹈、演唱等。
(3) 现场感染力:手语表演感情到位,能够较好地表现出歌曲的情绪和意境,能调动现场观众的气氛。
(4) 人数:人数符合参赛要求,每队不得少于20人。

(5)队形:队形变化自然、流畅。
(6)服装及精神面貌:精神风貌良好,服装统一、整洁、大方,能较好配合表演主题。

(二)报名表

在浦东新区第三届心理健康月活动中,上海市建平实验学校参与了手语操比赛。比赛手语操为《挥着翅膀的女孩》,以下是手语操比赛报名表。

手语操名称	《挥着翅膀的女孩》			
学校	建平实验学校	年级		初中
指导教师	刘丽秋	联系电话		
学校地址		邮编		
手语操设计思路	《挥着翅膀的女孩》是一首深受学生喜爱的歌曲,歌曲表达了女孩要勇敢、坚持的励志心态,其歌词励志,旋律朗朗上口。选择此曲作为心理手语操的内容,通过美妙的音乐、到位的手语、真诚的感受、飘逸的服装,来表现女孩们阳光、积极的心态。			

(三)活动策划

	《挥着翅膀的女孩》心理手语操活动策划
活动设计	参赛曲目:《挥着翅膀的女孩》 参赛口号:女孩们!勇敢吧!坚持吧! 参赛目标:在练习、表演心理手语操的过程中,内心受到感染,铸就阳光、积极的心态。 4. 活动计划: 2013年4月24日前选定曲目,参赛报名 5月5日前排练 5月10日前录制音频光盘 5月16日前送光盘参加初赛,争取参加全区决赛。
活动实施	每天中午12:00至12:50,前往心理辅导中心彩排 辅导老师:刘丽秋老师、学校音乐老师
活动成效	获奖情况:荣获浦东新区2013年心理健康活动月"阳光校园,积极人生"初中生心理手语操比赛一等奖

二、点评

感受生命的力量。学生在优美的手语表现形式中,能尝试去感受乐观向上的无声力量。这种力量,无疑会给他们带去心灵的震撼,内心的触动更会激发他们去总结、反思、完善自我。在感激、感动的过程中,更多的是自我激励,充满正能量助其更健康地成长。在实际体验的过程中,感受"生命的价值、生命的力量、团队合作的力量"。

培育创新能力。将手语操运用于心理健康教育,开展各式各类手语操比赛、手语操展演。这些活动,要求除手语展示外,还要纳入各种形式的辅助表演,要求节目整体出效果,富有感染力。这就要求参加活动的学生充分考虑,调动各方资源,进行全面创新的编排。这实际是为学生的创新思维、创新能力提供锻炼的机会。学生在参与心理手语操设计、排练、调整、表演的过程中,不断发挥其创造能力。

发挥同伴教育影响力。歌曲的选择、节目的编排,完全由学生自己去完成,这是发挥同伴教育的作用。参赛学生还得用心去思考,什么是打动自己的,什么能打动别人,进而根据学生自己的体悟,去发掘同龄人的心理需求,学会换位思考,并通过自己的表现,去实现对同龄人的感染,这无疑能充分发挥了同伴教育的优势。

创设平台让更多学生参与、体验。心理手语操能给更多学生提供参与的机会,反响热烈,在师生中口碑好。从实践经验看,手语操在学校心理健康教育中是一项叫好叫座的活动。师生对于此项活动的形式及意义给予充分肯定。相对于其他一些活动,手语操可以给更多的同学甚至是所有同学提供参与的机会,它能让尽可能多的学生因为置身其中而获得归属感、安全感。同时,因为手语是学生日常生活不会接触到的一种语言,因为好奇、因为兴趣,学生往往一改面对其他活动时的冷漠和疲态,积极热情地投入其中。它已然成为很多师生记忆中学校心理健康教育的特色符号。

通过多年的探索与创新,手语操在学校心理健康教育中初见成效。但对于该项活动的深度发掘还在继续,活动实践还有待进一步的完善。不可否认,手语操的教育实践之路,也必然为学校心理健康教育路径的探索之路提供有效借鉴。

参 考 文 献

[1] 伏曦玉兰.舞蹈心理治疗的新进展[J].北京舞蹈学院学报,2002(3).

[2] 黄珑.艺术舞蹈和音乐疗法[J].中国康复.2006,21(1):71-73.

[3] 苏珊.布查尔特著.孟沛欣,韩斌译.艺术治疗实践方案[M].北京:世界图书出版社,2006.

[4] 高天著.音乐治疗导论[M].北京:军事医学出版社,2006:26-29.

[5] 邱鸿钟.音乐的精神分析[M].广州:暨南大学出版社,2006:20.

[6] 罗宾斯.作为治疗师的艺术家[M].北京:世界图书出版公司,2006.

[7] 李宗芹.倾听身体之歌:舞蹈治疗的发展与内涵[J].台北:心灵工坊,2001:31.

[8] 张雯.舞动心理团体辅导对大学生心理健康发展的实验研究[D].北京:北京师范大学心理学院,2007.

[9] 宋倩.学校心理健康教育中手语操的运用与创新[J].广西教育,2014(10):112.

第六章

校园心理剧

第一节 理论与操作

一、理论

心理剧(psychodrama)是一种团体心理咨询和集体心理治疗的形式,由维也纳精神病学家莫雷诺(Moreno)于1919年创立。它是通过特殊的戏剧形式,让参加者扮演某种角色,表达出自己的内心感受,以宣泄情绪、消除内心压力和自卑感,从中培养、提高自己的洞察力,增强当事人适应环境和克服危机的能力,借此走出困境,实现自我整合和人际关系和谐。

20世纪80年代中期,心理剧作为一种心理治疗方法被介绍到我国,应用到教育实践中,校园心理剧应运而生。校园心理剧是由学生扮演当事人,在导演或指导教师带领及其他参与者、观众共同参与下,通过舞台表演,演绎校园中比较普遍的心理问题,引导教育学生学会如何应对和正确处理心理问题的一种团体心理辅导方法。通过校园心理剧创作、演出和分享,不仅可以使演员们学会如何应对和正确处理心理问题,还可以通过现场演出或录制播放使更多的学生受到教育。

校园心理剧是把学生学习、生活、交往中经常出现的心理问题进行比较、分类、提炼,先写出剧本,经过反复修改,使它反映具有普遍性和典型性的校园心理问题,并演绎出解决问题的方法。指导教师确定的主角可以是故事的原型,也可以是其他人,他(她)与其他演员一起根据剧本排练、演出,观众不参与演出过程,是通过观看演出而在相应问题方面受到教育、引导和启示。校园心理剧以其参与性、自创性、体验性、直观性、启发性和回味性的特点,开始成为一种独具魅力的心理治疗方法。

校园心理剧主要包括创作、导演、演出、分享和审视五个部分。

(一)校园心理剧的创作题材

校园心理剧的创作题材主要反映校园生活中发生的各种事件及学生中存在的心理困惑和问题。主要包括:

(1)新生的各种适应问题;
(2)学生的学习动机及方法问题;
(3)人际交往方面问题;
(4)压力的缓解及情绪的掌控问题;
(5)自我认识与评价等个人成长问题;

(6)自信心培养问题;
(7)两性成长问题;
(8)生涯发展和规划问题等。
校园心理剧创作过程中题材的收集工作其实起到了"把脉"的作用。

(二)校园心理剧的主题确定

校园心理剧是针对某一突出心理问题的艺术加工和创作,因此要力求把握"一剧一主题"的原则,否则会加大表演的难度,达不到教育的效果。

主题的确立是在素材收集的基础上,进行高度概括的结果。校园心理剧旨在向广大学生宣传心理健康知识,引导学生正确认识自我和社会,提高学生的自我认识与自我接纳,增强对自我及对社会的责任感。因此,剧本的主题要鲜明,有针对性,特别关注倾向性的问题,结合年级和班级特点拟定剧本主题,由学生集体或个人创作。

(三)校园心理剧的基本要素

校园心理剧演出的五个基本要素:

1. 主角

主角是当事人或当事人的扮演者,是剧中最重要的角色,指遭受心理困惑并急需解决这些困惑的学生,他们在舞台上扮演自己,展现出自己私人的世界,或者通过他人的表演演绎问题,领悟问题的原因,从而找到解决问题的方法。

2. 导演

导演是心理剧的指导者或心理辅导教师,作为心理剧的策划者、组织者,身兼三种功能:制作人、咨询师和分析师。导演在校园心理剧中应发挥的作用是:观察与评估、及时引导剧情向目标方向发展、保护主角(保护当事人在治疗过程中不会受到心理伤害)、对演员的表演进行指导和支持,另外还须做好暖身、选择和设计场景、时间的掌握等。

3. 辅角

辅角是除了导演和主角以外参与心理剧演出的成员,饰演当事人生活中的重要角色,莫雷诺对辅角的解释是:辅角既是导演的延伸也是主角的延伸,雕塑出主角世界中真实和想象的角色。辅角主要有两种功能:身为一个演员来塑造出主角世界中所需要的角色,身为一个咨询员来引导主角。

4. 观众

观众是指参加心理剧演出的其他人,心理剧的观众并非像一般传统的观众那样,他们常常可以主动参与探讨主角感受的活动。在心理剧中,观众不是仅仅来欣赏心理剧的,而是来体验心理剧的感受的,通过观看演出不仅对当事人提供支持而且自身也在其中领悟心理问题产生的原因和对策,从而提高心理健康水平。

5. 舞台

舞台主要指演出的地方,是人物活动的地点和事件发生的空间。它提供了一个多面向又极为弹性的空间。主角可以借助舞台,再现自己生活中的问题和体验。原则上,舞台需要有足够的空间,可以充分地展开肢体活动,同时应有足够的音响、灯光效果,便于观察演出。

另外背景音乐可烘托气氛、暖化主角,发挥共鸣的效果。

(四) 校园心理剧的教育效果

校园心理剧是一种群体性、创造性、娱乐性的心理健康活动,可以提高助人自助的心理保健意识,促进人的心理和谐,达到构建和谐校园的最终目的。近年来,校园心理剧蓬勃发展,这既得益于方方面面对学生心理健康的重视,也在于校园心理剧理念和形式适合学生心理健康教育的需要,主要表现在下列几点:

1. 校园心理剧适应了以学生为本的教育理念

校园心理剧的创作和演出为学生的创造、尝试提供了空间,能有机会亲身体验成功与失败,可以充分发挥学生的想象力和创造力,没有太多的条条框框限制学生思维的空间,有利于激发学生的巨大潜能。一个心理剧要取得预期的效果,需要团体中每个成员的尽心合作,在心理剧的选材、编排、演出、总结等过程都需要学生自己动手去完成。有时一个剧本从动笔到最终确定要经历多次的失败,但最终在大家相互鼓励下完成剧本的编写,这不但能体现锲而不舍的精神,而且也能培养学生的创造力。校园心理剧以故事、游戏、面具、音乐等艺术展现形式来反映学生内心的冲突和情绪波动,其特点在于生动、有趣、渗透性强,这正好迎合了学生的特点,易于被学生接受。

2. 校园心理剧可以减弱学生对自身心理问题的掩饰

目前学生的心理问题的主要表现有,缺乏信任感:与人相处时有着较强的戒备、怀疑和嫉妒心理;敌意状态:人际关系敏感、好冲动,常为一些小事与人争吵;忧郁:进取心不强、对生活迷茫,甚至出现自杀倾向;焦虑:无端地心烦意乱,伴有明显的植物神经紊乱;偏执:感觉过敏,行为固执,对别人既嫉妒又羡慕;对自己过分关心、爱虚荣;有的违法乱纪,却没有后悔之意,不能从中吸取教训;另外还有心理创伤等。有一些问题,他们难以直接表达,特别是面对家长和老师,他们在与家长、老师和同学的交流时,因自尊太强或缺乏安全感而不愿敞开心扉,这成为心理疏导的阻力。校园心理剧剧情的演绎恰好能解决这一弊端,通过校园心理剧让学生自己把这些心理矛盾冲突的发生、发展变化以及解决的途径表演出来,让学生正视这些心理矛盾,达到调适学生心理压力、促进自我成长的目的。

3. 校园心理剧可以缓解学生压力,宣泄不良情绪

当代学生面临着诸多压力,加上自身的身心特点,情绪不稳定,遇到挫折或困境常常把握不了自己,负性情绪得不到及时宣泄。而心理剧正是给学生提供了这样一个宣泄不良情绪的场所。在剧中,由于有配角的积极配合,当事人很容易进入状态,可以借剧中的人物尽情发泄自己的情绪,揭示内心深处的症结。在知情观众的协助及心理教师的指导下,当事人在痛快的宣泄之后,可以使愤怒、焦虑、恐惧等负性情绪得到一定程度的缓解。在此过程后,当事人往往可以在心情相对平静的状态下,冷静地分析问题,或在角色置换的过程中,学会处理问题的方式方法,更好地把握自己的情感。

4. 校园心理剧活动为学生良好行为模式的训练提供实验场所

校园心理剧是团体心理咨询的一种特殊形式,它除了具有感染力强、影响广泛、效率高、省时省力、效果容易巩固外,还为学生良好行为模式的训练提供实验场所,创造了一个类似真实的生活情境,为参加者提供了一个人际互动的场合。演员在演出中的言行往往是他们日常生活行为的复制品,他们可以通过主角或配角的身份,把自己的观念、行为模式加以演示,从而可进行深层次的自我认识,重新评价自己观念的正确性,重新审视自己行为的适当性。

二、操作

校园心理剧可以利用校园心理剧大赛的形式面向全体学生展开,让学生在校园心理剧的引导下找到合适的解决心理问题的方法,在舞台行为与生活行为的比较和评价中贯彻实施心理健康教育。通过校园心理剧让学生自己把这些心理矛盾冲突的发生、发展变化以及解决的途径表演出来,让学生得以更好正视这些心理矛盾,达到调适学生心理的目的。校园心理剧活动安排分三个阶段:宣传教育与培训阶段、编创剧本阶段、演出分享阶段。

(一)宣传教育与培训

学校可以对心理部成员和对心理感兴趣的学生进行培训,使他们了解校园心理剧的内涵、形式和作用。在全体学生中进行动员,开展多种形式的宣传教育活动,如举办校园心理剧讲座等。心理剧是广大学生喜闻乐见的一种心理教育形式,在宣传教育培训中,选择适当的场所和时间作宣传动员,鼓励学生演出自编、自导、自演的校园心理剧,或播放本校录制的心理剧,也可借鉴获奖心理剧作品,激发学生的兴趣及参与的积极性。

(二)指导创作,在编创过程中增强心理自助

对学生而言,参加一次校园心理剧的编写、排演,就是他们自觉反思同龄人心理健康状况,自行接受心理健康宣传教育的重要过程。要发挥教师的主导地位,需要由学校心理教师、艺术指导教师、班主任等成立校园心理剧指导组,从专业创作和心理问题把握的角度,指导学生的心理剧创作。学校心理部统一收集各班创作的心理剧本文档,由学校相关人员从剧本内容、形式等方面给予指导和修改,也可以根据评定标准对各班剧本进行筛选,确定参加演出作品。

校园心理剧主要由学生自编、自导、自演,学生自我导演、角色扮演都是很好的心理自助的过程。校园心理剧的创作直接来源于学生的实际生活,反映学生关心的热点问题,创作的目的在于解决他们学习、生活中的困惑。学生不仅能够提出自己或同学心中的困惑、问题,还要尝试对问题进行分析,找出其中症结所在,并在一定程度上提出解决问题的方法或方向,这本身就是一种学习、体验的过程,可以积累他们对生活的体验,加深对自己和他人以及人际关系的了解,使学生的个性和社会性得到发展,这一过程是学生自我剖析、自我教育的过程。

(三)强化互动,增强心理体验与感悟

在心理剧的演出过程中,要增加台上台下的互动。在一些剧目中,精心设计一些互动环节,给观众随机参与的机会。这样,可以把观看的学生也带进剧情之中,让他们有一种身临其境的感觉,而且使他们更感兴趣,有利于他们去体验角色,感觉到这就是发生在身边的事,

是与自己的生活经历、生活经验相结合的。这时,教育的痕迹淡化了,潜移默化地渗透了教育。

在参加演出的节目中,评出一、二、三等奖若干名,设最佳编剧奖、最佳导演奖、最佳组织奖等,也可以适当地增加评选出最佳男女主角和配角等奖项。

评奖标准主要体现在以下几个方面:内容健康向上,主题鲜明,富于创新性,紧密联系实际;空椅技术、角色扮演、替身技术、镜像技术、独白技术等心理剧技术运用合理;表演认真到位,能较好表现剧本人物的性格特点;道具服装符合剧情需要,能较好地表现人物时代背景及人物个性;整体印象良好,感染力强,能引起观众共鸣。在舞台演出的基础上,对其中的优秀作品,进一步分享、反馈、修改。

(四)讨论分享,实现同伴心理互助

演出是同伴间的互助,演出结束后以讨论的形式继续发挥心理剧的更大效应。教师要本着不分析、不建议、不提问的原则,组织大家讨论,无论是参演者还是观众都可参与其中,将自己的体验、感受和经历与大家一起分享。在同学们讨论时,教师可以及时点评,深化同学们对问题的理解。另外,还可以写"观后感",让学生写出自己的想法。这样,校园心理剧不单单停留在编演上,通过这种深入讨论,进一步体会心理剧给我们带来的互助。

(五)注意事项

1. 要树立以学生为本的教育理念

校园心理剧自编、自导、自演,表现的是发生在自己身边的事情,解决的是学生的心理问题。对于校园心理剧的创作和演出,教师既要宣传策划和组织实施,又要鼓励学生创造和尝试,亲身体验成功与失败,鼓励学生充分发挥想象力和创造力,不给学生设置条条框框,不限制学生思维的空间,相信学生有发展的巨大潜能。

2. 要有充裕的活动空间和轻松和谐的心理氛围

校园心理剧不同于一般的课堂教学,需要充裕的活动空间和轻松和谐的氛围,要通过热身互动促进师生之间和同学之间形成相互信任、相互悦纳的良好关系。

3. 教师要对学生有明确的要求,并在演出前做好细致周密的组织工作

首先,要有明确的主题。校园心理剧存在着明确的心理健康教育目的,这就决定着在选材上要有针对性,选择具有共性的问题去编演。教师要深入学生中间收集、寻找学生在生活、学习、交往中的冲突、烦恼、困惑的问题,并且对学生心理信息采集结果进行认真仔细的分析、归类,综合提炼具有典型意义的事例,协助学生提炼具有典型意义的素材,以找准共性问题。只有把握住了主题关,才能更好地达到心理剧治"心病"的疗效,从而更好地实现他助的目的。

其次,要求学生认真对待,一方面要为学生创设一种宽松和谐的氛围,但也须防止学生过于松弛。同时,要做好细致周密的组织工作以保证校园心理剧的演出成功,如事先准备好评分标准、节目单,做好相关培训:如灯光、音效等的运用培训等,让每个学生心里有数,保证校园心理剧的演出紧凑而有序。

第二节 案例与点评

一、案例

《阳光总在风雨后》
场景一
道具:一张长桌子,一叠卷子,篮球
灯光:舞台渐渐明亮,幕布拉开
旁白:高中第一个月过后,第一次月考结束了,小宇和同学刚打完篮球回到教室。
小宇:(抬起右脚,看着自己的被弄脏的新鞋)刚买的鞋怎么又脏了?!
同学甲:三天前你不还穿着那双 air force 1 吗? 怎么又换了?
小宇:(高傲)本来还要买一双限量版的呢,我妈非说等月考完了再奖励我。
PPT 字幕:虽说上天给予每一个人的恩惠都是平等的,但总会有这样完美的人。小宇以优异的成绩考入了重点中学,并且家境富裕。在他的世界里,就没有"失败"两字。
同学甲:小胖,看什么呢?
同学乙:(在教室的讲台上翻看着一叠考卷)成绩出来了。
同学甲:啊?! 这么快! (急忙走到课桌前翻看考卷。)
同学乙:哇塞! 这么厉害! 数学98分! 这么强悍!
(女生小然从舞台右侧入场,走向讲台。)
同学乙:嘿! 小然,你数学98! (递试卷。)
旁白:高中开学仅仅一个月,她几乎已经成了全班学生的典范。作为学习委员,她的每一份作业都是模范,她每一次测验的成绩都数一数二。这一次月考,她理所当然地成为了全班第一。
同学甲:(作惊讶状,把小宇的试卷交给他)小……小宇,你的卷子……
小宇:(接过卷子,痴痴地走向舞台中央,光线聚集在他身上。几个同学在后面看着他。)
(小宇来回翻着卷子,难以置信,内心极度挣扎。)
PPT:全黑
道具:搬掉桌子
灯光:全暗

场景二
家中
道具:手机 一张卷子 书包
灯光:舞台渐渐明亮,聚集
旁白:小宇回到了空无一人的家中。

（小宇一进门，甩掉书包，手里拿着捏烂了的成绩单。）

小宇：(内心独白)怎么可能……怎么可能……

（手机铃声响起，小宇从口袋里掏出手机，看了一眼。）

宇妈：(心情愉悦)儿子，听说你们月考了，成绩不错吧！什么时候带你去买鞋啊？

小宇：(语气低落)唉，妈妈，我这次考得真是……，我……我……

宇妈：(一下子着急起来)怎么回事啊？

小宇：我也不知道怎么会这样？我都怀疑成绩弄错了！

宇妈：(语气很凶)什么弄错了！怎么可能弄错了，说吧，到底怎么样？

小宇：(咬了咬嘴唇，慢慢地)我……我数学……还有物理……都差一点不及格……还有英语只有60几分……语文么……我……

宇妈：行了行了！我不想听了。你说说这是什么分数？你好意思吗？你对得起我吗？我天天辛辛苦苦在外地做生意还不是为了你？！你看看自己都做了些什么！考成这样，你的鞋没有着落了，别想了！

（手机一头传来"嘟……嘟"声，是妈妈一气之下挂掉了电话。）

（小宇暴怒，撕烂卷子，甩门离开。从左侧退场。）

灯光：舞台渐暗

场景三

道具：一瓶饮料，钱，一袋菜

灯光：阴暗

旁白：五六点，嘈杂的大街上。

（小宇走在街上，不小心撞到了一个拿着饮料喝着的小姑娘。）

小宇：(冷冷地)对不起。(说完想要离开。)

小姑娘：(一把拉住他)你走路不长眼睛吗？没看到我正拿东西往前走嘛？

（小宇作不理睬状，抬头冷冷地看了一眼小姑娘。）

小姑娘：哦哟…你干什么啦，撞了人还不知道道歉，你看我的衣服呀，上面都被饮料弄脏了，这衣服很贵的，你要我怎么办啦。

（小宇甩手，想走人。）

旁白：街上的人越聚越多……

小姑娘：你们看呀，这个人撞了人就这么想走了，我的衣服呀！这衣服可是名牌，现在弄成这样我可怎么办啊？！（边说边拉住小宇把他来回晃。）

小宇：(一把甩开女生，高声喊道)不就是件衣服么，你要多少钱，我赔给你。(说完小宇伸手摸摸口袋。)

旁白：小宇一摸口袋，竟发现身上没有带钱。

小姑娘：(表情：果然没钱)切，你赔得起么，看你这样子，估计身上没有这么多钱呢！

小宇：(愤怒到极点)那你想怎么样！(说罢推开人群就想走。)

小姑娘：(再次拉住男生)我不管，反正你就是要帮我解决这件衣服的问题。

小宇：(发飙状态中)一件破衣服值得你这么大惊小怪的嘛，你要多少件，我买给你，大街上这样的水货拿个一百元不知道能弄到多少件,你以为你穿件名牌了不起啊……

旁白:小然买完菜路过,看到拥挤人群,听到吵架的声音,发现竟是小宇。

小然:(急忙挤进人群)不好意思,他不是故意的,我这里……(边说边掏口袋,掏了半天拿出几十元说)我这里有点钱……

小宇:(一副很不屑的样子,拦住小然拿出钱的手)你不用睬她那么多!

(小然把钱塞给女生,拉着小宇走出了人群。)

小姑娘:(气愤纠结地叫道):算了!碰到你们算我倒霉!

三人离开舞台。

灯光:舞台光线全暗

PPT:全黑

(搬上两张椅子,躺椅,一条毯子。)

场景四

道具:两张椅子,躺椅,一条毯子,药盒

灯光:从全黑逐渐到明亮

旁白:小宇不想回家,小然便邀请他到自己家中。到了小然的家。小宇不禁打量了一下周围的环境。家中的一切都很简陋,但非常整洁。让人有一种说不出的亲切感。

PPT:几张小然家的图片。

小然的妈妈躺在床上。

小然:(开心)妈!我回来了!(跑到了妈妈的身边。)

然妈:(坐起身)回来啦。

小然:妈,这是我同学小宇。

(注意到了小然身边的小宇)来同学了。快请人家坐下!

(咳嗽。)

小然:(心疼)妈,你又咳嗽了,我帮你去拿药。

旁白:小然说完,便到房里的抽屉中找药。这时的小宇也了解了小然家里的环境,他没有想到那个在灯火辉煌下犹如精灵般的女生的家境,竟是这样……小宇愣了一下,有点陷入沉思,听到然妈的招呼他才如梦醒。

然妈:小宇,坐啊。

小宇:啊,哦……阿姨,不用麻烦了,时间不早了我也该回家了。那,阿姨我先走了,阿姨再见,小然再见。(说着,他就离开了小然的家。等小然弄好药出来,他已经走远了……)

(小然听见小宇要走了,急忙冲了出来~但小宇已经走远了……)

灯光:舞台光线渐暗~

小宇内心独白:也许家境的好坏并不能阻遏破茧化蝶的美丽,家庭的快乐温馨,是那些沉浸在纸醉金迷、混沌度日的人整日想要,却怎么也得不到的。

场景五

灯光:明亮

道具：一袋水果,钱,纸杯,一把水果刀,两张椅子,一个躺椅

旁白：(几天后,小宇再次来到小然家。)

(小宇拿着水果敲门,小然开门。)

小然：(惊讶)你……

小宇：我今天是来还钱的,顺便带些水果给阿姨。

小然：(让小宇进门并接过水果和钱)谢谢啦。那你先进去坐,我去给你倒杯水。

(小宇在小然母亲床边坐下。)

(小然去倒水。)

小宇：(礼貌)阿姨,身体好点了吗?

然妈：(微笑)嗯,好多了。

(小宇向小然母亲微笑。)

旁白：这时小宇坐在一旁沉默了。

然妈：(关切)听说你们最近月考了,你考得怎么样呀?

小宇：(为难、难过)嗯……这次没考好……

然妈：(安慰)"别难过了,下次努力啊。你看小然现在的成绩不错。可你看我这身子,病恹恹的。小然刚上初中那会儿,我突然得了重病,家里的积蓄都用来给我看病了,他爸爸就外出打工挣钱,小然既要顾及学业还要照顾我,所以她那一段时间成绩下滑得很厉害,人也瘦了(很心疼的样子)……我看在眼里疼在心里啊。可是她还是笑着面对这么多困难,让我这个妈妈都为她骄傲。

小宇：(内心独白)看不出来小然竟然有这样的一段过去,但她却能够笑着面对这些我从来无法想象的困难,可我呢?……

(小然走了过来递给小宇一杯水。)

小然：(温馨)妈妈,你们俩聊什么……这么开心?

妈妈：没什么没什么,对了,今晚给妈妈做什么好吃的了(期待的样子)?

小然：嗯……医生说你贫血,我特地买了新鲜的猪肝给你做汤。

旁白：看着小然和妈妈的温馨场面,小宇若有所思。

然妈：好的。那我就要来尝尝我乖女儿的好手艺咯。

(小然和妈妈互相微笑。小然为妈妈削苹果,给妈妈吃。)

小宇内心独白：小然和她的妈妈现在能够如此快乐地生活,那我呢?我和我的妈妈是否也能如此呢?小然所处的环境如此恶劣,但她却能够坦然面对,而我所遇到的困难和小然相比,根本不值一提……现在的我才意识到原来自己是那么的不成熟。其实人生就像一条河流,我不该惧怕逆水行舟。

然妈此时打了一个哈欠,一脸困倦的样子。

小然：妈妈,你困了,那就先睡吧。

小宇：(见状赶忙起身)那……阿姨,我先走了,不打扰您休息了。

小然：(替妈妈披好被子)小宇,我送你吧。

(门外。)

小然送小宇出门。

小然:这么晚了早点回去吧,路上小心。
小宇:好的。(说完转身准备离开。小然转身准备进屋。)
(又叫住小然)小然。
小然:(惊讶地转过身)啊?
小宇:……今天到你家来,我明白了很多,谢谢你小然。
小然:(微笑)这样就好,要开心点啊,以后有什么事的话可以找我帮你。
小宇:(不好意思,挠头)嗯……那小然,你以后中午的时候能不能帮我补课呢?
小然:行,没问题啊!
小宇:(微笑)那谢啦!
小然:嗯……那你这次考试是哪几门比较差啊?
小宇:物理,英语……
男女缓步走下。
道具:(搬掉2张椅子,一个躺椅。)
灯光:舞台光线全暗

场景六

灯光:明亮
旁白:又一个月过后,期中考试结束了。
(小然和小宇在校园内遇见,两人互相打了声招呼。)
小然:嗨!小宇。
小宇:嗨!小然。
小然:小宇,考得怎么样?
小宇:恩,感觉不错,真的谢谢你了。
小宇:(内心独白)期中考试结束了,我感到前所未有的期待。不知道有没有进步呢?不管怎么样,还是要谢谢她。要不然,我可能还在一次失败中不可自拔,一个劲儿地怨天尤人呢。
小然:(内心独白)看到他能振作起来,我也很高兴。环境对人的影响固然有一定作用,但是最重要的还是自身的努力,命运是掌握在自己手里的。做人,还是要乐观一点。笑对一切,就能克服一切!

旁白:无论身处何种逆境,都不要气馁——因为,即便在乌云下也照样可以诞生美妙的寓言,而只要好好活着每一天,你便会有丰盛的收获。乌云总会散去,风雨总将远离,经历过一切,普照大地的阳光终将出现,滋润万物,同时照入所有人的心扉,映入所有人的眼睛。阳光总在风雨后,而这阳光才是世界上最美的风景,就让我们微笑着面对一次次挑战,去欣赏那无与伦比的美丽。

二、点评

　　这一校园心理剧讲述的是高中生中普遍存在的一个现象。满心期待像以往一样的令人骄傲、让自己满意的小宇在新高一的第一次考试中就失利，内心备受挫折，一蹶不振而冲动离家。坚强乐观的小然在生活的打压下依然微笑，偶然遇见离家的小宇。小宇发现小然的艰难家境，惊讶与思索就此产生，小宇开始了对自身的反思。在小然的帮助下，小宇开始解决学习问题，并且学着乐观地微笑着面对生活。

　　高中阶段是一个特定的年龄阶段，其心理处于半幼稚、半成熟的状态，具有明显的独特性和过渡性。这一阶段随着课业负担的加重，竞争的日益激烈，自身思维意识的发展，比较容易出现心理健康问题。

　　这一心理剧反映了高中生的情绪体验比较强烈。他们憧憬未来，常对活动充满热情，易振奋、易波动，也会感情用事，有时会出现盲目的狂热和急躁，以致不计后果的冲动。

　　高中生自我意识进一步增强，要求别人了解、理解和尊重自己。自我评价比初中充实、客观，有自我发展、自我实现的要求。但也会出现自我与社会的冲突，有的学生自尊心过强，自我中心突出，一遇挫折就会转化为自卑。对于他们来说，此时，他们迫切需要情感力量和参加不同类型的群体活动，随着不同群体性质的影响，高中学生的个性出现不同的发展方向。

　　这个剧本没有华丽词藻的堆砌，而是选择了生活化的对白，上演一出不矫揉造作的青春剧。

　　所有参与人员通过这样的活动对学生的心理问题有了更深刻的了解，同时增强了他们团体协作能力。学生在创作过程中的付出是艰辛的，但收获也是巨大的。一个学生写道：

　　为了心理剧，我们压缩着自己的时间，使出浑身的解数，尽力做到完美，充满创意。

　　从接到要写心理剧的任务开始，我们匆忙地吃完饭，用中午和放学后的休息时间讨论剧情，当讨论到好的剧情时，我们会兴奋地欢呼，鼓掌。随后再利用双休日的时间写剧本。可当我们大致完工后，却从学长学姐那得知我们的剧本与以往的剧本有类似之处，而老师看完我们的剧本后，也觉得有点灰暗，不够积极，主线也不够明确。紧接着，我们面临了一大问题，是修改已写好的剧本还是重新再写剧本。修改剧本，可能会改得一团糟；重写剧本，所剩时间不多，下周一就要交剧本了。在短暂的踌躇不定，犹豫不决后，我们决定重写剧本，重新确立一条积极向上的主线。终于在周一完成了新的剧本。

　　而随后在演员的确定上虽有了小小的冲突，但是很快也解决了，之后就是一次次的排练，在教室，在走廊，在心理教室……我们抓紧一切时间排练着……初赛完后我们晋级了决赛，在之后的一个星期不断地修改完善剧本和PPT，重新打印复印剧本，重新背台词，排练……

　　每个人都奋斗着……灯光师们精准的灯光控制，化妆师恰当的服装安排，道具师精心准备的道具，同学制作的精美PPT，演员们的倾情演出，编剧们剧情的精妙安排，导演的协调指挥，志愿者们的辛勤付出……

　　为了心理剧，我们全班奋斗着，除了参演同学，其他同学的鼓励和加油也让我们信心倍增。在上台表演前,那一声声响亮的"×班加油"点燃了每个演员的激情。

×班,团结着,奋斗着,前进着,虽然经历过一波三折,但最终我坚信我们终会实现我们的夙愿。无论身处何种逆境,我们都不会气馁——因为,即便在乌云下也照样可以诞生美妙的寓言,而只要好好活着每一天,便会有丰盛的收获,乌云总会散去,风雨总将远离,经历过一切,普照大地的阳光终将出现,滋润万物,同时照入所有人的心扉,映入所有人的眼睛。阳光总在风雨后,而这阳光才是世界上最美的风景,就让我们微笑着面对一次次挑战,去欣赏那无与伦比的美丽。

校园心理剧的表演并非一散场就结束,演出结束后的分享和修改非常重要。学校校园是铁打的营盘流水的兵,但很多话题是永恒的。

校园心理剧是心理健康教育的一种特殊模式,它把学生中出现的心理问题搬上校园舞台,以戏剧化的形式加以呈现,让学生自己表演、自己观看、自己领悟,从而使表演者和观看者均得到启发。一方面以其生动活泼的形式极大地吸引了学生,使学生的参与热情高涨;另一方面又将先进的团体心理辅导理念融入到表演之中,使演员和观众均能从中受益,形成良好的健康的自我意识,走健康自我之路。校园心理剧以其群体性、参与性、自创性、体验性、直观性、启发性和回味性的特点,提高了心理健康教育的针对性和实效性,成为一种独具魅力的心理健康教育与心理保健方法。

第七章

生涯规划与实践

第一节 理论与操作

一、理论

教育的最终目的是把受教育者培养成适应社会需求并促进社会发展的人,使其具备主体意识与生存能力。这不仅仅指规定的文化知识学习,也依赖于从小习得的对生涯发展的认识。

生涯,在汉语中有"生计""生活""生命历程"的意思。有人把它看作是一个人一生发展的过程,或一个人一生中所扮演的系列角色和职位等。生涯发展,源于哈维赫斯特(Havighurst)提出的发展任务理论。它是指个体在其特定年龄阶段所应完成的任务。其核心是"一个人在其一生的历程中是如何'安身'(工作、承担各种社会角色)和'立命'(寻求与实现自己的人生意义和价值)",包含着学习如何生活、学习如何学习、学习如何谋生等方面的问题。

人的生涯发展是一个连续不断、循序渐进且不可逆转的过程。舒伯(Super)认为它由三个层面构成:生涯发展的时间,即生涯发展的阶段和时期,包括成长、试探、决定、保持和衰退五个阶段;生涯发展的广度,即每个人一生所要扮演的各种不同的角色,如儿童、学生、公民、家长、休闲者、工作者等;生涯发展的深度,即个体扮演每一个角色所投入的程度。人的生涯发展具有明显的阶段性,从一个阶段转换到另一个阶段的过程中,需有效的生涯发展辅导。

借鉴美国和我国台湾关于学生生涯发展指标体系,结合我国中小学的实际情况,当前我国基础教育阶段生涯发展辅导的具体目标为:探索自我的兴趣、性向、价值观与人格特质;了解自己的能力与适合发展的方向;了解教育的机会、特性及与工作间的关系;了解社会发展、经济及科技进步与工作之关系;学会寻找并运用职业世界的数据;培养正确的工作态度及价值观;发展生涯规划能力;培养解决生涯问题的自信与能力。

从国内外看,学校中的生涯发展辅导有两种模式:一种是生活本位的生涯发展教育实施模式,也即生涯发展辅导要围绕人们的日常生活展开,注重日常生活技能——个人社交技能——职业的辅导与准备等方面的知识学习与技能训练;另一种是以工作或职业导向的生涯规划与实践的实施模式,即生涯发展教育围绕自我认知、教育与职业的探索和生涯规划三个领域展开。

生涯规划与实践是引导中学生在充分认识自我的基础上,选择适合自己的工作和生活为途径。广义的生涯规划是指社会个体在其整个生命活动的时空中所接受的、以认识自我、职业和社会三者之间相互关系为主要内容的一切教育活动。狭义的生涯规划主要是指社会个体在其某一段生命活动的时空中所接受的以认识自我与职业和以规划未来生涯为核心内容的一切教育活动(主要指学生时代),也可以指社会个体在其某一生命活动的时空所接受的以认识自我、职业和社会三者间相互关系为核心内容的教育活动。

生涯规划是一种协助个体认识实际的工作世界并探索自己可能的发展形态,以便做较适合、较好的抉择,规划与准备的综合性的教育计划。生涯规划以有关工作的教育和为工作而准备的教育为载体,使每一个个体能认识自我,并且具有选择一种合适而有意义工作的决策能力和规划未来的能力,从而实践一个有理想、有目标的人生,它强调为个人将来经济独立、自我实现及敬业乐群生涯的准备。生涯规划的最终结果旨在让每一个人能享受成功及美满的人生,过上适合自身特点的美满的生活。

我国台湾地区认为青少年的生涯规划有三大重点。第一个重点是帮助学生自我觉察,目标着重在于学生自我探索,了解自己,培养积极、乐观的态度及良好的品德、价值观。第二个重点在于使学生进行生涯觉察,可以安排适当的探索活动,以使学生认识工作世界,激发对工作世界的好奇心,认识不同类型的工作角色,了解教育、社会发展、国家经济及科技进步与工作间的关系,并学习如何增进生涯发展的基本能力。第三个重点在于培养学生生涯发展与规划能力,期望学生能独立思考及自我反省,扩展生涯发展信心,学习各种开展生涯的方法与途径,进而运用社会资源与个人潜能,培养组织、规划生涯发展的能力,以适应社会环境的变迁。

(一) 生涯规划与实践的内涵

1. 生涯规划是对人生的一种审视与规划

"无知的人并不是没有学问的人,而是不明了自己的人。"当前我们的教育,只是传授给学生各个学科专业知识和各种实用的技术,却没有教学生如何审视、规划自己的漫长生涯。

2. 生涯规划是服务社会、实现自我的途径

人生价值就在于我们个体的属性和功能对社会需要的满足,它表现为个体的行为对社会的积极意义和作用。生涯规划旨在帮助学生为服务社会、实现自我做好准备。

(二) 生涯规划的价值

中学生生涯规划的价值在于对中学生的帮助。帮助中学生从心理和文化背景两个方面认识自我,增强环境分析评估能力。

1. 帮助学生合理地设计自己的未来

设计未来的目的是为学生的远大理想找到着陆点和发展轨迹。生涯准备期的高中阶段特别强调现实与未来的整合,关注学生的终身发展,帮助学生对生涯认知、生涯目标以及围绕生涯目标进行的生涯规划有一个全面的认识和了解,并能够结合自身实际对其加以应用,让每一位学生找到真正适合自己的生涯发展路径。

高中生生涯规划不仅是帮助高中生科学合理地选择学科和填报合适的高考志愿,更重要的是帮助他们思考自己的未来,如我想成为怎样的人,我想要过怎样的生活,我究竟该往何处去等,让他们有机会想象"未来的我"。

2. 认识职业与教育的内在联系,锻炼生涯决策能力

生涯规划可以帮助学生在加强与社会联系的基础上获得不断发展和完善,培养高中生学会如何决策,如何认识机会,如何从学校向工作过渡,如何形成正确的劳动态度和职业观。让学生了解自己向往的职业所需要的条件和所须付出的努力,激发学生的学习兴趣,使学生的学习成为一种自觉的生涯准备。生涯规划过程中,高中生还可考虑可能有的一些变量,每个变量也都有可能是一个新的机会,让高中生的生涯发展多出一些更好的发展空间。

根据生涯规划大师舒伯的思想,高中阶段对高中生职业生涯规划能力的培养应着重体现在信息认知能力、决策能力和执行能力的培养提高上。

(三) 开展生涯规划的原则

1. 面向全体

全体高中生都要做好生涯规划,学校在帮助高中生进行以升学为目标的生涯辅导时,还应开展与职业相关的生涯教育,并为有意毕业参加工作的高中生进行相关的职业技能培训。

2. 尊重个性

以学生为主体,充分调动学生的积极性、主动性,既要面向全体学生,又要重视个别指导。生涯规划要考虑每个学生的特殊需要,包括个体的能力倾向、价值观念、兴趣、生涯期望、职业喜好以及家庭的背景状况等,在尊重个性的基础上提供适合每一个学生的个性化生涯教育,做到真正意义上为每一位学生服务。

3. 注重社会实践

在生涯规划的基础上,要加强学生的社会实践活动,使学生在实践中受到教育,生活技能和社会适应能力得到提高。实践中要着重培养中学生的创新意识与职业意识,吸收更多的实践知识与实践经验,从而更加有效提升学生的专业技能、实践水平和创新能力,最大限度激发学生对于专业的学习与实践兴趣。

在一些学校,学生的生涯规划实践一直在做,一是给学生传授一些知识和方法,帮助学生了解自己的兴趣和特长,了解社会的需求和职业的本质等。二是给学生进行职业体验,与大企业、优秀员工面对面。三是组织专家、校友和大学生等对中学生开展个性化指导,在生涯决策上给予帮助。四是中学与高校合作,请高校教授做高中生的专业导师,提前了解大学专业设置和内容,指导学生将志愿填报与职业兴趣相结合。

二、操作

随着与教育发达国家接轨,我国逐步认识到职业生涯教育对学生终身发展的重要意义,陆续出台了《普通中学职业指导教育实验纲要(草案)》《普通中学职业指导纲要(试行)》,上海则出台了《上海市学生职业(生涯)发展教育"十二五"行动计划》;并在其他重大政策诸如《国家中长期教育改革和发展规划纲要(2010-2020年)》《基础教育课程改革纲要(试行)》《中华人民共和国职业教育法》《职业指导办法》的文本中也都涉及了与职业生涯教育相关的内容。

瑞士著名教育家裴斯泰洛奇曾说"高中课堂决定着一个民族的未来"。在我国,普通高中教育不仅仅是学科知识的学习,同时也是终身教育之综合素养培育的一部分,要为未来的选择打下良好的基础。生涯教育关注学生的自我认知、职业认知、生涯抉择和生涯定向等知识与能力。

(一) 确立为每个孩子的发展的实施理念

对于中学生来说,他们正处于生涯探索和准备阶段。高中阶段学生面对的是更为现实的生涯问题,比如文理科的选择,升学与就业的选择,升学的学校和专业的选择,就业的行业与地域的选择等,因而,高中生涯发展教育的主要任务是生涯决策、准备和规划。一些处于青年早期的学生开始发现他们的兴趣和能力,并以此来感知和设计他们适合于哪一种工作。

生涯规划与实践是基于中学生的生活经验,立足其生涯角色的体验,从学生的现实需求出发,注重认识自我、了解职业、发掘潜能、规划实践,实施生涯认知与社会实践的引导,将学生的视野由课本、学校延伸到职业、岗位,将学生个性潜能的发展与未来的选择和发展尽早地建立联系,着眼于学生的发展需求。

生涯发展与实践活动尊重当代高中生的个性特点和个体自主性,采用"学习、体验、思考"三结合的体验式实践活动,考察并体验职业岗位的内涵、技术特征和发展趋势,培养高中生生涯发展的自我设计、自我选择和自我管理能力,实现"我的未来我做主"的教育梦想。

(二) 制定多元、合力的实践目标

高中教育是每一个个体走向社会生活的起点,因而高中教育应该给个体奠定广泛的基础,帮助其确立生涯目标、发现职业兴趣、探究自我潜能、了解社会分工等诸多方面。

高中阶段是学生学习知识与技能的重要阶段,也是形成人生观和价值观的重要阶段。生涯规划与实践基于高中生生命成长的思考,引导他们学会观察和认识现实世界,关注时代进步与国家发展对职业人的要求,形成正确的人生观与价值观,建立积极的人才观和就业观,为人的一生幸福奠定基础。

生涯规划与实践着重高中生能力的培养,引导他们认识自我特征和潜在的个性能力,自觉地将当下的学习与未来的生涯发展建立联系;培养面对生涯抉择时,能够界定问题,收集并运用资料,作出规划与决策的能力。培养他们了解现代变革中的职业变化和需求,理解社会发展要求,了解职业世界概貌,获得运用职业生涯信息的方法,顺应时代的变革。

(三) 开展以体验为主导的实践活动

生涯规划必须充分调动学生的主动性和积极性,鼓励学生根据自己的兴趣,通过各种活动培养生涯规划、设计意识,学生在对自己、对职业、对生涯、对未来所构成的新认识和新设想,并依此作为生涯的新起点,规划出一份方向明确、路径清晰、操作性较强的生涯规划书。教师作为引导者和组织者来帮助学生找到适合自己的学习方式、探究方式、体验方式。学校创设多种途径给学生开展实践活动,可以运用主题班会、专题讲座、社团活动、大型演讲、专题调研等方式实施活动,可以采取自主体验式、情境模拟式、实地调研式、企业实践式等行动模式。学生可以经常性进行检测与修正,激励自己不断展示生命历程的拼搏与精彩。

生涯规划与实践活动可以校内教育与校外教育(家庭教育、社区教育)相结合,整合各种资源,如班级资源、同学资源、学校资源、家庭资源、社区资源等。每一个人所需的工作技能可以从学校教室、现场的工作岗位和个人的生活经验中获得;训练机构、单位与个体间的互动,可以提供学生比学校更好的学习环境;家庭是每一个人发展基本态度和观念的重要场所。

(四) 高中生生涯规划的方法

生涯规划的期限一般划分为短期规划、中期规划和长期规划。短期规划为三年以内的规划,主要是确定近期目标,规划近期完成的任务。中期规划一般为三至五年,在近期目标的基础上设计中期目标。长期规划的规划时间是五年至十年,主要设定长远目标。

生涯目标规划,应从一生的发展写起,然后分别定出十年计划、五年、三年、一年计划,以及一月、一周、一日的计划。计划定好后,再从一日、一周、一月计划实行下去,直至实现你的一年目标、三年目标、五年、十年目标。

未来发展目标:今生今世,你想干什么?想成为什么样的人?想取得什么成就?想成为哪一专业的佼佼者?十年大计:今后十年,你希望自己成为什么样子?有什么样的事业?要过上什么样的生活?你的家庭与健康水平如何?把它们仔细地想清楚,一条一条地计划好,记录在案。

五年计划:定出五年计划的目的,是将十年大计分阶段实施。并将计划具体化,将目标进一步分解。

三年计划:俗话说,五年计划看头三年。因此,你的三年计划,要比五年计划更具体、更详细。因为计划是你的行动准则。

明年计划:定出明年的计划,以及实现计划的步骤、方法与时间表。务必具体、切实可行。如果从现在开始制定目标,则应单独定出今年的计划。

下月计划:下月计划应包括下月计划做的工作,应完成的任务、质和量方面的要求,计划学习的新知识和有关信息,计划结识的新朋友等。

下周计划:计划的内容与月计划相同。重点在于具体、详细、数字化,切实可行。而且每周末提前计划好下周的计划。

明日计划:取最重要的三件至五件事,根据事情的轻重缓急,按先后顺序排好队,按计划去做,可以避免"捡了芝麻,丢了西瓜"。

1. 高中生生涯规划应遵循的原则

(1) 清晰性原则:考虑目标措施是否清晰明确?实现目标的步骤是否直截了当和清晰可行?

(2) 变动性原则:目标或措施是否有弹性或缓冲性?能否依据环境的变化而调整?

(3) 一致性原则:主要目标与分目标是否一致?目标与措施是否一致?个人目标与家庭、学校目标是否一致?

(4) 挑战性原则:目标与措施是否具有挑战性,还是仅保持其原来状况而已?

(5) 激励性原则:目标是否符合自己的性格、兴趣和特长?能否对自己产生内在激励作用?

(6) 合作性原则:个人的目标与他人的目标是否具有合作性与协调性?
(7) 全程原则:拟定生涯规划时必须考虑到生涯发展的整个历程,作全程的考虑。
(8) 具体原则:生涯规划各阶段的路线划分与安排,必须具体可行。
(9) 实际原则:实现生涯目标的途径很多,在作规划时必须要考虑到自己的特质、社会环境、家庭环境以及其他相关的因素,选择确定可行的途径。
(10) 可评量原则:规划的设计应有明确的时间限制或标准,评量、检查,使自己随时掌握执行状况,并为规划提供参考的依据。

2. 生涯规划六步走

(1) 自我评估。主要包括对个人的需求、能力、兴趣、性格、气质等的分析,以确定什么样的职业比较适合自己和自己具备哪些能力。

(2) 组织与社会环境分析。短期的规划比较注重组织环境的分析,长期的规划要更多地注重社会环境的分析。

(3) 生涯机会评估。生涯机会的评估包括对长期机会和短期机会的评估。通过对社会环境的分析,结合本人的具体情况,评估有哪些长期的发展机会;通过对组织环境的分析,评估组织内有哪些短期的发展机会。

(4) 生涯目标确定。职业生涯目标的确定包括人生目标、长期目标、中期目标与短期目标的确定,它们分别与人生规划、长期规划、中期规划和短期规划相对应。首先要根据个人的性格、气质和价值观以及社会的发展趋势确定自己的人生目标和长期目标,然后再把人生目标和长期目标细化,根据个人的经历和所处的组织环境制定相应的中期目标和短期目标。

(5) 制订行动方案。把目标转化成具体的方案和措施。这一过程中比较重要的行动方案有职业生涯发展路线的选择、职业的选择,相应的教育和培训计划的制定。

(6) 评估与反馈。生涯规划的评估与反馈过程是个人对自己的不断认识过程,也是对社会的不断认识过程,是使生涯规划更加有效的有力手段。

3. 生涯规划考虑因素

(1) 正确的心理认知

① 认清人生的价值

社会的价值并不被所有的人等同接受,"人云亦云"并不等于自我的人生价值。人生价值包括:经济价值、权力价值、回馈价值、审美价值、理论价值。

② 超越既有的得失

每个人都很努力,但成就并不等同。后悔与抱怨对未来无济于事,自我陶醉则像"龟兔赛跑"中的兔子。人生如运动场上的竞技,当下难以断输赢。

③ 以不变应万变

任何的执着都是一种"阻滞"前途的行为,想想"流水"的启示。

(2) 剖析自我的现状

① 个人部分

健康情形:身体是否有病痛?是否有不良的生活习惯?是否有影响健康的活动?生活是否正常?有否养生之道?

自我充实:有否专长?经常阅读和收集资料吗?是否正在培养其他技能?

休闲管理：有否固定的休闲活动？有助于身心和工作吗？有否休闲计划？

② 事业部分

财富所得：希望薪资多少？继续学习的机会？休闲的机会？

社会阶层：希望的职位是什么？升迁的机会？有否升迁的准备呢？内外在的人际关系如何？

自我实现：喜欢什么样的工作？理由是什么？有完成人生理想的准备吗？

（3）家庭部分

家庭是人们生活的重要场所，人们的价值观、行为模式都会受到家庭生活和家庭成员潜移默化的影响。每个人的成长环境决定他们的价值观和行为模式，而这些对他们的职业选择倾向、就业机会都大有影响。

家庭教育方式的不同，造成认知世界的方法不同；父母的职业是孩子最早观察模仿的对象，孩子必然会得到父母职业技能的熏陶；父母的价值观、态度、行为、人际关系等会对孩子个人的职业评价及职业选择发生直接和间接的深刻影响。

4. 生涯发展的环境条件

（1）友伴条件：朋友要多量化、多样化、且有能力。

（2）生存条件：储蓄、发展基金等。

（3）行业条件：注意社会当前及未来需要的行业，注意市场占有率。

（4）地区条件：视行业和企业而定。

（5）国家（社会）条件：注意政治、法律、经济（资源、品质）、社会与文化、教育等条件，该社会的特性及潜在的市场条件。

（6）世界条件：注意全球正在发展的行业，用"世界观"发展事业。

第二节 案例与点评

一、案例

上海新高考方案明确：学生可从思想政治、历史、地理、物理、化学、生命科学六门科目中，选择其中三门，并参加等级性考试。这意味着学生从进入高中起，就面临着三门科目的组合上的选择。回答这道选择题，可能直接影响他们未来的职业选择。在这一背景下，上海高中生的生涯规划教育更加迫切。

"你是谁，你将成为谁？"多数学生刚踏入高中，面对这个问题时，一脸茫然。有些学生直到高考前，还会拿着志愿填报表问老师："我该选择什么学校、什么专业？"

上海交通大学附属中学几年前开设了生涯规划课，当时在全国是首创，有专职老师执教，形成了教材。专职生涯指导老师在生涯规划课上会让学生做专业的职业测试，"不是给学生定性，而是让他们明白，自己的性格适合哪类职业，如果有喜欢的方向，怎样努力。"教师还会搜集各种职业故事和行业真实案例。学生每周须上一堂生涯规划课，生涯规划内容包括入学准备、心理教育、职业认知体验和专业填报等。

给学生固定的职业体验,上海市建平中学是"首个吃螃蟹者"。在建平中学,高二学生有两周时间不上课,而是前往各大企事业单位进行职业体验。高二年级马思奇等四名对医学感兴趣的学生,前往第七人民医院进行职业体验,认知医疗单位的工作岗位、职责等。四五百名学生的职业体验分布在教育、金融、科研、旅游、传媒、工程、酒店管理等各行各业。杨振峰校长说,如果问幼儿园小朋友今后理想,解放军、画家、科学家……答案五花八门;但是问到高中生的目标,多数人的答案却只有一个:考大学。给学生职业体验的机会,不是说就为了确定未来职业,更重要的是开阔学生的职业视野,给他们多一些实践机会。

上海市进才中学的生涯发展教育以自主开发的"进才人——高中生生涯发展规划"为蓝本,整合学校、家庭、社会三方资源,依托生涯规划课程、主题班会活动、JA经济学课程等,引导学生对自己的生涯发展有所认识,并能够根据自身情况和社会需求,科学地规划自己的人生发展道路。每一个进才学生一进校就会拿到一本学校自编教材"进才人——高中生涯发展规划",其中有三个篇章,第一篇章为学校概况,第二篇章是进才学生行为规范,第三篇章是生涯规划。其中第三篇章为核心内容,根据学生发展需要设计成三大板块,分别为自我认识篇、升学篇和职业篇。三年高中生活中,学生有心理课程上的教学,有主题班会的渗透,更有学生生涯规划的具体实践等。进才中学运用电影开展生涯规划教育的实践活动已经取得较好的成效,学生在形象生动的片段中了解职业和需求,增强了体验,拓宽了视野。

目前专职的生涯辅导老师一般由心理老师担任,班主任也会进行一些学业方面的生涯规划指导。不少高中正在酝酿开发主课和副课等任课老师潜力,让每一名任课老师成为学生的职业生涯导师。在交大附中,从华东师大、复旦等高校招聘的大学毕业生,也会加入学校生涯规划指导老师行列,专职在职业认知等方面指导学生,几年之后再转岗做学科老师。

二、点评

有一个教育的寓言正被越来越多人熟悉:不要逼着兔子去飞翔,也不要请猫头鹰游泳,因为做那些自己完全不擅长的事会让生活变得压抑而痛苦。怎样让学生知道自己擅长的是飞翔,而那个学生喜欢的是游泳呢?生涯规划与实践就是要解决这个问题。

高中阶段是学生人生观、价值观形成的关键阶段,也是确定未来职业发展方向的重要阶段。高中生涯规划与实践活动可以帮助学生发现自身个性特长,为职业选择提供知识和信息,培养学生选择技能,明确自身发展方向,引导和帮助学生对人生各阶段做出科学的规划,这对于促进学生人生和谐、有序、可持续发展和终生幸福至关重要。

1. 高中生生涯实践活动需要保障

在仍然以应试教育为主导的中国教育现状面前,很多学生对自身的兴趣爱好和职业规划定位不清,从而容易在填报高考志愿时草率盲目,影响未来发展。

在国外,通常都是在小学、初中和高中学习过程中不断地确定目标、体验目标、修正目标,在大学也会有修正目标的机会,这样的做法对于学生科学、理性地规划人生道路非常有帮助。

2. 高中生涯实践活动需要社会资源支持

职业体验活动在国外高中非常成熟,甚至形成了体系,但在国内高中阶段基本上是空白。在美国、瑞典不少高中,都有一份学生职业见习的企业名录,学生以小组形式进行职业体验,每学期轮换。目前,在上海,一些非营利公益组织在暑假推出职业见习日活动,邀请部分高中的学生深入通用电气、贝尔等大企业,与企业优秀员工面对面,企业还配备了职业启蒙志愿者。只不过,这样的体验活动比较少,能进行职业体验的高中生也不多。

交大附中与上海交大、同济、上海财大等高校合作开设大学先修体验课程,组织专家、校友和大学生等对中学生开展个性化指导,在生涯决策方面给予帮助。还有少数实验性示范性高中正计划和本市高校合作,请高校教授和教师做高中生的专业导师。

当然,高考新政下,网上的志愿服务和学生社会实践机构等在不断开发。希望有更多的行业和专业提供志愿者服务的机会,给学生的生涯体验提供真正的实践机会。

3. 家长不可缺位高中生的生涯规划

上海市教科院曾做过一份关于上海高中生涯规划的调查,结果发现,对于孩子生涯规划,家长更关心的是比较实际的问题,甚至一些家长将生涯规划简单等同于升学志愿填报指导。

目前,大多数高中生家长仍对孩子未来的职业选择盲目且无规划。学校很多有效的生涯活动之前并不被家长所理解和支持,一些家长认为和提高考试成绩没有必然联系,质疑生涯规划与实践是否浪费时间。家长大体分为三类:学习成绩优异考生的家长目标明确,选择较多;成绩中等考生的家长多是等待分数公布后再做选择;成绩偏差考生的家长多抱有能上大学便万事大吉的"随遇而安"心理。

不少高中校长意识到,仅靠学校老师和资源是做不好高中生涯规划教育的,家长不可缺位。交大附中充分发掘家长资源,开出"仰晖讲坛",请高中生家长将自己的工作岗位、职业发展、奋斗历程和学生们分享。

一些高中校长认为,推进高中生涯规划与实践,其实与学业并不矛盾。孩子的学业选择,不仅仅是选择一份考卷,其实也是生涯规划的组成部分。做这道选择题的出发点,应该是兴趣和特长。高中生涯规划并不是某一位或者某几位老师的事,每位老师和孩子父母都应该参与其中。高中生的人生目标不仅仅是简单的"考大学",如果学生了解自己的兴趣和特长,知道未来该往哪个方向努力,那么生涯发展辅导也就成功了。

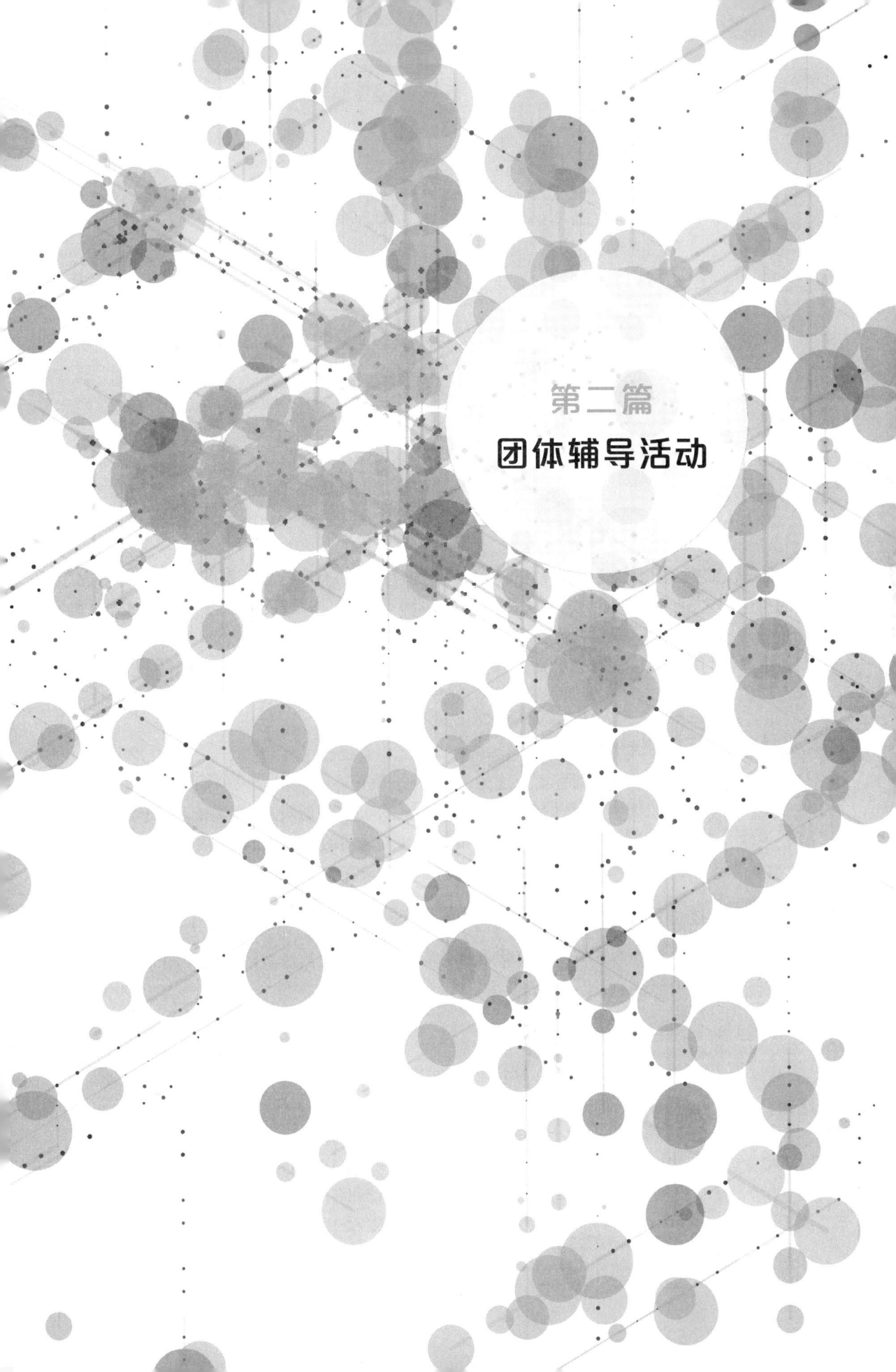

第二篇
团体辅导活动

第一章

团体辅导活动概述

第一节　团体辅导活动的概念、功能和分类

一、团体的概念

团体一般具有以下特征：

（一）有序的组织

对于大多数的团队来说，成员之间的关系是比较稳定而有序的。这表现在三个方面：成员的角色、团队的规范和成员之间的关系。每一个成员在团体里都扮演着一定的角色。例如，在班级团队里，有人是学习能手，有人是文艺能手，有人是宣传能手……团队规范指的是团体中成员们需要遵守的行为准则，用以保证团体目标和利益的实现。成员之间的关系有紧密型或者松散型，权威型或者民主型等。这些对团体的运作效能起到很大的影响。

（二）一定的目标

团体通常是因为一定的目标而组成的，即成员们聚集在一起来完成他们独自一人所不能完成的目标。在团体中，成员们群策群力，共同解决问题，沟通观念、切磋技艺、创作生产、寻找乐趣，甚至获取安全感、自尊和爱的力量。因为有共同的目标，所以实现团队目标的同时，也就满足了个人的心理需求。

（三）团体的意识

每一位成员都能意识到自己是团体中的一员，也能意识到其他成员的存在，由此建立起相互依存的关系和情感，发生相互的影响。

（四）紧密的互动

成员之间可以通过语言和非语言方式，相互交流，彼此分享感受，互相启迪。这是团体达到目标的重要条件，它能促使个人对自己和他人的觉知，并从中得到支持和反馈，从而得到成长。

根据以上对团体的讨论，我们可以为团体辅导做一个描述性的界定：

团体心理辅导是在团体的情境下，借助团体的力量和各种心理辅导的技术，通过团体内人际互动，使团体成员自知并自助，进行分享、体验、感受，从而达到消除症状、改善适应、

发展健康人格的目的。团体心理辅导在我国也被称为团体咨询、团体训练、小组工作[1]。

二、团体辅导的功能

（一）消除顾虑

由于心理健康知识的普及力度还不够，国内很多人对心理辅导仍然有着异样的理解和偏见，不少人对此有防御心理，生怕别人认为自己有问题。而团体式的心理辅导在很大程度上消除了个体的顾虑，既然大家都来到这里，谁也别笑话谁。

（二）产生"和别人一样"的体验

在团体辅导活动之前，参与者往往认为自身所遇到的事情是无法解决的、独特的，觉得自己的命运很悲惨。但是在团体中，当成员们聚集在一起谈论问题时，他们往往会发现自己并不是独一无二的，很多人有着跟他们相似的担忧、想法、情感和体验，这种"和别人一样"的体验让他们感到自己不再孤单，消除了顾虑，更愿意开放自我。这种团队的归属感使成员更愿意靠近对方、彼此支持和关心，有助于缓解团体的消极情绪，从而促进成员重新审视自己，更快地改变自我评价。

（三）多元价值观和信息的冲击

个别辅导时，治疗师一个人的理论及经验是有限的，缺少多样的观点和信息的冲击，个体较难意识到自己的封闭，缺少改变自己的动力，当然就无法解决自己成长的问题。团体辅导中，尽管参与的成员所遇问题相似，但是他们的背景、人格、经验都有所不同，自然而然提供了多角度分析、观察他人的氛围。可以说，这是团体辅导的丰富资源开启了成员们的思路。但是，多元价值的冲击也要在一定的范围内，太过开放，难以达成共识，也会影响辅导的效果。

（四）认识自己和他人

团体辅导是一个多向沟通的过程，成员之间的互动能够提供非常丰富的参照背景。每个成员可以在团体中同时学习模仿多个其他成员的适应行为，从多个角度洞察自己。成员在这样的分享交流中扩大了自己对世界的认识，提高了敏感性，且对自己与他人的行为有了更现实、更全面的认识。

（五）反馈

团体是社会的缩影或反射，所以有人将之称作为"微型社会"。团体辅导较真实地复制了现实生活，它可以作为社区、家庭或组织的临时替代物。成员在参与团体辅导的整个时期，可以呈现出自己对问题的表述及应对的方法，能够有更多的机会听到别人对自己的看法。团体反馈比个别情境的反馈更有冲击力，能有效地改变成员原来的想法。

（六）提高人际交往能力

团体心理辅导是利用团体的力量，通过游戏活动后成员的分享和交流来加强对自我和他人的理解，减轻了人际敏感。在团体辅导中，成员能够学习到新的人际交往方式，以改变自身不良交往方式，建立更好的人际交往模式，从而提高人际交往的能力。

（七）提高服务效率

在学校，虽然个别心理辅导能够比较深入细致，但是效率太低。因为学校心理教师人数往往难以应对需要辅导的学生人数。所以，将有共同需求的学生集合起来进行团体辅导，可以通过成员之间互相支持、集思广益，共同探寻解决问题的办法来减少对心理教师的依赖。这样既省时间，又省人力，提高了学校心理服务效率。

三、团体辅导的分类

学校中的团体辅导模式基本上有三种，小组辅导，一般 6～12 人，本章主要讨论这类团体辅导模式。班级辅导活动和心理辅导活动课程，则是以班级为单位的集体辅导活动，是团体辅导的两种变式。三种形式的异同点可参见下表。

学校中三种团体辅导模式比较

	小组辅导	班级辅导	心理辅导活动课程
成员性质	同质或者异质	异质	异质
辅导取向	矫治性或者发展性	发展性	发展性
规模	规模小	规模大	规模大
活动结构	结构性	非结构	结构性
承担者	专职辅导教师	班主任或者辅导教师	班主任或者辅导教师

第二节　团体辅导活动的理论基础

库尔特·勒温的团体动力学是当代西方社会心理学发展史上的一个里程碑，它起源于 20 世纪 40 年代，成为整个社会科学界所关注的中心，虽然它作为一种自觉的运动至 70 年代已趋于低潮，但它的内在活力，它的理论、方法和心理观，仍在很大程度上影响着当代西方社会心理学的研究和发展。

一、团体动力学的产生

勒温在 1939 年发表的《社会空间实验》一文中首次使用了"团体动力学"这个概念，借以表明团体中是存在着各种潜在动力的交互作用,团体对个体行为存在影响,团体成员之间也存在着相互依存的关系。1945 年勒温在美国麻省理工学院创办了"团体动力学研究中心",使得团体动力学作为一种专业和学科得以建立。在其后的 20 年间,团体动力学得到了迅速发展,其影响几乎涉及社会生活的各个领域。

(一) 关于团体动力学的定义

从历史的角度来分析团体动力学,它具有三个层次的意义:①它是一种意识形态,探索的是关于团体组织和管理的方法和态度。在这种意义上,团体动力学十分强调民主领导的重要性,强调成员参与决策以及团体内合作气氛的意义。②它是一套管理技术,如角色表现、团体过程中的观察和反馈等。在这种意义上,团体动力学被广泛应用于人际交往培训,工厂、企业、学校和政府部门的管理培训。③它是一种对团体本质的心理学研究,旨在探索团体发展的规律,团体的内在动力,团体与个体、其他团体以及整个社会的关系等。而第三种意义恰恰就是团体动力学的真正的心理学的意义,也是勒温及大部分团体动力学家一致赞同的对团体动力学的定义,它并不依赖于前两种意义。事实上,它为意识形态和管理实践提供了一个更好的科学基础。

(二) 团体动力学产生的历史背景

因为人生活在家庭、学校、工厂、机关以及各种正式与非正式的社会组织内,即无时无刻不处于一种团体生活之中,所以,想要理解或改进人的行为,改进人的生活,那么必然要对团体及团体的本质有一个充分的了解。事实上,关于团体的思想由来已久。柏拉图的《理想国》就是一个例证。亚里士多德把人定义为"政治的动物",也足见他已知其中的某种道理。近代的哲人学者更是对团体各抒己见,这里面有"乌托邦",也有"美丽的新世界"。但是把团体作为一种科学的研究,还是从 20 世纪开始的。团体动力学产生于 40 年代的美国,当时那里已具备了促使这一新学科出现的社会环境。30 年代前后,美国的工业生产得到迅速发展,这是以富尔敦、爱迪生等人创造发明的具体应用为标志的。它使人们意识到了科学、文化和教育的巨大力量,知识与技术从而被赋予了极高的价值。同时,由于世界大战和与西方工业发展结伴而行的经济萧条,使得美国的一些社会问题,如移民问题、黑人问题、青少年犯罪和儿童教育等问题变得日益尖锐。通过社会学家和心理学家们的努力,人们对心理测验、科学管理和儿童福利等已产生普遍信任,科学研究可以促进"社会问题"的解决这一观念已逐渐被人们所接受。团体曾一度被看作是调节工厂和集体冲突的关键,家庭和一些目的性社团则被认为是战争动乱之后复兴社会生活的必要手段。同一时期兴起的其他一些专业,如集体心理治疗、社团福利工作,由杜威倡导的新教育,以及范围更为广泛的社会管理工作等,都要求对团体和团体生活有一种科学的根本性的认识和理解。这种时代精神召唤出了一个代表性的人物——来自德国避难的犹太人库尔特·勒温,让他在一个侧面来体现时代的要求,形成了团体动力学研究的大潮流。

(三) 团体动力学的基本特征

团体动力学家们有着两个基本信念:①社会的健全有赖于团体的作用。②科学方法可用以改善团体的生活。从某种程度上来说,这也是团体动力学之所以产生的两个必要前提。唯有当人们理解并接受了这两个信念,认识到经验的研究可应用于团体和社会,重要而复杂的社会现象和社会事件可以进行测量,团体和社会的诸种变量可以为实验所操纵,支配团体和社会生活的规律可以被发现和揭示时,团体动力学作为一种新兴学科才能得以产生和发展。在这种基础上,我们将团体动力学的基本特征归纳为以下几个方面。

1. 强调理论意义上的经验研究

从学术传统来划分,团体动力学应属于经验主义范畴。以观察、定量、测量和实验为基础来研究团体,正是团体动力学家的显著标志。但是团体动力学又不同于社会科学中极端的经验主义,它从一开始就十分重视理论的意义和价值,在实践中把理论建构和经验研究完整地结合了起来。

2. 注重研究对象的动力关系和相互依存关系

动力性研究是团体动力学的最基本特征,它不满足于对团体性质的一般描述,或对团体类型与团体行为的一般归类,而是要研究所观察的对象是如何相互依存的,团体中各种力的交互作用以及影响团体行为的潜在动力、变化、对变化的抵制、社会压力、影响、压制、权力、内聚力、吸引、排斥、平衡和不稳定性等,都是团体动力学中动力性研究的基本术语。它们可以表示心理力以及社会力的操作,在团体动力学的理论中起着重要的作用。

3. 多学科的交叉研究

严格地说,团体动力学不属于传统社会科学中的任何一门学科,它与心理学、社会学、文化人类学和经济学等都保持着较为密切的关系。各学科的发展都有助于团体动力学的研究。实际上,团体动力学既是一种多学科的交叉性研究,也是社会科学中的一次新的综合。

4. 把研究成果应用于社会实践的潜能

应用性是团体动力学的突出特征,大部分团体动力学家的研究都是为了促进团体的功能以及团体对个体和社会的作用。尤其是随着"行动研究"和"敏感性训练"的推广,团体动力学的研究成果已被企业管理、教育、心理治疗、政府与军事等许多领域广泛采用。

二、团体动力学的理论基础

如上所述,团体动力学是 20 世纪 30 年代末与 40 年代初西方社会科学中的一次融合,其本身又是一种跨学科的交叉性研究,所以团体动力学中的理论取向较为广泛,至少有以下几种理论倾向存在于团体动力学的研究中,如交互作用论、系统论、精神分析理论等,但是大部分团体动力学家在选择这些不同的理论和进行具体的研究时,都有着一个共同的内在的理论基础,那就是场论。

(一) 勒温与场论

在勒温获得博士学位当年,第一次世界大战爆发了,勒温作为一个德国公民应征入伍。战场似乎就是为青年人所准备的,不久以前他们可能还手握吉他唱着自己的初恋,争论着前途和生活的意义,可现在却放下吉他拿起了步枪,一种激情、新奇和冒险的精神鼓动着大家。然而,战场却远非人们想象的那样,血与火的氛围,惨不忍睹的景象,都会深深震撼每一个人的心灵。许多事物的性质在战场上都全然改观了,一切价值在战争中似乎都有了不同的意义。有感于此,勒温于1917年写就了一篇论文——《战场景象》,勒温的心理学由此诞生。在这篇论文中,他分析了人的心理承受力和人的行为动机,这是他的"心理紧张系统论"的最早表露。他描述了一个人从后方安全处所来到前方生死关头时,环境及其意义的改变在这里产生了"生活空间"这一概念,为他以后的学说打下了基础。他阐述了情境或人与环境的交互作用决定人的心理事件和行为意义的观点,这就是场论的雏形。在战场上,人性和良心要重新定义,人的个性和个人的善恶都不起作用了,每个人都随着他所属的集团而被定性:是敌方的,便是坏的;是己方的,便是好的。个人的性格和品行都被这简单的好与坏所取代。这种体验和对这种体验的思考,深深地影响了他以后的社会心理学研究和他的团体动力学。可以说,场论是他对心理学理论的杰出贡献。

(二) 场论与团体动力学

场论是勒温一手创建的。他从一开始就特别注意动机与意志方面的问题,对精神分析理论有独到的研究。他把心理学中的整体观和动力观在新物理学世界观的基础上做了有机的结合,形成了其素有"心理学中相对论"之称的场学说。虽然勒温的早期研究主要是针对个体的,但由于他重视在生活环境中研究个体的行为,所以他的理论从一开始就隐含着对社会心理学的影响。1939年,他提出"团体动力学"这一概念后,又先后提出了"社会空间""团体目标"和"团体气氛"等重要概念,以及"社会渠道说"和"准稳态平衡说"等理论观点,这标志着他的整个研究已逐步转入了社会心理学和团体动力学。对此有评论说:"勒温的场论为其转向团体行动研究提供了一个自然的理论基础。把环境包容于生活空间之中,就为统一团体概念铺平了道路,于是,团体的一些特殊功能就可被看作是大部分个体之生活空间中的主要部分。因此,从研究个体的生活空间过渡到研究团体对行为的影响是较为容易的。"在团体动力学中,研究者一般都倾向于把小团体作为研究对象,把它看作是一个基本的实体。从场论的观点出发,可以把所研究的团体区分为结构和功能两个层次。结构方面是把团体作为研究对象时直观获得的一些印象,如团体内个体的位置,个体间的邻接或依存情况,外界的影响以及团体的核心人物等。区域、疆界和阻碍等概念都可以应用在团体的结构性描述上。动力方面则主要涉及团体的潜在生活,常用的有移动、向量、紧张、目标和力场等概念。这些概念都可以用来解释团体的变化,而变化则被认为是团体生活的根本特征。勒温曾提出一种"解冻—流动—重冻"的社会变化模式,认为所有的团体生活都只能是一种准稳态平衡,如同一条河流,即使其速度与方向未变,河流中的所有元素却无时不发生变化。

依据场论的观点,团体的行为如个体的行为那样,也是以所有发生影响的相互依存的事实为基础的,这些事实的相互依存,构成了团体的本质。因而从根本上来说,团体并非个体的集合,而是一个包容诸多个体的"格式塔"。作为团体,它不是由每个个体的特征所决定的,而取决于团体成员相互依存的那种内在关系。于是勒温认为,虽然团体的行动要由构成团体的成员来执行,但是,团体具有较强的整体性,对个体具有很大的支配力。因而一般来说,要改变个体应先使其所属团体发生变化,这要比直接改变个体来得容易。勒温在1943年做的关于"食物习惯"的研究完全证实了这种观点。勒温指出,只要团体的价值观没有改变,就很难使个体放弃团体的标准来改变自己的意见,而一旦团体标准发生了变化,那么由于个体依附于该团体而产生的那种对变化的抵抗也就会消失。通过从20世纪30年代中期到40年代中期前后十余年的努力,勒温的研究成果被汇集成了两本专著:《解决社会冲突》和《社会科学中的场论》。它们以场论的基调为团体动力学奠定了理论基础。

三、团体的意义与团体决策

从整体动力观出发,勒温把团体看作是一个动力整体,其中任何一个部分的变化都必将引起另一个部分的变化。这种部分与部分或团体成员人与人之间的相互依存关系,是勒温团体动力论的要点。虽然勒温早期是以对个体行为的动力研究作为他进行社会心理学研究的基础,但是团体的动力毕竟不等于个体的动力,它将具有团体自身的特点和意义。

(一) 团体的意义

在勒温开始他的团体动力学研究的时候,"团体"的一些基本属性还属于心理学领域中的忌讳,心理学家对团体的理解也莫衷一是。当时似乎存在着一种普遍的偏见,即认为"团体"的心理学意义是虚幻的,只有个体的心理学意义才是真实的。即使是早期注重对团体性进行研究的心理学家如麦独孤和荣格等,也都倾向于在个体集合的水平上来理解团体,为团体属性寻找生理学的注解。因而"团体心灵"与"集体无意识"等术语引起了激烈的争论,以F·H·奥尔波特为代表的一方坚持只有个体是真实的,竭力反对麦独孤等关于团体心灵的主张。双方的争论从20世纪20年代持续到30年代,直到勒温开始团体动力学研究,才对这一问题有了较为科学的解决。勒温认为,关于团体之真实性的争论不但是一种涉及哲学的问题,而且具有十分重要的科学研究的意义。因为否定团体的真实性就意味着把它排除在心理学的研究之外。在这种意义上,勒温赞同麦独孤的意见,反对奥尔波特的主张,即认为不能把对团体的研究视为忌讳。但是勒温并不同意"团体心灵"这一概念,他认为麦独孤的团体心灵与厄梭费尔的"格式塔质"如出一辙,都把团体或整体的性质看作是某种超越的东西,带有严重的神秘主义色彩。勒温则主张整体仅仅是具有自身的特性,它并非多于部分之和,而是不同于部分之和。或者说,并不存在一种超越或神秘的整体价值(如团体心灵),整体与个体都是真实的。在这种意义上勒温把团体理解为一种具有心理学意义的动力整体。团体的本质在于其所属成员的相互依存,而不在于他们的相似或差异。也就是说,团体的结构特性是由成员之间的相互关系决定的,而不是由单个成员本身的性质决定的。这是卡西尔哲学的一个基本观点,也是勒温整体动力观的基本主张。另一方面,奥尔波特虽然极力反对麦独孤的主张,否认团体的心理学意义,但是他同时指出:"这些问题的真实性我们目前还不能以实验研究的手段来解决,因而也就不应该坚持它们的真实性。"以实验来解决争端正是勒温所做的工作,在这一点上他与奥尔波特是一致的。勒温明确提出:"通过实验来处理某种社会实在,就可以最有效地突破阻碍人们信仰这一社会实在的忌讳。"1937—1938年,勒温与利皮特和怀特一起做了著名的关于"领导方式"的实验,验证了团体气氛、团体目标和团体内聚力等团体性质的心理学意义,肯定了民主领导方式的优越性。勒温在总结这次实验时说,这次实验的目的是"创立一种结构,借以深入了解基本的团体动力学"。

这是勒温首次使用"团体动力学"(group dynamics)这一术语,它的基本含义就是要把团体作为一种心理学的有机整体，并在这种整体水平上探求团体行为或人的社会的潜在动力。因而团体动力学与一般的社会心理学有所不同，它既不完全是从心理学的社会心理学出发单纯以个体为基础来进行人际关系的研究，也不是从社会学的社会心理学出发以团体机制研究来代替个体心理研究，而是把两者有机地结合了起来。团体行为被认为是团体成员与社会环境相互作用的产物，而团体成员的情感思维和行为又依赖于其所属的团体本身，就连团体成员的人格也被这种他所属的团体塑造起来，团体被赋予了充分的心理学的意义。

（二）团体决策的动力作用

勒温在"团体动力学研究中心"成立时的演讲中曾对"团体动力"一词作了一番解释。他提到对团体生活的研究应该超越描述的水平，去研究团体生活的潜在因素，去研究促使团体行为变化和阻碍团体行为变化的各种力。这些力便是团体"动力"的蕴含，因而勒温团体动力学的研究重点是团体行为的变化或社会变化。一般来说，变化总是从"非变化"开始的，并归结于一种"非变化"，从稳态动力论的基本观点出发，勒温把社会变化的这种开始和结束称之为"准稳定平衡"，也即一种心理学意义上的"稳态"。有两种方式可以引起这种准稳定平衡的变化：一种是增加团体行为的促动力，另一种是减少团体行为的对抗力。除此之外，团体本身还具有一种"内在的对变化的抵制"，勒温称之为"社会习惯"，它隐藏于个体与团体标准的关系。勒温在总结他与利皮特和怀特三人所做的关于领导方式和团体气氛的实验时，首次提出了团体动力学这一概念。那时他正从个体心理学研究全面转入社会心理学或团体动力学研究，而团体动力学最初的意义，便是一种实验的社会心理学。勒温早期的动力心理学研究侧重于人与环境的关系，这为他后来的社会心理学研究打下了坚实的基础。他自己曾说过："关于成功与失败，欲求水准、智力、挫折等实验，愈来愈使人信服地证明一个人为他自己所设立的目标，深受他所属或希望所属的团体的社会标准的影响。"而他认为在社会学或社会心理学中进行实验也是可能的，心理学家可以用实验来创造一种团体，创造一种社会风气或生活风格，"以实验和经验的理论为基础，科学的心理学和社会心理学就能像自然科学一样造福于人类社会。"建立一种可以解决有关的社会问题，造福于人类社会的科学心理学便是勒温最后十余年的努力，这也就是他的表现为实验社会心理学的团体动力学。关于领导方式和团体气氛的实验是一种系列性的实验，其中不但验证了团体气氛对个体的影响，领导方式的不同意义，而且验证了团体目标的作用、欲求水准的社会意义以及团体的真实性等许多在当时尚属有争议的问题。这种以实验和经验理论相结合为基础的研究，为当时的社会心理学的发展提供了一条新的途径。费斯汀格说："正因为这一点，许多人都把勒温看作是当代实验社会心理学的创造人。"

实验社会心理学的产生可说是社会心理学发展史上的一次革命，它是在20世纪30年代由勒温和F. H. 奥尔波特、莫雷诺（J. Moreno）等人一起促成的。在这之前，社会心理学还主要是塔德（G. Tarde）、麦独孤和罗斯等人的思辨的社会心理学，还带着"团体心灵"的神秘色彩，还未摆脱"象牙之塔"的治学方式。而勒温等人则面向社会现实，以实验和经验理论的结合为基础来解决具体的现实问题，因而这对整个心理学的发展都有着深刻的意义。它大大突破了冯特对心理学实验的限制，促进了实验心理学的发展；它扩大了动力心理学的范围，使它成为社会心理学的一种基础；它使心理学更加接近了现实，能够更好地服务于人类生活。此外,用心理学实验来解决具体的社会问题既是团体动力学的一种意义,也是团体动力学发展的基本条件。团体的真实性正是由这种意义上的实验来证实的,由此才被广为承认和接受;也正是由此,一种关于团体生活本质的科学才能够得以真正的发展。

(三) 心理生态学

当勒温从个体心理学转向社会心理学研究的时候,他的理论参照点也就从个体的生活空间转向了社会空间,从心理场转向了社会场,个体生活空间的"外壳"受到了充分的注意。勒温认为:"心理的因素与非心理的因素之间的关系,是所有心理学分支(从感觉心理学到团体心理学)中的一个最基本的概念与方法论问题。"而对这种关系的研究就是他所称的"心理生态学",它是整合社会科学的一种方式,也是勒温团体动力学所表现出的一种基本意义。勒温认为心理生态学的研究有三种基本的理论取向,即社会学的、文化人类学的和心理学的。勒温与 M. 米德一起进行的"食物习惯研究"既是勒温心理生态学的起源,也是说明心理生态学基本特征的最好例证。第二次世界大战期间,由于各种肉类紧缺,勒温与 M. 米德接受一项任务,研究如何能够改变人们的食物习惯,以内脏来代替牛肉牛排。勒温以"人们为什么吃他们所吃的食物"这一问题开始了这项研究,其中主要的发现之一是他的"社会渠道说":餐桌上所摆着的食物是通过种种渠道得来的,如购买、购存、烹调等。每一渠道都呈现一个渠道口,都会有一个"守门人",都会有关于这一守门人的心理学。比如,如果守门人是作为家庭主妇的食物购买者,那么往往就会有食物的吸引力和花钱太多的抗拒力影响着她的购买行为。也就是说,决定她的购买行为的有两种主要因素,即她的认知结构(关于食物的)和她的行为动机(包括价值观等),因而对食物的研究和对商品价值的研究也就成了"守门人心理学"的一部分。社会渠道中的这种特殊意义的心理学必然要涉及社会学、文化学和经济学等,涉及具体的社会生活。从宏观上把影响人行为的所有因素都作一种类似于场论的分析,去探索客观的社会问题是如何与主观的心理问题发生相互作用的这便是勒温心理生态学的基本含义。可以看出,心理生态学不但是一种基本的动力性研究(团体决策理论便由此产生),而且是一种广泛的整合性研究。因为理解社会空间或生活空间的外壳需要广泛的社会科学的知识,研究团体的本质或社会的变化需要了解整个社会生态。这体现了场论在社会心理学中的意义,体现了动力与整合的主题。勒温的这些思想在巴克(R. Barker)的《生态心理学》(1968)中得到了发扬。巴克是勒温在依阿华的学生,他把生态心理学发展成为心理学的一个分支,这也就是勒温心理生态学思想的最终表现形式。巴克指出:"生态心理学既考虑小件行为也考虑大件行为,既注重心理环境(也即勒温的生活空间,个体所感知的并受其影响的世界),也注重生态环境(行为的客观环境或人们的真正生活环境)。"在这种意义上我们可以再来分析一下勒温的心理生态学思想。把生活空间的外壳视为行为环境的一部分,或像巴克所说的把心理环境与生态环境联系起来,这样就修正与发展了勒温早期的生活空间或心理环境概念。"生活空间"在包容了"外壳"而扩展为社会空间之后,就把对人的行为的研究放在了一个更现实和更真实的生活背景中,为心理学的研究提供了更广阔的途径。生态心理学和环境心理学的发展及其丰富的研究成果,都可表明勒温这一思想发展的积极意义。此外,心理生态学研究为勒温的团体动力学引进了社会学和文化人类学的观点和方法,有助于人们了解实验室或实验条件之外的人的现实行为。勒温对"食物习惯"

的研究便是一种现实生活中的心理学研究,在这种研究中,心理学真正从实验室走进了生活,理论、研究和实践被融为一体,这也就是具有广泛影响的勒温的"行动研究"。

(四) 行动研究

勒温说:"团体动力学研究中心是应两种需要而产生的,一种是科学研究,另一种是具体实践。"团体动力学集二者于一身,这种研究与实践的结合与统一,也就是影响甚广的勒温的行动研究。

行动研究体现了贯通勒温整个学术生涯的一种指导思想:学以致用,理论与实践相结合,研究与行动相统一。勒温认为,心理学不能单单只求对行动的解释,而且还要去发现如何改变人们的行为,如何使人们生活得更好。这就是行动研究的意义,也是勒温团体动力学的基本信条。在这种意义上,勒温与利皮特和怀特关于领导方式的实验研究便属于"行动研究",因为它的目的是要用实验的社会心理学来促进民主过程。勒温与 M. 米德的"食物习惯研究"也是一种"行动研究",它把理论、研究和实践结合了起来,解决了现实的社会问题。勒温说:"社会实践所需要的研究是一种行动研究,一种关于社会行动(各种形式)的条件和效果的比较研究,一种可以导致社会行动的研究。"也就是说,行动研究是以真正的现实生活为背景,以解决实际问题为方向的心理学研究。勒温对此有一句名言:"没有离开研究的行动,也没有离开行动的研究"。

在这种意义上,行动研究也就成了勒温团体动力学研究的一种基本观点和指导思想。然而除此之外,在具体的应用实践中,行动研究也不失为一种有效的研究技术。正如利皮特所指出的,行动研究"本身就是一种研究手段",其具体的含义可以概括为如下程序:从社会实践以及社会实践的参与者中获取信息,经理论分析和实验研究后再将结果反馈到实践中去,以达到对实践过程或团体行为过程的影响。在这一程序中,反馈是一个关键环节,或者我们可以把它看作是研究与行动的中介,它保证了发现事实和利用事实之间的有效联系。勒温的学生库克(S. Cook)和塞尔梯兹(C. Selltiz)等人所做的关于如何改变公众态度的著名研究,就非常典型地运用了这种行动研究技术。他们把研究结果及时反馈给被试,并与他们讨论这些结果的意义和改进行为的方法,以信息反馈来影响被试的态度改变。行动研究除了作为一种观点和方法,一种研究技术,还有另外一种意义,即勒温所说的一种社会工程。它导致了 T-group(basic skill training group,也称为"敏感性训练")的产生;以训练人们的社会敏感性和适应团体生活的基本能力。勒温把这种敏感性训练看作是改进人们行为方式的一种手段,并且把研究、训练和行动看作是一个相互依存的整体。这样,行动研究就对整个社会生活产生了相当深刻的影响。卡尔·罗杰斯曾对此评论说:"敏感性训练或许是本世纪最有意义的社会发明。人们对它的需求越来越广,它是在美国发展最为迅速的社会现象之一。它已经渗透进工业、教育、家庭和职业训练等许多领域。"我国心理学家陈立先生指出,应该把行动研究"作为一种群众性活动来看待"。在这种意义上,行动研究不但可以给广大心理学工作者以理论上的借鉴和启发,而且可以在组织改革和企业管理等方面发挥积极的作用。陈立先生就曾结合组织改革和我国现实探讨了行动研究所包含的积极因素,他强调了开放系统的正反馈作用在行动研究中的意义,指出:"目标管理和民主参与的结合,应该是行动研究的理想。"这样,即使在今天,行动研究(尽管它本身已有了补充与发展)仍然具有积极的影响力。我们认为,行动研究不管是作为一种观点,一种方法,还是一种技术和一项社会工程,都在心理学的发展尤其是勒温心理学的发展中起到了积极的作用。在行动研究出现之前,大部分心理学家和社会学家往往只是对某一社会问题的某一方面做些观察和研究,然后把研究结果以及他们的见解或建议写成文章,研究到此为止,研究者们并没有特别注意研究结果的作用和反馈的意义,没有把这种反馈作为一种影响社会生活和团体过程的手段。而行动研究则改变了这种传统的治学方式的弊端,它把理论与实际联系了起来,把科学家与实干家结合了起来;它既注重科学研究,又注重具体行动。这样,就能使心理学起到促进社会变革和改进人们生活的积极作用。

四、团体动力学的发展

不管是作为实验社会心理学,还是作为心理生态学和行动研究,团体动力学都体现了勒温心理学中动力与整合的思想。勒温自己认为,团体动力学是由实验心理学对动机的研究直接发展起来的,并由文化人类学、社会学和社会心理学的结合促成了它的独特形式。有迹象表明,勒温有意于把他的整个心理学思想和研究都统一于团体动力学的体系之中,只是由于他过早病逝而未能完成这一夙愿。虽然团体动力学的体系形式是由勒温的学生最后完成的,但是它甚能代表勒温的思想,对它的发展作一种历史的分析和评价,有助于我们理解勒温的心理学及其影响。

从1945年至1955年的十年是团体动力学的繁荣时期。各种形式的团体动力学研究机构纷纷建立,行动研究和敏感性训练被普遍应用,勒温的心理学思想得到了广泛传播。赞德在回顾这一时期团体动力学的发展时指出:"当时对团体的研究是社会心理学中最生动和最富有创造性的工作,并成了整个社会科学所关注的中心。"如果作进一步的分析,团体动力学的这种繁荣和发展是有其历史原因的。我们把团体动力学主要看作是一种心理学的发展,并认为实验心理学与社会心理学的结合是团体动力学发展的一种促进力量。社会心理学中的实验由特里普利特(N. Tripllet)首开先河(1897),莫德(W. Moede)、穆尔(W. Moore)和F. H. 奥尔波特都曾为此做出了贡献,而谢利夫对社会规范的实验研究(1936)、纽卡姆对社会依从性的研究(1935)以及怀特(W. Whyte,1937)对街头小团体的研究等则基本上被认为是团体动力学的组成部分。勒温之前的这种社会心理学内部的历史积累是团体动力学发展与繁荣的一个重要因素。此外,当时美国的社会环境尤其适于团体动力学的生长,第二次世界大战和经济萧条所造成的美国的社会心态,体现了这一时期社会环境的基本氛围。人们普遍渴望一种团体归属以获得内在的安全感,家庭和社团被看作是战乱之后复兴社会生活的主要手段。人们普遍接受了这样一种信念:社会的健全有赖于团体的作用,科学方法可用于改善团体的生活。这种社会的需要以及社会的支持是团体动力学发展与繁荣的主要原因,对此,卡特莱特曾评说:"社会对团体动力学的反应是勒温的理论与方法的最具特色的发展。团体动力学的强大影响力已充分体现在教育、工业、政府以及团体生活的所有方面。"团体动力学的这种繁荣,象征着勒温在社会科学界和心理学界杰出地位的确立。玛格丽特·米德说:"勒温和他的学派代表了整个美国和整个社会科学的生机。"科恩(R. Coan)所做的一项广泛调查也表明,在1939至1949年这十年间,勒温在心理学界的影响日益显赫,他与弗洛伊德、赫尔、托尔曼和斯金纳被认为是这一时期最著名的五位心理学家。

从20世纪60年代开始,团体动力学的发展进入了一种"高原期"。团体心理学的研究在某种程度上被人类潜能运动所取代,社会的注意力转到了个体行为和个体生长上;社会对团体动力学的关注大大减少,团体动力学内部也发生了很大的变化,许多早期团体动力学家都先后改行或退休,勒温的理论和思想也不像原来那样富有吸引力和影响力。正如赫尔姆莱希(R. Helmreich)所说:"此时许多团体动力学家似乎都在追随'坏研究可以得出好结果'的格雷沙姆法则(Gresham Law),而忘却了勒温的'好理论最实际'的教诲。"在1960年至1980年这20年间,团体动力学基本上处于一种停滞状态,而勒温的心理学也几乎被人淡忘,或至少是受到了很大的忽视。但是,从80年代开始,已有许多迹象表明团体动力学开始摆脱它的"高原"状态,而进入一个新的发展时期。1980年,脱离团体动力学研究已近20年之久的费斯汀格又领衔主编了一部颇有影响的专著:《社会心理学的回顾》。该书共有十位作者,他们是费斯汀格、阿隆森、巴克、道伊奇、凯利、尼斯比特(R. Nisbett)、沙赫特、辛格、扎乔克(R. Zajong)和赞德。除尼斯比特和扎乔克之外,其余八人都是50年代著名的团体动力学家,都是《团体动力学:理论与研究》一书1960年版的作者。而扎乔克则是现任团体动力学研究中心主任。该书的基调是重新发现勒温的潜力,振兴团体动力学的研究。费斯汀格代表团体动力学研究中心为本书写了前言,他说:"在过去的35年中,团体动力学深刻地影响了社会心理学的发展,这是勒温的一块最好的丰碑。"他们把此书献给这一研究中心,希望团体动力学继续向前发展。

有关资料表明,团体动力学从1980年起在美国确实有了引人注目的复兴趋势。1984年,美国东部心理学会在巴尔的摩召开了一次"团体行为的社会心理学理论"研讨会,会议的宗旨是"为了鼓励和促进当代的社会心理学在团体行为中的应用"。同年依阿华大学的劳勒(E. Lawler)主编了《团体过程的进展》丛书,至1988年已出了五本,1982和1985年赞德的两本新著《发挥团体的作用》和《团体与组织的目的》问世,1987年亨德里克(C. Hendrick)主编了《团体过程》和《团体过程与团体关系》。亨德里克在前一本书的简介中说:"继60和70年代对个体过程的过分强调之后,对团体过程的研究正经历着一种旺盛的复兴。"如果作进一步的分析,我们可以看到团体动力学在美国的这种复兴趋势是有一定条件的。首先,美国的社会条件已发生了某种变化。80年代一开始,以重视团体性为基础的日本式管理方式和东方的哲学思想愈来愈强烈地冲击着美国的传统文化,影响着美国人的思想,团体的心理学意义又重新引起他们的重视。另外,社会也表现出对团体动力学的新的需要,在教育和管理等领域,团体动力学又开始发挥新的作用,如"教育社会心理学"的发展便表现了团体动力学的新的意义和价值。其次,新的一代团体动力学家阵容已逐渐形成。在亨德里克主编的那两本书中,共有39位作者,其中35位都是在70年代以后崭露头角的新的团体动力学家。这一批新生力量将是促使团体动力学复兴和发展的重要条件。

我们对团体动力学的复兴抱乐观态度。关于这一问题我们曾在通信中与卡特莱特、赞德、斯蒂维斯和玛丽姆·勒温等人作过多次讨论。在我们看来,团体动力学的复兴或进一步发展应该注意和解决以下两个问题。

(1)必须有一种理论的整合。我们赞同勒温的名言:"好理论最实际。"它可以有效地指导研究,产生更多的实际结果。团体动力学长期停滞于高原期在很大程度上是由于迷失了一种统一的理论。勒温的价值应该被重新发现和利用,但是这种理论的整合也应该考虑到勒温之后的发展和当今团体动力学的现状。它应该是一种新的理论,一种更加成熟的理论。

(2)团体动力学的研究应该以现实问题为中心。虽然不应抛弃以往的研究成果,但却不能拘泥于传统的研究范畴。每个时代都会有它所特有的问题和要求,适应这种需求和解决时代所提出的问题才能真正促进一门社会科学的发展。

第三节　团体辅导的实施

一、团体辅导主题与目标的确定

关于辅导主题。我们通过对学生群体特点的研究和征询他们的意见来确定适合的主题。有许多视角可作为促进学生自身成长的辅导内容。例如:如何了解自己,如何理解他人,如何对待同辈关系、父母关系、师生关系,如何处理冲突,如何澄清价值,如何发展自信,如何处理害怕、焦虑和内疚,如何计划未来,学会选择等。以什么主题为主线,以哪些视角为内容,来形成一个团体辅导课程的完整结构,这一般取决于学生年级特点、个性需求特点与教师个人的风格。有条件的学校如能设计系列化的主题以供学生选择是最理想的。例如,就人际交往主题来说,若能分出消除社交焦虑与提高社交技能的不同需求,分别设计不同风格的团体辅导活动,其成效则更佳。[2]

二、团体辅导的活动方案设计

关于活动设计。可以说是保证团体辅导质量的关键。富有创意的团体活动为学生提供了体验式的学习机会,能提高学生学习交流的兴趣,自觉投入行动。缺乏形式多样的团体活动,辅导的作用会受到限制。在设计活动方案时要考虑三点:①通过新奇的活动,要能调动现场气氛,让学生获得轻松感,有助于学生自由地表达所思所想,并敢于作出新的尝试。②要有利于学生都能参与,获得亲身体会,而不是看着少数人所言所行。③要有利于启发学生对问题作深入的思考,有利于他们把握相关技巧,而不是单纯地搞活动,只满足于活跃气氛。这些要点也好似设计团体辅导活动时的难点,具有挑战性。在设计活动时,教师有必要运用头脑风暴法来拓展思路,富有创造性地设想各种方案,并在实际运用中不断完善这些方法。往往有新意的方法来自于学生。

团体辅导活动大致可经由初始阶段、中期阶段和结束阶段。初始阶段的团体往往是困惑、混乱的。团体成员之间由于缺乏信任,抗拒个人表达和探索。辅导老师要向小组成员表达自己正面的关注,留心聆听他们的心理感受,创设一个平等、信任的人际氛围,建立起良好的辅导关系。同时,还要帮助学生们完成彼此熟悉、相互接纳的适应过程。辅导老师可以采用情感"破冰"活动系列,通过生动而有吸引力的团体活动,促进小组成员互动,使得小组成员主动地开放自己,坦诚地和其他成员分享自己的看法和感受。例如,动员所有的成员放松自己,在陌生的同学中走动,主动与对方打招呼、攀谈。还可以让所有的学生按某种方式组成小组,自我介绍,互相熟悉。通过成员之间的交流,成员能够加深对自己及对他人的认识和了解,协调人际关系,增进团体的凝聚力。建立了充分信任后,团体方能进入自我探索。

建立了充分信任后,团体进入中期阶段,即探讨具体问题、观念磨合、自我探索、寻求发展、接受挑战的阶段。这一阶段重在帮助学生了解和完善他们自身现有的生活方式及其能发挥的功能。学生们经由探索自己的目标、生活方式来了解自己。同时,辅导老师要鼓励学生充分表达自己的真实情感,显露出那些平时未表露的态度,使每个成员都被他人如实看待,并从其他成员的反应中得到关于自己的肯定或否定的反馈,以便真正地认识自我。同时也要求辅导员细心聆听学生们所表达的各种心理感受,并做出适当的回应,协助他们作深入的自我探索,从而增进自我悦纳感。之后成员会做出新的抉择,考虑替代性的态度、信念、目标、行为,为自己确定任务,针对自己的问题采取具体行动。这个阶段,角色扮演的方法、模拟特定情境的方法都有利于探讨学生身边的具体问题。例如,让学生在小组里讨论受人欢迎的品质,并把他们填入画有人形的大张海报纸上,以小组最为欣赏的几种品质为例的团体分享。经过一个完整的团体辅导过程,每个成员都能够或多或少在认知、情感上得到改变,从而促进他们行为的改变。同时,通过一些行为模式的习得和实践,成员们也可能会在新行为中反思以往的认知及情感,从而加以转变。特别提醒的是,此阶段所设计的活动一定是围绕团体辅导的主题进行,才能达到辅导目的。

最后的结束阶段是团体总结回顾阶段。设计一些活动形式来帮助学生交流各自的体会、相互激励、巩固友谊。这时,好的活动形式能把团体辅导活动推向高潮。

对于课程的评估有利于收集反馈,积累经验,增进课程的有效性。经验表明,以师生主观陈述为依据的评价方式较能把握。一方面,可以根据学生的自我评价做出评估,从学生的书面体会或者问卷中了解他们的收获、体会,看看他们是否发生了某些改变(包括思想的、行动的),从他们对活动的感受与提出改进的建议中来分析、跟踪成效。另一方面,教师本人可以做自我评估,观察自己的角色把握得如何(一般教师的角色可以是主持人、教练、指导者、领导),与学生关系建立的程度如何以及问题的处理技巧如何。

评估活动效果时,要考虑学生可能出于不同的动机来肯定或否定什么,也要考虑教师以什么作为自己的满意的标准。例如,以学生喜欢这个团体辅导活动的气氛为依据的肯定评价就显得肤浅一些。另外,学生在团体辅导活动中的自觉参与情况会影响他们对活动的评价。相对来说,比较投入团体辅导过程的学生对活动的评价较高。[2]

三、影响团体辅导的基本因素

(一) 团体辅导主持人

对于团体辅导主持人的定位有不同的看法:有人认为主持人是导游,在不同景点使大家获得不同感受;有人说主持人是厨师,让每个人品味食物并各自汲取营养;有人将主持人和团体辅导活动过程类比为导航系统和飞行过程;有人则类比为音乐指挥和音乐会。无论怎样，团体辅导主持人对于团体辅导活动的发展具有重要意义。

丹麦心理学家艾鲍说，在辅导过程中，辅导者能带进辅导关系中最有意义的资源，就是他自己。足见团体心理辅导活动中辅导者的重要性。作为一名团体心理辅导活动的主持人，首先应当具备一定的个人特质，如关怀、坦白、灵活、温和、客观、诚实、耐心、敏感、自信自爱、自我肯定、友善真诚、有同理心等；此外，还应掌握心理咨询的相关理论技术，遵循团体辅导者的职业道德，如对受导者提出合理的要求、保护受导者的隐私、在团体心理辅导活动中精心策划团体活动、维护所有受导者的利益、尊重受导者参加团体的自主选择权等。

（二）团体的规模、频度、活动时间

不同类型团体辅导对活动的规模、频度要求会有所不同，团体规模的大小会影响团体动力。如果团体太大，则不能提供给成员安全的氛围、充分的时间来进行深入交流和深层探索。如果团体过小，则会导致成员感受到更大的参与压力，带来消极后果。据文献研究，一般长期的团体辅导活动，6～12人的小组较为适宜。活动频度和时间视具体活动而定。当然，对于野外拓展训练类团体，可以有多人参与。

（三）团体的封闭与开放

团体辅导活动宜采用封闭团体，即团体建立后不再允许新成员加入。实践表明，大多数情况下，尤其是对支持性的团体和治疗性的团体，封闭团体既必要又适宜。因为在团体发展过程中，成员间需建立信任感与舒适感。如经常有新成员加入，辅导老师将不得不经常花费大量时间介绍并指导新成员，从而产生消极效果。

参 考 文 献

[1] 孙时进,高艳.团体心理辅导:理论与应用的多维度思考[J].思理想论教育,2006(3).

[2] 赵小青.对团体辅导课程设计的几点思考[J].大学生心理健康教育与心理咨询研究,2011.

第二章

自我探索团体辅导

第一节 认识自我——小学

一、活动方案

我是小胖我自信
——高行小学团体心理辅导活动设计

(一)活动目标

1. 帮助肥胖学生正确认识自己,了解自己的独特,不因胖而自卑。
2. 让学生了解提高自信的方法。
3. 通过活动,正视缺点,发现优点,客观地认识自我,从而欣赏自我,提升自信,欣赏独一无二的我。

(二)活动对象

由于受团体辅导人数的限制,确定了此次辅导人数为15人。通过广播及公告栏的宣传,采取在校学生自愿报名的方式,在学校二至五年级中,根据报名情况,从性别、性格、肥胖程度等方面进行筛选,最终确定人员,以5人为一组,共分3组,辅导者由学校具有学校心理咨询证书的两位老师分别负责,作为此次活动的外围者。

(三)活动时间

每周一次,共分六次。

次数	活动主题	时间安排	地点
一	小小一家人	11.21	心理团体活动室
二	认识自我(一)	11.28	心理团体活动室
三	认识自我(二)	12.5	心理团体活动室
四	欣赏自我	12.12	心理团体活动室
五	提升自信	12.19	心理团体活动室
六	收获	12.26	心理团体活动室

（四）活动过程

第一次活动：小小一家人

目的：通过活动，认识团体中的成员，形成团体氛围，使之后的活动能更好地开展。

活动一：有缘来相聚

事先准备画有△、〇、□的纸各五张，学生进入活动室后进行抽签，找到相应的桌子完成分组。

（设计目的：对活动群体进行打乱分组，更好地认识他人，融入这个团体中。）

活动二：名字胸牌（提供胸牌及水彩笔）

在事先准备好的胸牌上写上姓名以及一个昵称，如模型王某，并进行简单的修饰。

学生小组内交流：为什么取这个昵称？

活动三：我的小队我做主（提供纸张及水彩笔）

按照分组，根据所拿到的图形，在这基础上设计自己组标志、小组名、口号，选出组长。

各组进行介绍。

活动四：共唱歌曲《朋友越多越快乐》

第二次活动：认识自我（一）

目的：通过活动，让学生明白，胖虽然会给你带来一些困扰，但这只是你身上的一个小小的不足，每个人都有不足之处，但我们不能把目光只停留在我们的缺点上。

活动一：人人都有不足之处

1. 讨论：在座的小朋友们，或许你们都发现了大家外貌上的一个共通点：胖，我们给他取个名：小怪球，那么小怪球它给你带来过哪些困扰呢？

2. 听故事《弱小的蚂蚁》。

蚂蚁在我们的眼里是十分弱小的动物，那么它又是如何看待如此弱小的自己呢？

故事内容：有一天，上帝把所有的动物们都找去，问它们对自己有否什么不满意的地方。一问方知，几乎所有的动物都对自己不满意。鸟认为别的动物都是四条腿，而自己只有两条腿，实在太不公平；鱼马上说自己根本没有腿，被剥夺了参加年度田径大奖赛的机会；青蛙抱怨自己身份特殊，既不属于水生动物，又不属于陆生动物，以至不能取得参加动物代表大会的合法资格；老虎狮子缺席，是因为兽中之王的头目少了犄角简直没脸出门……最后问到小蚂蚁，小蚂蚁细声细气地说："我对自己很满意。虽然我身材矮小，不够强壮，但我却可以扛得动比我自己还重的东西；我还会造漂亮的地下宫殿，我的亲戚遍布全球，我很快乐，感到非常的幸福。"上帝无比的疑惑，是他做错了吗？

思考：

（1）鸟、鱼、青蛙、老虎对自己什么地方不满意？为什么？

（2）为什么在我们眼里弱小的蚂蚁却很快乐？

（3）上帝做错了吗？

3. 学生交流。

引导者小结：听过了《弱小的蚂蚁》后，想想我们又该如何来面对自己身上的不足？

活动二:以积极的心态面对不足

1. 听故事《乐观的子舆》。

故事内容:《庄子》中有个叫子舆的人,上天赋予他很多缺陷:驼背、隆肩、脖筋朝天。朋友问他:"你讨厌自己的样子吗?"他回答说:"不!我为什么要讨厌自己呢!假如上天使我的右臂变成一只公鸡,我就用它在清晨报晓;假如上天使我的右臂变成弹弓,我便用它打斑鸠烤了吃;假如上天使我的尾椎骨变成车轮,精神变成马,我便乘着它周游世界……"

2. 学生交流:

（1）找找子舆的缺陷。

（2）面对这些缺陷,子舆是怎么看待的?

（3）你觉得子舆是一个怎样的人?

3. 看漫画《照镜子的狗》。

4. 学生交流:

（1）说说这两只狗的变化。

（2）你喜欢这两只狗吗?

老师小结:每个人身上都存在一些不足,但并非每个人都产生自卑。其中主要的原因就是面对不足时,你采取了什么样的态度。就像子舆,面对他的缺陷,如此积极乐观。如果我们弱化优点放大缺点就会变得自卑,反之,当我们弱化缺点放大优点就会骄傲。

5. 交流:那么,现在的你想做这两只小狗还是做快乐的小蚂蚁或子舆呢?为什么?

第三次活动:认识自我(二)

目的:通过这次的活动,让学生认识自我,找到自己身上的优点,从而变得自信,不再被胖所困扰。

活动一:我的优点我知道

（发放优点清单）

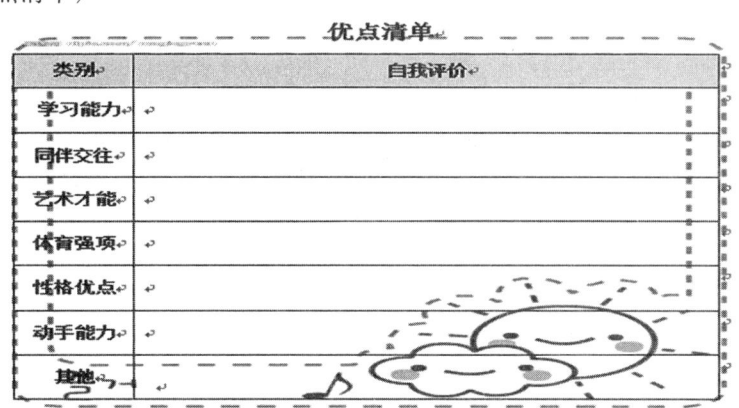

1. 学生填写优点清单,并在小组里讨论交流,倾听者可以适当地进行赞美。(教师从旁协助。)

2. 在整个团体中和大家交流介绍自己的优点。并说说:是否有一些优点是自己以前没有意识到的?是否加强了对自身优点、长处的认识?当听到别人赞美你时,你的感觉如何?

引导者小结:看着手中满满的优点清单,我看到大家的脸上都洋溢着快乐的神情。

第四次活动:欣赏自我

目的:通过活动,寻找自信,在认识自我的基础上欣赏自我。

活动一:名人小故事

说说他们身上的不足与优点,他们在你眼中是怎样的人?

1. 名模吕燕。

(1)出示照片,说说你眼中的吕燕。(让学生直观感受吕燕外在并不美。)

(2)出示吕燕的资料,学生说说她成名的原因。

(3)现在再来说说你眼中的吕燕。

师小结:吕燕的变身不在于外在面貌的改变,而在于她内在美的提升。她以实际行动再次验证了"自然即是美"这句话,总是以最自然的状态出现,并不极力掩盖自己的缺陷。比起那些整天为了自己单眼皮、肥胖而变得不自信,嚷嚷着要去整容、要去减肥的女孩,吕燕有更多的理由可以去推翻固有的五官特征,但是她仍是以原本的面貌出现。然而,最重要的还是吕燕充满了自信,尤其是她身上透出的那种同龄女孩子少有的坚定与坚韧的气质,让她成为了国际T台上具有东方味的超级名模。

2. 乒乓球运动员邓亚萍。

(1)出示资料,说说邓亚萍的缺陷。

(2)了解邓亚萍的事迹,感受邓亚萍那种"我自信,我成功"的王者霸气。

(3)说说她身上打动你的地方。

小结:如果说是热爱把身高仅149厘米(作为运动员可谓"先天不足")的邓亚萍领进了乒乓球王国,那么,敢想敢干、不断超越的执着追求则吹响了她夺取一枚又一枚金牌的进军号角。她在训练和比赛中都有一种"舍我其谁"的"王者之气",所定下的目标就是打败所有的对手,夺取冠军。在16岁拿到了世界双打冠军后,邓亚萍又树立起"让所有奖杯都刻上中国人的名字,都刻上邓亚萍的名字"的目标。她的那种自信,让她在日后的乒乓球运动道路上不断成功。

3. 视频:春晚舞蹈表演:《千手观音》。

4. 看了这些人的故事,现在有没有开始喜欢自己了呢?

交流:我开始喜欢自己,因为……

要求:①必须实事求是;②必须是自己的优点或特长,也可以是自己的进步。

第五次活动:提升自信

活动目的:利用团体的力量树立自信。

活动一:什么是自信

了解什么才是自信。

学生交流并总结:相信自己一定能做成某件事;一切在你看来都不是难事;正视自己的缺点并勇于改正;勇敢面对失败……这些都是自信的表现。

活动二:简单提高自信的方法

跟着老师一起来学一些简单的提高自信的方法,一起来做一做。

(1) 面带微笑

(2) 抬头挺胸

(3) 勇于展现自己

(4) 关注自己的优点

你还有什么好的方法提高自信吗?

活动三:心有千千结

(让学生了解到,活动中的死结可以打开,那么生活中的情结也可以完全打开,只要用心沟通。)

方法:三组学生并成一大组,所有成员站成一个手拉手的圆圈,每个组员记住自己左手和右手分别拉的是谁。然后在引导者的口令下闭上眼睛,此时放起舒缓音乐,引导者让每一个组员在闭上眼睛过后,慢慢地朝着自己喜欢的方向走去,在走动的过程中,一定不要睁开眼睛,组员可以在走动的过程中转换方向。一分钟过后,音乐停止,组员睁开眼睛,发现人员遍及四面八方。此时的组员要尽量在不变动自己位置的情况下将原先两只手上的组员牵着。牵好后(牢牢牵住不放),用各种方法,如跨、钻、套、转等(但手不能放开),将交错的"手链"解成一个大圆圈。

讨论分享:

所有参与者回到自己的位置上,并在引导者的引导下进行讨论分享。

活动四:头脑大风暴

(帮助学生面对与处理目前的困扰,使其能拥有较愉快的生活,并能顺利发展未来。)

操作:在心卡上填写"在自信心方面,我无法做到……",放于盒中,引导者抽取一张纸并读出其内容,团队所有的成员对心卡上无法做到的事献计献策,逐个解决问题。

第六次活动:收获

活动目的:结束团体,反思总结收获,自信人生。

活动一:自信人生

以小组为单位,准备节目,进行表演

活动二:温馨祝福

祝愿自信人生到永远,感受团队的力量。

团体间成员互送祝福

活动三:我的收获

成员间互相交流,反思总结收获,自信人生

引导者总结:自信是一个人心中的火种,时刻照亮着人生的坐标,辉煌着人生的过程。自信如同坚实的足迹,踏实地踩出人生的大道,回望走过的路,心中依然自信。现在就让我们挺起胸膛,面带微笑,一起大声喊出:我是小胖我自信。

(五) 建议与说明

正值发育期的孩子比较容易关注他人对自己的评价,渴望得到同伴们的理解和认同,又害怕伤害了自尊。因此在保护学生自尊心的基础上触及学生的心灵,唤起自尊,引发自悟更为重要。

虽然在活动中存在着些许问题,如活动时间的掌控上,各个环节的时间安排上有时候过于仓促;场地的限制上,有些活动开展时秩序相对有些混乱……另外,在人员的选择上,涉及面还较小,不能很好地让更多的孩子参与进来。此次没有收到预期那么好的效果,但是活动还是顺利完成了。孩子们的自信心也有了较大程度的提升。而这一次的团体辅导也充分体现了团体的特点,加深了成员的交流、互动以及情感联系,使学生能更好地面对自己的不足,发现自己更多的优点,找到了自信的依据,建立了理性的自信系统,在认识自我的基础上欣赏自我。

心理健康的关注是长久的,需要继续关注肥胖儿童的身心发展,开设各类活动,开展心理健康教育,以学生需要为出发点,尊重与理解学生,力求让学生的人格得到健康的发展,真正提高学生抗挫折能力和自我心理调节能力,减少心理障碍及其他心理问题,使学生更健康地成长。

(执笔:蒋明珠)

二、点评

(一) 方案点评

这篇心理团体辅导方案聚焦于当前青少年越来越普遍呈现的躯体问题——肥胖,选题有新意且切合现实需要。本方案通过六次团体活动,让学生合理看待肥胖,发现自己优点,重新找回自我,重拾信心。活动紧扣主题,第一次建立小组,彼此熟悉,建立平等对话的平台。后面通过游戏、讲故事等方式围绕主题层层启发思考,比较符合小学生的年龄特点。每周一次时长为35分钟的活动时间也符合小学生的实际承受力。

游戏活动在小学生阶段是十分吸引人的,它能提高孩子们的兴趣以及积极性,活跃气氛,给孩子带来快乐。因此,本方案在第一次就设置了游戏的环节,以此来缓解活跃小朋友新来到活动室时那种紧张尴尬的气氛,从而令孩子在新团体中更好地融合。而在第五次的活动中进行的"心有千千结"游戏,除了活跃气氛外,更是让孩子在游戏中明白了道理,提升了团体合作意识。

讲故事在本方案中运用得也较多。讲故事是孩子们喜闻乐见的形式,它符合小学生的认知特点,同时它包罗万象,能开启人们的视野,使孩子们展开想象的翅膀。故事是一种很好的教育资源,故事的作用不可小觑。无论是《弱小的蚂蚁》、《乐观的子舆》还是名人小故事,比起一般的概念说教,更易让孩子理解,引起孩子们的兴趣。因此,也更容易组织讨论交流,使得孩子们更能表达出自己的想法。

（二）建议

第二次活动时,让学生们把大家的共同点"胖"取个名字叫"小怪球",这个名称似乎欠妥当。"小怪球",这个"怪"字已经有否定肥胖的意思在里面,这对于后续的正确自我认识未必有利,可以换另外的名字,比如"小圆圆",或者"小胖胖",这也可能比"小怪球"给人的冲击感小。

后面几次活动运用他人的材料过多,讨论起来和自身情况有一定距离,建议可以增加两次因为胖而在一些人际关系中产生困扰的情境讨论,让学生有充分的宣泄和互相之间的情感支持。

第二节 悦纳自我——初中

一、活动方案

梦之翼成长小组
——洋泾东校团体心理辅导活动设计

（一）活动目标

1. 增强自我认识,悦纳自我。
2. 加强与人相处的技巧,增强表达能力。
3. 提供机会认识朋友,获得更多支持。

（二）活动对象

希望在班级里拥有更多同伴支持的小伙伴,自愿参加,异质性。
人数:12 人。
辅导者:2 人。

（三）活动时间

活动共 6 次,每次 40~50 分钟。

（四）活动过程

第一次活动

活动目标:
1. 了解团体成员活动前的情况。
2. 订立团体规范。
3. 消除距离感、紧张感,互相熟悉,增加亲密度。

开场白

辅导者:"各位同学好,欢迎大家来到这里,我认为大家都是很有潜力的同学,希望能一起度过一段难忘而有意义的时光。"

热身活动:大家一起来欢呼

辅导者:"我们每次活动都有个热身活动,目的是要大家放松,调动大家参与活动的积极性,现在请大家围坐一圈,每人想一个动作和口号,先示范一遍,再带领大家一起欢呼。"如一个同学说:"快乐十二人行,我最棒!"其他同学叫喊:"最棒!最棒!"

主题活动:小组建立和设立标志

请小组成员发挥想象力和创造力,为小组取名,为小组设计口号,画小组标志(并说明意义)。然后讨论小组规则,请成员在规则周围签上自己的名字。

分享讨论:

1. 活动中,你最喜欢什么?为什么?
2. 整个活动中你有什么体会?

第二次活动

活动目标:

1. 深入了解自己,客观认识自己的现状。
2. 正确看待自己的缺点,挖掘自己的优点,树立自信心。

热身活动:口香糖粘什么

所有成员在场地随意走动,走得越快越好,先由辅导者喊口令,如:口香糖粘什么?粘手臂!"成员的一个手臂必须和另一个成员手臂挨在一起,如有三个一组的或者落单的成员,则累计次数,游戏结束后次数最多的成员要为大家表演一个节目,再次开始时就由落单成员喊口号。"

主题活动1:人形侧面

小组成员躺在一张大的彩色纸上,并由其他成员替他勾画出整个人形。成员在人形内写上自己在优点和缺点,完成后可随意到其他成员的人形上写上对方的优点和缺点。

让组员了解自己在别人心中的形象,鼓励组员尝试改善自己不足的地方。

主题活动2:万能百宝箱

在彩色心形卡上填写"在……方面,我做得还不够",不写名字,写好后放进准备好的盒子内,每个人从盒子中抽取一个心形卡片在团体内大声读出来。(头脑风暴)团体所有成员对心形卡上的事件献策。

分享讨论:

1. 在同伴发言中,对你触动最大的话是什么?为什么?
2. 谈谈自己的收获和感受?

第三次活动

活动目标:

了解差异,彼此接纳,学会欣赏。

热身活动：看我这样走过来

每个小组成员用不同的方式方法走过讲台，可以重复多次。例如可以模仿青蛙跳着走过，可以舞动身体地走过等。

主题活动：诗情画意

请小组成员围成一圈，共同完成一幅图画，在作画的过程中，大家不能说话交流，不能干涉他人作画，不许对他人的作品作涂改。按照顺序每人一笔，可以是一个形状、一个线条、一个物体。所有人完成后，每人有一次添加的机会。

分享讨论：

1. 为小组作品命名，它要表达什么意思？
2. 每个人带着自己的想法画下一笔，却不知道别人想画什么，此时，如果发现自己的想法和别人的想法有冲突的时候，你作何感想呢？

第四次活动

活动目标：

学会信任、沟通与合作。

热身活动：传呼啦圈

12个人一组，手拉手围成一个封闭的圆圈，在其中一人手臂上套上一个呼啦圈，在不许用手的情况下，把呼啦圈穿过每个人的身体，最后传一圈，游戏进行三遍，每次计算时间，看看哪一次用时最短。（呼啦圈不能太大，否则穿越的时候太容易，也不能太小，让大家都穿不过去。）

主题活动：完美组合（6个同学一起参加，分两组进行）

辅导者准备每组各6张签，上写：

"嘴巴"(1张)、"手"(2张)、"臀部"(1张)、"脚"(2张)。

气球(每组3个)。

活动规则:

1. 辅导者请每组每人抽签,进行分工。

2. 首先,抽到"嘴巴"签的组员必须借着抽到"手"签的两人帮助把气球给吹起(抽到"嘴巴"签的人不能用手自己吹起气球);然后一个抽到"脚"签的人抬起抽到"臀部"签的人(脚不能着地)去把气球给坐破。

3. 每组分别计时,时间最短的胜出。

分享讨论:

在这个活动中你得到了什么启发?

第五次活动

活动目标:

帮助成员了解自己目前的社会支持情况。

热身活动:魔法师变石头

道具:2个毛线球,以一手可握住为佳。

活动规则:

1. 请一名小组成员当志愿者,担任"魔法师",并发给一颗球施法。

2. 魔法师施法时,所有伙伴开始躲避,活动中,只要被魔法师拿着的球碰触到就会变成石头。

3. 要避免被魔法攻击必须找到另一位伙伴,手勾着手在原地合唱一首歌,就可以形成保护罩,但歌曲如果重复就无效,一样会变成石头。

4. 行进期间除躲避攻击外,不可和其他人手勾手。

5. 活动过程中,不可以跑步,只可以快步走,避免成员碰撞、跌倒。

6. 活动进行几分钟后,魔法师可改变方式,一样可以把被碰触到的成员变成魔法师,并给予一颗球执行任务。

主题活动:我的圈形图

辅导者:"现在我们给每个成员发1张A4白纸,请成员们在纸上由内到外画上3个同心圆,注意不要太小哦。请在圆心内写下自己的名字或'我'。在第2个圆内写下你认为能够给你最大支持和帮助的人,或者你最亲近的人。接着,将一些能够给予你帮助但不太多的人写在第3个圆内。还有另外一些人,虽然算不上是我们的朋友,但也能给予我们帮助,请将他们写在第3个圆圈外。现在请大家把画好的图纸交给我。"(领导者可以自己在纸上作画,进行演示,并举例拓宽思路)

分享讨论:

1. 每个人简单介绍一下自己的圈形图,为什么要填这些人?

2. 你心中理想的社会支持圈形图是怎么样的呢?

3. 理想的社会支持圈形图在原来的基础上有什么改变?为什么会这样?

第六次活动

活动目标：

回顾过去,加深印象,展望未来,加强感情联系。

主题活动一:成长相册

辅导者提前整理团体心理辅导的照片,制作(成长相册)PPT。播放 PPT,回顾一起走过的历程,一起经历的欢歌笑语、感动和成长。

主题活动二:送纪念品,离别感言

辅导者:"我们是一个团队,但这次结束是新的联系的开始。为了保持彼此这段时间的美好印象,我们给每个人准备了一份礼物,送给大家,作为这次活动的见证和纪念"。

促进感情升华,促使成员中所学知识在现实生活中加以应用和实践,处理惜别情绪。

（五）建议与说明

青少年时期的个人是处在一个动荡不安的主观世界里,很需要找寻一个稳定的自我形象,才不会迷失自己。通过系列团体活动增进学生的自我认识,悦纳自我。在活动系列上可以根据不同性质的学生团体调整相应的活动形式。

（执笔:汤琳）

二、点评

（一）方案点评

对自我认识随着青少年不断成长,将逐步在心理的我,社会的我方面进行更多探索,中学生对自我的认识比小学阶段呈现出更多的对同伴评价和在集体活动中自我反思的关注。

这个方案通过 6 次活动,召集希望更多同伴支持的同学作为小组成员,这有利于在活动中更多运用同学评价来促进自我认识。通过共同设计小组名称、图标,了解彼此的思想异同增进对自我的了解,通过"人形侧面"和"万能百宝箱"活动来探索自身的不足和优势分别有哪些,并且成员之间可以互相评价,这种互相评价对于认识自我提供了一种可能。后面通过"诗情画意"继续探索自己和他人的差异,在差异中寻求整合,理解自己的需求也思考他人的需要。"我的圈形图"还进一步探索自己的社会支持系统,对于拓展自我认识,对自己的社会性有更为直观的观察。"制作相册"这个活动能够使得参与的成员有归属感、团队感,这样有利于增强前面活动中的积极体验。

（二）建议

（1）悦纳自我的 6 次活动给予成员自我认识的成分比较多,探索如何悦纳自己部分相对少了一些。

（2）在第一、二次活动中涉及的活动环节比较多,可能会导致为了完成预定流程而忽视现场动力的情况,这对于引发真实的自我认识和探索会产生阻碍。

（3）在寻找优点和不足的过程中,引导如何面对不足没有做更多的活动预设,可能会有伤疤被揭开却得不到修补的风险。这一点要慎重。

第三节 探索自我——高中

一、活动方案

生 命 之 旅
——上海市进才中学团体心理辅导活动设计

（一）活动目标

带领团体成员在电影中体验生命的历程,思考生命的意义、价值;反思、觉察自己的生命价值;树立敬畏生命、尊重生命的生命态度;学习思考人生方向,并积极经营自己的人生。

（二）活动对象

喜欢看电影,并在生命价值观方面有困惑的学生。通过招募的方式,选择8～16人自愿参加小团体活动。也可根据个别心理咨询和班级心理辅导活动,发现适合本团体的成员,邀请其参加本团体活动。

（三）活动时间

每周四下午16:15—17:05;每次50分钟,共进行6次。

（四）活动过程

第一次活动:很高兴认识你

活动内容:

1. 开场白。介绍团队目的、内容以及简单的要求说明。

2. 暖身活动:1/4的缘分。每人入场时会拿到1/4个圆。根据圆片上的图案找到另外四个人组成一个整圆。然后小组成员互相认识。

3. 确立团体规范。

4. 保密承诺。

5. 互道珍重,相约下次再见。

操作要点:

活动结束后收回分组片,并请学生每人准备一张婴儿期照片、一张小学时期照片和初中时期的照片,下次活动时带来。

第二次活动:生命之旅第一站——新生

活动内容:

1. 暖身活动:猜猜我是谁？将全体成员分成两组,请小组成员为婴儿照片找到主人,并依次把小学时期照片和初中时期的照片对号入座。结束后分享。

2. 观看纪录片《生命之旅》。

3. 讨论问题：

(1) 影片中那个片段最打动你,为什么？

(2) 一个婴儿的诞生意味着什么？

(3) 结合自己的成长照片,你有何感想？

操作要点：

1. 注意在分组时,不要拿到自己的照片。

2. 提前准备好《生命之旅》片段。生命之旅是法国导演雅克贝汉 2006 年拍摄的一部纪录片。

第三次活动:生命之旅第二站——青春期的爱与哀愁

活动内容：

1. 暖身活动:关于青春的联想。成员分享,梳理出青春期关键词。

2. 观看影片集锦《光影中的青春期》,了解青春期的成长主题。

3. 讨论问题：

(1) 青春期的我们面临的最主要的问题是什么？

(2) 你现在面临的最大问题是什么？请大家集思广益找出解决问题的方法。

(3) 你的青春期应该怎样走过？

4. 青春的色彩。写出你的青春关键词。

操作要点：

1.《光影中的青春期》是根据团体需要,剪辑了多个青春电影而成的。

2. 请每位成员准备一张家庭合影。

第四次活动:生命之旅第三站——人到中年

活动内容：

1. 暖身活动:我的家庭故事。请每位成员跟大家分享家庭合影背后的故事。

2. 观看影片《人在囧途》片段

3. 讨论问题：

(1) 影片中主人公处在人生的哪个阶段？他遇到了哪些问题,如何化解？

(2) 比较影片中主人公与自己的父母。

(3) 该如何与人到中年的父母相处？

操作要点：

如有单亲家庭的学生,应注意观察该生表现,减少该生在此环节中的不适。

第五次活动:生命之旅第四站——生命的尽头

活动内容：

1. 暖身活动:绘制生命的终点。请成员根据自己的理解,和小组成员一起创作一幅画,表达他们心中对生命终点的想象。

2. 观看《他们的生命故事》。

3. 讨论:

(1) 影片中让你印象深刻的片段是什么？为什么？

(2) 影片中的人物在面对死亡的时候,表现出怎样的态度？

(3) 你认为一个人的死亡意味着什么？

操作要点:

1. 影片《他们的生命故事》是由BBC纪录片《殡葬师》中的片段剪辑而成。

2. 如果有成员对该话题特别抗拒或表示出强烈不适,教师应关注并及时安抚该生情绪。

第六次活动:我的生命之旅

活动内容:

1. 带领团队成员回顾团体历程,每人分享一件在团体活动中印象最深的一件事情。

2. 请每位成员用图画的形式画出自己生命旅途中可能经过的站点,并具体描绘停靠站的情况。你的生命之旅可能的旅伴会有谁呢？完成之后相互分享。

3. 请每位团员写一张明信片,送给你右边的同学。

4. 成员互相道别。

操作要点:

可适当准备一些食物,缓解团体辅导结束时可能会产生的离别情绪。

(五) 建议与说明

当代青少年的生命价值观主要存在以下两个问题:一是对于生命价值的迷茫,二是对生命意蕴的模糊。科学的生命价值观的形成和发展能让中学生经历理解生命价值的过程,学会对生命问题进行理性思考和表达,领悟到生活与生命的关系,进而对人生充满自信并学会反思。生命价值观教育主要是引导中学生形成看待生命的评价标准和尺度,进而形成积极、健康、向上的生命价值观,达到让他们珍爱生命、尊重生命、提升生命的境界、升华生命的价值的目的。

生命价值观的教育通过为学生提供鲜活的生命体验以及深刻的思考空间,让学生在体验和感悟中主动地建构自己的生命价值观。电影之所以能够作为载体,运用于高中生生命价值观教育中,不仅因为电影容易引起学生的兴趣,优秀电影自身的魅力更是难以忽略的因素。生命是电影永恒的主题,许多充满人文关怀的电影吻合了生命教育中的具体内容,能够对高中生的心理产生积极而深远的影响,能够帮助他们理解生命、尊重生命,形成正确的生命价值观。

利用小团体心理辅导活动开展生命价值观教育,可以为学生提供一个相对安全、安静的环境,通过教师引导、同伴启发,更加深入地认识生命的意义、思考生命的价值。

本次小团体活动通过四部影片带领学生走完一趟生命之旅。学生们从初进团体时的疏离到离开团体时的不舍,已然成为了生命旅途中的同伴。在六次活动中,同学们敞开心扉,互诉心声,分享彼此对生命的体悟,分享各自成长中的困惑。

利用电影开展生命价值教育,电影的选择是成功的关键因素。在选择电影片段时既要关注其教育意义也要关注其趣味性,只有能够引起学生共鸣的影片才能成为生命价值教育的有效素材。

(执笔:李莉)

二、点评

(一) 方案点评

高中生在认识自我方面有着更为开阔的视野,相较于小学和初中生需要更加全面和深刻的对生命过程的理解,以启发对自我的了解、接纳和探索。所以本方案以"生命之旅"为主线,从新生、青春期、中年、晚年等四个人生阶段来组织对生命价值和自我认识的探索。本方案主要以电影讨论的形式为载体,启发学生对不同生命阶段形态和不同生命阶段主题的思考和认识,心理辅导教师设计的几个问题给予学生探索生命价值、探索自我在大方向上的引导。讨论这些话题时,团体辅导的优势将会得到很好的展现。参考本书第二章团体辅导的意义有以下论述:个别辅导时,治疗师一个人的理论及经验是有限的,缺少多样的观点和信息的冲击。团体辅导中,尽管参与的成员所遇问题相似,但是他们的背景、人格、经验都有所不同,自然而然提供了多角度分析、观察他人的氛围。团体辅导是一个多向沟通的过程,成员之间的互动能够提供非常丰富的参照背景。每个成员可以在团体中同时学习模仿多个其他成员的适应行为,从多个角度洞察自己。成员在这样的分享交流中扩大了自己对世界的认识,提高了敏感性,且对自己与他人的行为有了更现实、更全面的认识。

这样的讨论形式对于高中学生而言也更为适合。高中生思维能力明显比初中小学生要强,思维内容更广,思维水平更深,逻辑思维和辨析能力也更强。不同的学生带着不同的价值观,必然会在这种轻松氛围中有真实心声的袒露,从而不同声音的碰撞和交流也更加真切、有效。这个过程中心理辅导教师更像主持人角色。

方案的开头和结尾两次活动,从成员的熟悉到分离做了较好的团队建设。

(二) 建议

(1) 增加预备方案。方案中心理辅导教师的主持人角色很明显,如果出现场内动力不足,辅导教师该如何推动团体活动呢?应对团体活动可能出现的动力不足现象增加预备方案。

(2) 详细记录方案实施。如果这个方案心理辅导教师已经操作过,可以将活动组织的原始过程更为详尽地记录下来,辅导教师怎么说,学生怎么讨论,过程中教师如何推进讨论,学生的思想碰撞有哪些,产生的感悟又有哪些。通过更为详细的记录有利于对方案实施效果的自我评估,也有利于他人更好的借鉴。

第三章

情绪困扰团体辅导

第一节　寻找快乐——小学

一、活动方案

我有小弟弟(小妹妹)
——上海市浦东新区高东镇中心小学团体心理辅导活动设计

(一) 活动目标

1. 通过活动让学生感受、表达、理解自己在面对家有弟(妹)时的正性和负性情绪。
2. 通过活动让学生体会手足情,骨肉爱,从而悦纳弟(妹)。

(二) 活动对象

经各班班主任、班级心理辅导员观察,选出表现负面情绪的二胎家庭中的年长孩子 8~12 人(征询意见、自愿参加)。

(三) 活动时间

活动计划三次,一周一次,单次时长 40 分钟。

(四) 活动过程

第一单元
单元名称:我们都有小弟弟(小妹妹)
单元目标:
1. 打破僵局,营造气氛,通过游戏帮助成员间尽快熟悉起来、建立对彼此的信任感。
2. 引导成员通过团体互动分享释放身为"老大"的负面情绪,并理解自己的这些情绪。
活动步骤和操作要点:
1. 辅导老师开场:我知道你们都是家里的"老大","老大",你们好!
2. 破冰游戏《介绍我,认识你》
游戏目的:彼此认识,抓住团队共性,形成共鸣。
操作要点:大家围坐在一起,花 1 分钟时间互相介绍,特别要介绍的是家中有小弟弟还是有小妹妹,小弟弟、小妹妹的年龄。要求尽量可能多记住别人。一分钟后,介绍别人,看谁介绍得又多又准确。

辅导老师:现在大家都互相认识了下,大家都是家中的大哥哥或是大姐姐。今天请大家聚在一起,是想让大家互相说说做大哥哥大姐姐的感受或是对弟弟妹妹爸爸妈妈的想法。我们先来说说有了弟弟妹妹后,让你感到不是很舒服的一方面。

1. 出示讨论内容,让学生互相述说:

小弟弟(妹妹),他(她)＿＿＿＿＿＿。

爸爸妈妈,他们＿＿＿＿＿＿。

我是大哥哥(姐姐),我＿＿＿＿＿＿＿＿。

操作要点:讨论可以分组进行,可分为家有小弟弟组和家有小妹妹组,也可以3~4人一组。可以只讨论上述的一个内容,也可以都讨论。讨论的内容老师不必做过多的引导,让学生有什么说什么,尽情释放他们的负面情绪。这里注意掌控时间,互相述说后请每组的代表发言。

辅导老师:刚才老师听到了大多数的同学都有说到小弟弟小妹妹很麻烦,这个不会那个不会,爸爸妈妈因此花了很多时间在弟弟妹妹身上。而你们在述说的时候也带有很多的情绪。大家来看一看,认识一下这些情绪。

2. 出示有关情境,让学生说说自己的情绪体验。

情绪体验:

生气 伤心 妒忌 怨恨 愤怒 担心 害怕 ……

情境:

(1) 妈妈在给弟弟妹妹喂饭。

(2) 妈妈不在家,让我一个人照看妹妹。

(3) 妈妈检查妹妹的作业,辅导她的功课。

(4) 弟弟不小心摔倒了,妈妈急忙抱起他,安慰他。

(5) 小妹妹把我的笔弄坏了。

(6) 明明是弟弟先来吵我,妈妈却批评我。

……

操作要点:给出的情境最好在团体活动前做过一番调查,要符合学生的实际。描述情绪的词出示给学生做选择。在引导学生认识到他们的负性情绪时,帮助他们理解自己的情绪,告诉他们这些情绪都是可以接受的。因为往往家中的老大会"被成熟",父母给予过高要求这会让他们觉得不应该有这样的负性情绪,因而产生焦虑的情绪。

辅导老师:老师听到大家都说到了愤怒、害怕、妒忌这些负性的情绪,其实很多当哥哥姐姐的都有过同样的情绪体验,毕竟我们的生活发生了很大的改变,原本爸爸妈妈就只照顾我一人,现在多了弟弟妹妹。

那么在有了弟弟妹妹后有没有特别让你高兴、兴奋的体验。在接下来的一周里请大家好好体验,下周的活动中告诉大家好吗?

第二单元

单元名称:亲亲我的小弟弟(小妹妹)

单元目标：

1. 引导学员通过感受手足情，体验期间的积极情绪。
2. 增强成员独立自主、自己解决问题和抉择的能力。

活动步骤：

1. 辅导老师开场：上一周老师听到了大多数的同学都有说到小弟弟小妹妹很麻烦，这个不会那个不会，爸爸妈妈因此花了很多时间在弟弟妹妹身上，心里有点不高兴。老师很能理解大家的心情。上一周老师也布置了一个任务，就是让大家想想有了小弟弟、小妹妹后特别让你高兴的体验。

2. 我们先来看一组照片吧！

"你会很快地长大，个子比我高。你要快乐地生活，比我还幸福。"　　"我有足够的耐心，倾听你所有的，被世界忽视的小秘密。"

"让我们一起快乐地长大吧！"

辅导老师:这几张照片看得心都化了。照片里的孩子有着怎样的一种感受?(学生交流)

3. 辅导老师:手足之间的感情真的很让人感动。现在轮到你们说说了。(学生交流自己和弟妹之间的幸福体验)

此时的情绪体验:

兴奋 高兴 欣喜 幸福 ……

操作要点:引导学生分享手足之情。体验积极的情绪。

辅导老师:欢乐、兴奋和幸福的时候,我们会觉得自己充满活力,变得乐观积极,对以后的生活充满希望。我们会微笑,会大笑,会觉得轻松愉快。你们看刚才你们在描述和弟弟妹妹之间的开心事时个个都笑呵呵的。

4. 奇迹问题讨论。

辅导老师:老师多希望你们一直都是这么开开心心的。那么让我们想象一下,一周后你的烦恼都将消失,你觉得这一周里你做了什么会让你有这么大的改变?

操作要点:在鼓励学生想象的过程中激发他们解决问题的能力。学生可能会想到情绪转移法可能也会用到将心比心,也有学生会想到父母对他们态度的改变。关于父母的改变建议再做一次亲子团体辅导,让父母听到孩子的心声,也让学生了解父母的想法。

辅导老师:希望你们能带着自己心中的答案,在接下来的一周里有所改变。一周后分享给大家好吗?

第三单元

单元名称:我们都是父母的最爱

单元目标:

1. 通过绘本阅读,帮助学员体验手足情、骨肉爱,从而更加理解自己和父母。
2. 进行效果评估,带领学员结束团体活动。

活动步骤:

1. 成员分享上一周的体验、感受、改变。
2. 绘本阅读。

辅导老师:老师也是一位母亲,了解母亲们的想法。这里有一本书《你们都是我的最爱》的书。我想它很好地描绘了妈妈们想说的话。今天老师来演你们的妈妈,为你们读一读这本书。

操作要点:朗读时要读出感情。这本书给孩子一个肯定和鼓励:你就是你,你有你的特色,爸爸妈妈爱你只因为你是他们的孩子。这种"爱的保证"在孩子成长中是最重要和最可贵的,它让孩子安心自信地在爱中成长。

3. 活动:大团圆。

活动目的:在团体辅导结束前,通过身体接触带来温暖和力量,让成员体验在一起的感受,获得支持和信心。

操作要点:全体成员围圈而站,将两手搭在两侧成员的肩上,聚拢静默。轻声地跟着音乐一起歌唱,自由摇摆。在歌声中结束团体活动。

（五）建议与说明

当家里有了新成员时,大孩子的世界会因此而改变,虽然他们也会兴奋和喜悦,但同时也会感到愤怒、嫉妒、恐惧和怨恨。他们会觉得,他们在爸爸妈妈心目中的地位被取代了,他们的需求也排在了小宝宝之后。他们需要明白爸爸妈妈爱每一个孩子,因为每个孩子都是特别的;他们也需要调整自己的心理,学会耐心和分享。

在一次非独生子女情况调查中发现许多学生因为家里新增弟妹前后,出现了不同程度的烦躁、易怒和焦虑的情绪,个别孩子甚至产生了一些心理问题。学校心理辅导室也接待了多人次出现这些问题的学生,于是策划了这一次针对二胎家庭中的老大的团体心理辅导,希望能引导他们正确定位在家中的角色,重新建立家庭角色认知,消除失落和嫉妒的情绪,学会爱和分享。

本活动结束时,可采用辅导者自我评估和团体成员自我评估,反馈单评估等方式进行评估。

（执笔:仇治青）

二、点评

随着我国"双独二胎""单独二胎""全面二胎"政策的陆续落实,家中有两个孩子的情况已经越来越多。以上方案的辅导老师非常敏锐地在日常的心理辅导工作中捕捉到这一新情况以及该情况对部分学生的影响,并以小团体辅导的方式给予这部分学生切实有效的帮助,真的做到"以学生为中心"。

辅导老师通过班主任和心理辅导员通过反映的学生平时的情况,选择对于家有弟(妹)存在负面情绪的学生,建议他们参与团体,并由他们自主决定是否参加。最终形成了一个治疗性的同质小团体。和针对单个学生的个别辅导不同,团体辅导让学生在团体中通过成员之间的互动影响来认识自己的问题,且由于在有限的时间达到了为更多人提供帮助的效果,团体辅导在学校的心理工作中是一种对于个别辅导的不可或缺的补充。

以上方案聚焦家中"老大"对于家有弟(妹)的负面情绪,以宣泄负面情绪、引导积极情绪、感悟亲情之爱为线索,帮助学生接纳自己、接纳弟(妹)。

辅导老师用一句"'老大',你们好"开始了这个团体辅导,这会让成员们感到团体的归属感,紧接着用游戏的形式让大家介绍自己家中的弟弟妹妹,更是让大家在轻松间更进一步感受到了自己面对的问题的"普遍化"(这是团体辅导中常能够实现的治疗效果),引发了大家对于团体的兴趣和向往。在团体形成的一开始,促进成员间的交流、营造良好的团体氛围是十分必要的。

之后的方案设计采用了结构化的内容,辅导老师精心安排了符合成员日常实际和年龄特点的生活情境、讨论话题、图片绘本资料,并充分让成员在其中分享交流,从成员间的互动中认识自己和自己的问题,获得成长。

在期间,有两个亮点可圈可点。第一个亮点是在第二次活动中,设计了一个"奇迹问题讨论"的环节,这是把焦点解决短期心理辅导中常用的技术用在团体辅导中,用以鼓励成员面向未来,发现解决问题的方法。这个环节帮助成员将问题视角变为解决视角,鼓励成员积极地探索问题,并让成员们有机会在分享互动中互相启发。第二个亮点是在第三次活动中,辅导老师选用了绘本作为素材。由于本方案的参与对象是小学生,阅读绘本的形式非常符合他们的认知特点,能引发他们的兴趣,十分适切。而绘本的主题"你们都是我的最爱",更是切合参与本次团体辅导的成员的成长需要。另外值得一提的是,在给成员们读绘本前,辅导老师这样说:"老师也是一位母亲,了解母亲们的想法……今天老师们来演你们的妈妈,为你们读一读这本书。"这样智慧和亲切的表达,让成员们能如同在听自己妈妈讲述一般来感受绘本故事,更深地体悟到绘本想要传达的爱,达到更好的效果。

在本团体辅导活动的最后,辅导老师让成员们通过活动"大团圆",来获得更多改变的勇气,并通过成员自我评估和反馈来获得对于自己成长过程的再一次思考,结束了整个辅导过程。

总体而言,本小团体方案具有非常好的针对性、实用性、创造性,可以给中小学心理健康教育工作者很多的启发和借鉴,相信付诸实践也能给参与活动的成员们十分有效的帮助。但有以下几个地方,若有所改善,将可能会使方案更加完整规范,实施的效果更加明显,仅供大家思考与讨论。

1. 在本方案活动对象的遴选上,没有看出有考虑成员的年龄因素。由于小学生(上海市的小学是从一年级到五年级,也即从6周岁到11周岁)年龄跨度大,而小学生在这五年的成长过程中,不仅认知水平不同,情绪的丰富性、深刻性、稳定性都有非常大的发展,低年级的小学生和中高年级的小学生无疑存在非常大的不同。在这种情况下,如果没有考虑成员的年龄因素,在方案的设计时就很难真正贴合对象的心理特点,在方案的实施过程中,就容易遇到顾此失彼的困难。

2. 在第一次活动,也即团队的初创时期,辅导老师作为团队的领导者,要考虑到初创团队时成员可能有的迷茫、陌生和焦虑,因此应该更加着力于帮助成员建立对彼此的信任感、了解团队的目标、清楚团队的规则。在本方案中,遗漏了这一部分的体现。虽然通过游戏进行了破冰,但是很明显,成员们并没有机会了解目标、订立契约、理解规则。因此,建议在第一次活动时,辅导老师就能清晰地介绍自己,并简要分享自己创立此团体的初衷和期待,组织大家讨论团队规则,让大家有机会探索自己加入团队的个人目标。

3. 本方案一共有3次活动,相信设计者是根据实际情况设计的。但从该团体活动主题来考虑,仅有3次显得多少有些局促,也因此导致缺乏上面提到的如订立团队契约等一些必要环节。本方案聚焦于学员们的情绪,帮助学员理解自己的负面情绪、引导学员感受积极情绪,对于学员的成长一定会有很大的帮助。但如果能结合"奇迹问题讨论"进行一些情境表演,让学生更进一步走进日常情境,去思考去探索,恐怕会有更好的辅导效果。此外正如方案设计中教师提出的建议(第二次活动中),要再做一次亲子团体辅导,指导父母如何在二胎家庭中合理地均衡自己的爱、该活动健康地表达自己的爱,该活动非常有必要。另外,在每次活动结束和开始时,如果都能够安排学员用适合的方式(根据成员的年龄,用语言、绘画等多种形式)表达感受、分享收获,也将更有利于促进团体的互动,让成员有更多机会通过互动而成长。在整个团体活动结束时,做一次展望未来的活动,比如绘画"我们一家的故事",帮助团体成员明确今后如何巩固团体辅导的效果,也是一种可以尝试的选择。

4. 团体辅导结束时的评估,对于团队领导者也好、对于团队成员也好,都是十分重要的,因为它有助于帮助领导者了解团队目标的达成度、反思团队活动设计和实施、提高自己的专业技能,也帮助成员回顾团队历程留下的收获,表达自己的反馈意见。本方案设计了领导者和成员的自我评估,非常适切。但是由于本团队成员在遴选借用了班主任等人的观察建议,所以也可以考虑请他们在团体活动结束后参与评估。

第二节 调整情绪——初中

一、活动方案

握手挫折朋友
——上海市陆行中学南校团体心理辅导活动设计

（一）活动目标

1. 帮助学生以积极的态度面对挫折,学会正确面对人生中的艰难困苦；正确认识挫折,勇于挑战困难,从而形成能够经受考验的阳光心理。
2. 通过活动,引导学生了解挫折对个人成长的重要性,体会感受挫折,掌握承受挫折、战胜困难的一些方法。

（二）活动对象

初二年级学生,共12人,同质团体。初二年级大部分学生步入青春期,随着课业难度的不断增加以及自我身心的巨大变化,可能面临和经历一些成长中的困惑与烦恼,提高其抗压能力和应对挫折的能力在这一关键时期十分重要。

选拔方式:面向初二年级公开招募,由心理辅导室组织面谈,对报名学生进行甄选,组成同质团体。

（三）活动时间

活动共四次,每两周一次,每次40分钟（第一次活动60分钟）。

（四）活动过程

第一次活动:蜗牛的房子

1. 欢迎仪式和团队成员介绍。

全体成员围圈坐好,辅导老师对活动的内容、形式、时间、目标做简要介绍。

2. 热身游戏:大风吹。

全体成员围圈坐好,辅导老师站在圈中,当辅导老师说"大风吹",成员们喊"吹什么",由辅导老师说"吹某种特征的人（如戴眼镜的同学）",拥有该特征的成员要站起来换一个座位,此时辅导教师也参与座位的争抢,所以最终会有一人没有座位来到圆圈中间,继续"大风吹"。本游戏的目的在于活跃气氛,温暖团体,让大家融入其中。

3. 制定团队契约。

全体成员共同商定在此团队中大家应该遵守的规范,写在一张大白纸上,后由辅导教师宣读大家的商定结果,如果没有异议,则大家签名表示同意并愿意遵守。

4. 活动1:破冰游戏——感悟成长。

(1) 游戏规则:这个游戏是一个PK游戏,通过不断的PK,成员要从一颗轻松蛋逐渐成长为轻松鸡。开始的时候,所有成员蹲在地上,扮作一只鸡蛋,然后相邻的人一对一,通过剪刀石头布的方式进行PK,决出胜负,胜者晋升一级,成为一只小小轻松鸡,坐在椅子上。坐在椅子上之后成员要继续寻找其他的小小轻松鸡进行PK,争取下一次晋升机会。而蹲在地上的成员仍然是"轻松蛋",继续寻找其他轻松蛋进行PK,争取晋升机会。小小鸡PK的胜者成长为小鸡,可以半蹲。再到邻近的位置去寻找其他的小鸡再进行PK,胜利者成长为轻松鸡,就可以站回到成员原先的位子那里。活动过程中成员不能越级,所有成员都要牢记和遵守成长的顺序及相应的姿势。

(2) 辅导教师组织成员分享讨论:如果将这个游戏看成我们的人生,晋升的过程就是我们成长的过程,那么PK的过程象征着什么? PK的结果又意味着什么?

5. 活动2:"蜗牛的房子"。

(1) 活动任务:所有成员围成一圈,把身体屈成90度后,用手从背后托起椅子,背在背上,保持弯腰驼背的姿势。每个人与前面的人保持距离,防止椅子相互碰撞。准备好以后,请成员闭上双眼,老师开始阅读各种情境。请成员用心感受那些情境,体会如果身处其中会有何情绪反应。同时一个跟着一个缓慢地向前行走。想象自己是一只小小的蜗牛,背上背着重重的壳。控制行走的速度,不要走得太快,体验蜗牛壳的压力。

(附:阅读材料

"早晨你在闹铃声中醒来,关停铃声的时候你突然发现还有10分钟就到上课时间了,原来是昨天上闹钟时弄错了时间。

顾不上吃早饭,你骑上自行车就往学校赶,可能是因为用力太猛,在距离学校100米的地方,自行车链条突然断了,你感到……

毫无办法的你推着自行车来到学校后,一进教室还来不及解释就遭到班主任的批评,你感到……

语文课进行随堂测验,明明昨天晚上全都复习过的,看到题目却全想不起来。你感到……

数学课上,老师又开始讲新一个单元的内容了。最近数学课的内容你觉得越来越难懂,虽然你很努力地听,还是跟不上老师的思路。做作业也觉得很吃力。

下课后,同学小明不小心打破了你的水杯,为此你与小明吵了起来。周围的同学都认为是你做错了,小明本来和你关系很好,可是今天一整天都没理你。你感到……

好不容易放学了,你本想回家跟父母好好说一说今天的这些遭遇,一开家门却看见父母正在吵架,没有一个人理你。你感到……")

体验结束,"蜗牛"们睁开眼睛,放下椅子。

（2）辅导教师组织成员分享讨论：
刚才背上压着东西有什么感觉？
这种感觉在生活中是否也存在？
蜗牛背着它的房子，那么，每天压在我们背上的是什么？
6. 辅导老师进行总结
（1）人生难免有挫折，挫折只是生活中的平常事。
（2）中学生遭遇挫折的成因主要有：(a)学习成绩不理想；(b)人际关系不和谐；(c)情感需要得不到满足。

第二次活动："点击名人"

1. 活动1：热身。
请每名成员选取一个自己成长经历中印象最深刻的挫折事件，用笔把当时的情境或自己关于这个事件的记忆画下来，成员之间进行分享和讨论。最后一句改为：成员围圈交流分享。

2. 活动2：名人竞猜。
（1）活动任务：根据辅导老师的描述，猜出人物的姓名。以抢答的方式进行，答对的加10分，答错的扣5分，未举手未被叫到发言者扣5分。最后积分最多的成员获胜。
（2）题目：
① 他早年丧父，家境贫困。15岁开始发愤读书，遇到难题就多方求教，他有一腔报国热血，也有自己的政治见解，但始终得不到重用。曾说"三人行，必有吾师焉"。请问他是谁？（孔子）
② 被汉武帝处以宫刑的著名史学家，写了一部被称为"史家之绝唱，无韵之《离骚》"的历史著作，名为《史记》（司马迁）
③ 被贬到邓州时曾写了《岳阳楼记》，其中一句话表达了他报国的远大抱负：先天下之忧而忧，后天下之乐而乐。（范仲淹）
④ 三次参加科举考试落榜，放弃了科举的道路，立志从医。他走遍长江、黄河流域，经过多年的努力，写成了一部药物学巨著——《本草纲目》。（李时珍）
⑤ 8岁上学，只受过三个月的正规教育；12岁起做过报童、小贩、报务员等以自谋生计；21岁时发明了一台选票记录机想推销给国会，但未被采用；经过上千次的失败终于发明了人类第一盏有实用价值的电灯。（爱迪生）
⑥ 出生前父亲便去世，两岁时母亲由于改嫁而将其留在外祖母身边抚养。在他全部的科学贡献中，力学成就占有突出的地位。他系统地总结了伽利略、开普勒和惠更斯等人的理论，得出了两大著名定律，万有引力定律和牛顿运动三定律。（牛顿）
⑦ 两次经商两次失败，十一次竞选八次失败，但最终成为美国第十六任总统。领导了美国南北战争，维护了美国国家主权的统一。在2005年举办的票选活动《最伟大的美国人》中，被选为美国第二位最伟大的人物。（林肯）
⑧ 她一生遇到了许多不幸：小时候祖国波兰被沙俄占领；10岁那年，妈妈和姐姐离开人世；和丈夫结婚后过着贫困的生活；38岁时，丈夫在一次事故中不幸去世。是世界上第一个

两次获得诺贝尔奖的科学家。第一次获奖是因为发现了放射性元素镭。(居里夫人)

3. 成员分享活动体会。

4. 辅导老师进行总结。

无论是未成年人还是成年人,也无论是平凡人还是名人、伟人,都会遇到挫折。挫折是人生中不可避免的,这些伟人、名人也正是在不断地认识挫折、战胜挫折的过程中成长和发展起来的。挫折本身并不可怕,挫折和逆境并不会使你失去成长、成功的机会。问题的关键是你会如何去应对挫折,态度决定一切。

第三次活动:"天使与恶魔"

1. 活动1:心理剧——天使与恶魔。

(1) 活动任务:相邻的三个成员一组,分别轮流扮演挫折天使、挫折凡人与挫折恶魔这三个角色。请成员充分发挥自己的想象力,担任凡人者要说出一件自己面临或经历过的挫折事件或者困难,担任恶魔者的任务是让凡人的压力更大,不断地夸大凡人遇到的挫折,说出一些使他压力更大的话来打击他,如"这件事太严重了;这件事你根本无法挽回;你不可能做到……"担任天使者必须帮助凡人解除压力,不断给凡人以鼓励,用积极的话语去安慰凡人,帮助凡人想各种办法等。每次由恶魔先发言30秒,再换天使发言30秒,每组的三名成员都要轮流体验这三个角色。

(2) 团体成员分享活动体会。

(3) 辅导老师总结:面对挫折,我们每个人的心中都有一个恶魔和一个天使。有的人经常被恶魔打败,采取屈服的消极态度,并陷入焦虑不安、悲观失望的情绪中不能自拔,甚至自暴自弃;而有的人则被挫折天使所救,采取不屈不挠、勇敢战胜挫折的积极态度,冷静思考,分析原因并寻找解决办法。遇到问题的时候能学会主动去分辨自己心中的恶魔与天使,并且逐渐学会去掌控他们,多听听天使说话,让恶魔闭嘴。

2. 活动2:心理暗示训练——"改心"。

(1) 活动步骤:

① 每个成员拿出画有心形图案的A4纸,并在心形图案里面写上三个字:我无法,接着至少写出三句"我无法做到……;我无法实现……;我无法完成……"选三个最困扰自己,让自己觉得最困难,最难实现的事情。

② 反复大声地读给自己、读给两边的同学听。(伴有悲凉的音乐)

③ 要求每位成员把各自的所有"我不要"三个字划掉,全改成"我一定要",继续读。(响起激荡人心的歌曲)

(2) 团体成员分享活动体会。

(3) 团体辅导老师介绍心理暗示的作用:消极的暗示导致负面的情绪体验和惰性甚至破坏性的行为,而积极的暗示能产生正面的情绪体验和建设性的行为。

第四次活动:"心动不如行动"

1. 活动1:往期活动回顾。

请团体成员回顾在这次团体活动中都做了些什么,有哪些印象深刻的瞬间和记忆?自已有哪些心得和收获?

2. 活动2:游戏——心动不如行动。

(1)游戏规则:从一名成员开始,一个接一个双手拍自己大腿,传递接力,要求速度越快越好,每个人都必须精力集中,避免出错耽搁时间。传递十圈时任务结束。开始前先让成员猜测大概需要用多长时间完成,将大家的猜测结果写在白板上。然后正式开始,计时。完成时间应比猜测时间短很多。问成员是否有信心更快,觉得可以突破多少达到多少,再试一次。完成时间应比第一次还要快。

(2)团体成员分享活动体会。

(3)辅导老师总结:如果不去尝试就永远不会知道结果是怎么样的,试过之后往往发现我们低估了自己的潜力,很多看似遥远的目标其实也并没有那么难实现。很多同学遇到挫折就停滞不前,觉得很难迈出那一步。一直在"心动",而从未"行动"。事实上对于挫折,当选择了去正面应对而不是逃避它的时候就已经成功了一半。因此,面对挫折,成功的首要秘诀就是:不要让自己被挫折的恶魔拖住不放,尽早下定决心开始行动。

3. 活动3:写给未来。

为自己初中生活制定一个目标,写下愿意为之付出努力,装进信封交给老师代为保管。

4. 活动4:祝福与道别。

用心意卡或小礼物彼此祝福、道别,相约保持联络。

(五)建议与说明

1. "蜗牛的房子"环节应根据场地具体情况调整活动形式,注意成员安全问题。

2. "点击名人"中的名人故事也可选取学生更耳熟能详的文体明星的成长经历作为素材,达到引起学生兴趣、加深印象的目的。

3. 本活动可由团体成员填写"团体成员反馈单",收集成员的活动的感受和建议;并通过团体辅导老师自我总结进行评估。

(执笔:范晓芳)

二、点评

正如方案中提到的一样,初二学生同时面对青春期的身心变化和课业难度带来的压力,提高抗挫能力对于他们的健康成长非常重要,本方案的活动主题非常有现实意义。在我们实施团体辅导时,找准服务对象的需求十分重要。本方案采用了公开招募的方式。一般来说,当一个团体辅导定位为发展性的团体时,因为它针对的对象是心理健康人格健全的对象,团体目标也比较具有共性,加上团体的教育性和预防性,很适合进行广告招募,让有需求的对象自愿报名参加。在广告招募时,要特别注意措辞的正面性,以免让大家在对团体心理辅导这种形式还不够熟悉的时候产生不必要的误解。当招募结束之后,还要对报名的对象进行遴选。原因有三。第一,团体的容量有限,比如小团体心理辅导一般以8~15人为宜(也有观点认为6~12人为宜)。第二,并非每个人都适合参加团体心理辅导,根据团体性质的不同,对于团体成员会有不同的要求。第三,一个团体还要考虑成员的性别均衡问题、背景问题(比如,团体共8人,其中有6人来自同一个班级,就容易在团体内出现次团体,干扰整个团体的发展)、知识能力水平(比如,一个团体中有小学三年级学生又有高中生,他们的认知水平、学习能力差异太大,在组织团体活动时常常需要两头考虑,不利于催化团体动力)、团体同质性要求(同质性强的团体容易产生更深的共同体验,而异质性的团体则有利于成员相互学习扩大视角,各有好处,应该根据团体的需要进行设定。比如本方案就是一个同质团体)、成员的行为表现(当由行为偏差的成员过多时,一个团体中就容易产生过多的负能量,不利于团体成员在其中的成长)。因此,进行招募后的遴选工作十分有必要。本方案采用的是面谈遴选法,这是一种十分有效的方法,但如果人数较多,就会需要耗费比较多的人力,这时也可以考虑采用量表对报名者进行测量,或者请报名者填写报名表和调查问卷帮助组织者进行遴选。

本团体辅导方案一共四次活动,从团队创始的游戏暖身和契约制订,到团队结束的总结展望道别祝福,十分完整。而期间的活动设计,虽然是结构化的设计,但是在每次活动之后都安排了分享和讨论,让团体成员有充分的机会通过交流互动催化团体动力,通过相互影响来促进自我思考与成长。

第一次团体活动中,学员通过两个游戏活动分别体验成长和压力,并且通过活动后的成员分享讨论,让学员把游戏中的体验和自己的生活体验进行了链接,通过"蜗牛背着它的房子,那么,每天压在我们背上的是什么"这个问题的思考分享,学员得以回归自己的压力感受,同时通过互动相互影响,获得新的感悟。第二次团体活动中,成员有机会从名人的故事中汲取力量,去面对自己的挫折和压力。到了第三次活动,成员开始学习具体的方法,方案设计者很巧妙地用了一个三人组游戏,通过轮流扮演天使、恶魔和自己从多角度体验不同的角度带来的不同视角以及不同的结果。后又通过"改心"活动来体验积极心理暗示对于调整情绪的帮助。最后一次(第四次)活动,方案设计者采用了"心动不如行动"的游戏让成员体验成功和超越,带着游戏获得的正能量去链接生活、规划未来,也是鼓励成员把团体辅导活动中获得的感悟和方法用于今后的生活。整个设计思路清晰,活动的选择也很适合初二学生的特点。尤其是在第三次活动中的"天使与魔鬼"的活动设计巧妙,采用了团体辅导中较常用的角色扮演技术,让成员通过表演的方式来获得启发、认识自我。

在这个方案中,每个活动后都有成员的分享讨论,正如前面所说,这对于保证团体活动的效果是非常重要的安排。但是除了第一次活动的设计,在后面几次活动的方案中,我们很遗憾地没有看到方案设计者说明分享讨论的主题。而这恰是要让讨论有效率有效果而不得不考虑的。比如,在第二次"点击名人"活动中,通过竞赛的方式让成员猜名人,之后的分享不应该是无主题的或者是笼统地要求成员说"你们的感受是什么",如果是这样的话,可能活动的形式就大于实际效果了。在此时,可以引导学生聚焦讨论这些名人哪些了不起的力量(把名人的事迹具体化为应对挫折必需的积极元素);在自己的日常生活中有没有遇到过迸发出同样力量的人,比如父母、老师、同学(避免名人高不可攀,无法深入内心);回归(与之前的热身活动联系在一起)分享自己在遇到挫折时有没有尝试过挑战自己,成功或失败的体验……在第三次活动中,"天使与恶魔"的角色扮演活动后,分享讨论时,可以非常具体地让成员聊聊在刚才的扮演中听到、想到的不同的角色带来的不同感受,以及遇到的困难……讨论的话题完全可以先行设计,然后在讨论的过程中由团体灵活调整甚至深化。团体讨论的技术,在团体辅导活动中是运用最普遍的技术,因为它是达成团体互动、促进成员沟通、引发自我思考最直接的手段。在团体讨论分享中,团体的领导者要营造一个让成员敢于自由发言,愿意用心发言的氛围。鼓励成员用心倾听,积极回应。要帮助成员把握主题,避免偏离。还要善于引导帮助成员拓宽思路,最后需要做出简洁的总结,解答讨论中留下的难题。至于讨论的主题,可以由团体成员自行提出,也可以根据活动内容先行设计,但无论如何,团体的领导者都要帮助成员把话题把握在一个大家有能力有兴趣讨论、也有一定思考挑战性的范围内。

第三节 积极情绪——高中

一、活动方案

I am,I have,I can 抗逆力训练小团体心理辅导
——上海市建平中学团体心理辅导活动设计

(一) 活动目标

总目标:提升学生抗逆力水平。通过培养能够提升抗逆力的内在保护因子(积极认知、问题解决能力、自我效能、目标与志向),发展外部保护因子(社会支持、合作交流、共情能力),来提升学生抗逆力。

1. 树立积极的生活态度,激发乐观的生活情操。
2. 训练问题应对的能力,促进自我的主动性。
3. 提高自我形象的认同,良好的接纳自己。
4. 学习合作交流,建立良好的社会关系。

(二) 活动对象

本活动属于发展性小团体,成员为上海市建平中学想要提高抗逆力、在逆境中收获更多成长的高一、高二学生,通过自愿报名与选拔相结合的形式招募组员,不超过 15 人。

(三) 活动时间与地点

活动每周 2 次,每次 45 分钟,周二中午 + 周五下午,共 8 节课。
活动地点为学校心理辅导中心小团体心理活动室。

(四) 活动过程

课数	活动主题	活动主题/心理弹性因子	活动目标	活动准备	家庭材料/作业
1	爱心问候 绘本分享:《点》 手绘图画书 小团体契约	合作交流,归属感,乐观感	1. 引导学生互相认识。 2. 寻找抗逆力元素。 3. 学生了解团体,强化遵守契约动机。	绘本、蜡笔、A4纸,抱枕	
2	故事:伤痕实验 保护行动 谈心时间 问题解决步骤	问题解决能力	1. 互相支持及合作,体验问题解决步骤。 2. 结合生活实例,理解问题解决的步骤。	伤痕实验PPT,鸡蛋、报纸等	家长学习材料
3	故事:胡萝卜、鸡蛋和咖啡 减压26式 互联网 谈心时间	问题解决能力	1. 了解面对逆境时的多种选择。 2. 学习面对未来逆境的资源。 3. 增进对团体的归属感,培养问题解决能力。 4. 提升组员相互支持及合作能力,强化团队意识。	绳球,沙滩球,剪刀	
4	分享:青蛙的故事 动物园里 重拾梦想	积极认知,乐观感	1. 体验情绪在问题解决中的强大作用,训练幽默和乐观的情绪。 2. 培养积极、乐观的心态。 3. 提高组员间合作能力,增强乐观感。	彩纸,场地布置	自觉轮训练+SHAPE(聆听自己和他人,效能感)
5	视频:爱很大 洞口余生	乐观感	1. 体验爱的力量,提升乐观感。 2. 学习面对逆境,认识和培养乐观感。	视频	
6	生命列车 走出圈外	自我效能感	1. 接纳生命中种种必经的挫折。 2. 增进团队成员的互相了解,增加成员对自身的探索。	生命列车PPT,"走出圈外"活动单	课后训练:寻找一个信任你能力的人(效能感,乐观感)
7	情绪留声机 动作创造情绪 情绪的秘密	情绪调控能力	1. 学习自如地转换情绪。 2. 学会掌握用肢体动作改变情绪状态。 3. 了解情绪ABC理论并应用。	绘本:今天运气怎么这么好,音乐	课后训练:与一个你在乎的人和好(归属感)
8	画图接力 我们真的很不错 总结与评估	自我效能感,归属感,合作	1. 培养合作态度,训练创造能力。 2. 学会欣赏自己和他人的表现。	颜色夹子,蜡笔,大白纸	合影

(五)建议与说明

1. 注重心理动力性因素,培养内在保护因子

(1)树立积极的生活态度,激发乐观的生活情操——积极认知。

(2)训练问题应对的能力,促进自我的主动性——问题解决能力(自我调节)。

(3)提高自我形象的认同,良好地接纳自己——自信(自我效能,自我觉察,目标与志向)。

I have,可以让学生从积极的方面来看待自己,他们看到的是他们有什么,而不是没有什么;I am,可以发展个体的内部力量,促使学生认可自己,了解自己,提高自己的价值;I can,可以相信自己的能力,增加自我效能感。

2. 建立良好的社会关系,发展外在保护因子——社会支持

社会支持是指合作交流,改善人际关系,培养共情能力。

第一次团体活动重点在订立团体契约、建立起团体活动中"我们"的感觉,增进成员归属感。整个8次团体活动中,成员都可以在活动、分享中增强合作交流和共情的能力。此外,积极认知因子主要在第四、六次团体活动中训练,问题解决能力主要在第二、三次团体活动中训练,自信这一因子包括自我效能、自我觉察和情绪管理能力,在第五、七、八次团体活动中训练。

在非训练日,会给成员下发一些材料。其中,"家长阅读材料"及"与一个你在乎的人和好"增强成员的社会支持及归属感;"加德纳多元智能表"提升成员乐观感;"自觉轮训练"和"S.H.A.P.E.训练"使成员能够更好聆听自己与他人,提升生命力的技巧,增强自我效能感。

3. 招募方式

海报、校园广播、各班内张贴招募宣传单、班主任推荐,学生自愿报名,约谈后选择。

4. 团体工作原则

每位团体成员要书面承诺在每周五坚持到心理辅导中心小团体心理活动室参加团体辅导。

积极参加活动,努力做到直率地表达自己的看法和情感。

认真倾听和观察,并给予适当鼓励。每位成员都要做到为同伴保密,不能把同伴的隐私透露给他人,也不可将别人的隐私作为谈资。

开放分享,真诚接纳。

5. 小团体带领者

至少两名老师,一名主导,另一名协助,做好人员召集、摄影摄像等工作。

6. 评估方法

初期问卷与终期问卷。

7. 经费预算

约200元。

二、点评

以上方案是一个非常规范的小团体辅导方案,体现了一个完整的团体辅导计划、操作、评估的过程,可以作为大家实施团体心理辅导时参考的范本。

本方案把主题定位在"抗逆力训练"上,服务对象定位为需要在这个主题上有所成长的高一高二的学生,团体性质定位为通过自由招募的方式来形成一个发展性的小团体,目标定位在提升学生抗逆力水平。有了这几个定位之后,开始为团体设计找到理论支持,这一点也是很多设计者容易忽略的。有了理论支持,团体辅导所采用的内容、使用的方法才更加具有科学性,对于实施的有效性也有更好的保证。本方案基于个人中心、积极心理学和抗逆力理论,也就奠定了本方案在设计和实施时会更多信任学生的自身潜能、鼓励学生的自我成长。并且,在活动步骤的设计时,考虑了如何从抗逆力的三元素上帮助学生切实提升抗逆力水平,避免了很多团体辅导存在的过于随意的无支撑的活动堆砌。

本方案的招募广告(附录)也非常值得学习,海报中出现了有吸引力的广告语和有视觉效果的图画,用正性的语言和正能量的图画,透露出积极的基调,并清晰地向学生们说明了团体辅导的目标、活动时间、报名的方法等。在招募结束之后,对报名成员进行选拔(遴选),以确保参与对象适合本团体辅导。

活动一共设计了8次,营造安全信任的团体氛围,围绕抗逆力三元素让成员通过活动在团体互动进行学习成长,获得 I have、I am、I can 的抗逆能量。活动设计中,使用了绘本、故事、游戏、讨论、视频等多元的活动素材和形式,但始终围绕着三个因素进行。从这里我们也再次体会,有理论基础活动设计更加有方向、有头绪。另外,特别值得一提的是,在团队现场活动后,还有非常丰富的家庭作业,让成员在活动后有机会通过自我训练巩固和拓展团队经验,并通过发放家长学习材料,帮助成员获得更有力的社会支持。

为了营造相互信任的安全团体氛围,在第一次活动中,创设了成员的相互熟识的环节,并通过团体契约承诺团队的安全。在最后一次活动中,进行了总结环节,让成员有机会回顾和归纳团体经验。当然,最后,也没有忘记重要的评估环节。评估时使用的自编评估表用量化的方式帮助成员尽可能客观地做出评估,也非常有利于团体活动评估者得到有效的数据来反映活动效果。

相信以上这份完整、清晰的设计方案能够给我们很好的学习借鉴。

第四章

人际协调团体辅导

第一节 乐于交往——小学

一、活动方案

我也要做"万人迷"
——德州二村小学团体心理辅导活动设计

（一）活动目标

1. 协助成员掌握人际交往的基本技巧。
2. 协助成员发展良好的人际关系。

（二）活动对象

毕业班学生 12 人左右。

（三）活动时间

共 6 次,每月 1 次,每次 90 分钟。

（四）活动过程

第一次团体辅导
单元名称:第一次亲密接触
单元目标:
1. 澄清团体目标和成员参加团体的动机,帮助成员了解团体的性质。
2. 协助成员订立团体规范。
3. 促进成员尽快相互认识。
活动准备:
用于写《团体契约书》的大白纸 1 张、笔每人 1 支。
活动程序:
1."叠罗汉"(55 分钟)
（1）给每位成员 3 分钟的时间,思考如何用最好记的方式介绍自己的名字和特点。领导者可以先进行自我介绍,作为示范。

(2) 按顺时针方向,从某个成员(比如 A)开始介绍自己,要求:

① 先用一句话介绍自己,这句话中必须包含两个信息:姓名以及自己与众不同的特点,比如"我是活泼好动的周某"。

② 从第二个成员开始,每个成员在用一句话介绍自己时都必须从上一个人开始讲起(如"我是坐在好动的周某旁边的内向害羞的王某"),直到最后一个人都必须从上一个人开始讲起。

③ 一句话介绍完自己后,用一二分钟的时间对自己的名字和特点作进一步的解释和说明。

④ 在介绍的过程中,每位成员都要集中注意力听。努力记住该成员的名字,而且每个人都有协助他人完整表达的义务。

(3) 当成员 A 做完自我介绍后,小组的其他成员依次向 A 提一个关于个人信息的问题。要求每个人提的问题不能与前面成员提的问题重复。对于其他成员提的问题,A 可以表示不回答,但不能说谎。当所有的成员都问完一个问题后,A 旁边的下一个成员再开始介绍自己。

(4) 所有的成员都介绍完自己后,领导者引导成员进行思考和讨论:

① 在刚才的游戏中,你说对了所有人的名字吗? 你一共记住了几个人的名字?

② 你采用了哪些方法来记住别人的名字?(或者你为什么没能记住别人的名字?)

③ 当别人准确地说出你的名字时,你内心的感受如何? 当别人叫不出你名字时,你的感受又如何?

(5) 领导者小结

① 准确记住他人名字是与陌生人交往的第一个技巧,因为它表达了你对他的关心和重视。

② 记住他人名字的方法:提问法、重复法、联想法等。

2. "许愿精灵"(15 分钟)

(1) 按逆时针顺序。让每个团体成员将下面两句句子补充完整,以澄清每位成员参加团体的动机和对团体的期望。

① 我加入团体的希望是:_____。

② 我希望我们的团体是:_____。

(2) 领导者澄清成员对团体的错误期待和认识,说明团体的功能、目的和内容。

3. "你我的约定"(15 分钟)

(1) 领导者说明订立团体规范的原因。

(2) 团体成员共同讨论和制定团体规范,如"做到保密,不把团体内的事情说给其他人听";"仔细倾听。不打断和批评他人的发言";"不缺席,不迟到,不中途离开";"不把食物带到团体辅导室来吃"等。然后将它们加以归纳,写在一张大白纸上,形成《团体契约书》。

(3) 每个团体成员在《团体契约书》上签名:以示自己愿意遵守这些团体规范。

4. 小结(5 分钟)

(1) 领导者进行简单的小结,并分发《团体活动心得记录表》,要求每位成员每次团体活动结束后及时写下自己的感受与心得。

（2）领导者预告下一次团体活动的内容,然后结束团体。

第二次团体辅导

单元名称:打开心门交朋友

单元目标:

1. 进一步增进团体成员间的了解。
2. 协助成员树立积极主动的人际交往态度。
3. 检视团体的凝聚力,以及成员在团体中的参与程度。

活动准备:

蒙眼布条一块;计时器一个;桌椅若干;各种颜色的心形卡纸若干张;用硬纸绘制的标有10个等级的心情温度计每人1个;记号笔每人1支。

活动程序:

1. "我猜你猜"暖身游戏(10分钟)

领导者在心中默想一人,但不说出他的名字,此人必须是团体成员中的一人,然后请其他成员来猜他的名字。在猜的过程中,可以向领导者提问,但领导者只能回答"是"或"不是",最先猜出的人为胜者。然后由胜者在心中默想团体成员中的一人,其他成员来猜。以此类推。

2. "爱在指间"(30分钟)

（1）活动过程

将团体成员分成相等的两组,一组成员围成一个内圈,再让另一组成员站内圈同学的身后,围成一个外圈。内圈成员背向圆心,外圈同学面向圆心。即内外圈的成员两两相视而站。成员在领导者口令的指挥下。做出相应的动作。

当领导者发出"手势"的口令时,每个成员向对方伸出1~4个手指:

① 伸出1个手指表示"我现在还不想认识你"。

② 伸出2个手指表示"我愿意初步认识你,并和你做个点头之交的朋友"。

③ 伸出3个手指表示"我很高兴认识你,并想对你有进一步的了解,和你做个普通朋友"。

④ 伸出4个手指表示"我很喜欢你,很想和你做好朋友,与你一起分享快乐和痛苦"。

当领导者发出"动作"的口令,成员就按下列规则做出相应的动作:

⑤ 如果两人伸出的手指不一样,则站着不动,什么动作都不需要做。

⑥ 如果两个人都是伸出1个手指,那么各自把脸转向自己的右边,并重重地跺一下脚。

⑦ 如果两个人都是伸出2个手指。那么微笑着向对方点点头。

⑧ 如果两个人都是伸出3个手指,那么主动热情地握住对方的双手。

⑨ 如果两个人都是伸出4个手指,则热情地拥抱对方。

每做完一组"动作——手势",外圈的成员就分别向右跨一步,和下一个成员相视而站,跟随领导者的口令做出相应的手势和动作。以此类推,直到外圈的同学和内圈的每位同学都完成了一组"动作—手势"为止。

(2) 领导者引导成员进行经验分享

① 刚才自己做了几个动作?握手和拥抱的亲密动作各完成了几个?为什么能完成这么多(或为什么只完成了这么少)的亲密动作?

② 当你看到别人伸出的手指比你多时,你心中的感觉是怎样的?当你伸出的手指比别人多时,心里的感觉又是怎样的?

③ 从这个游戏中你得到什么启示?

(3) 领导者点评

在人际交往中,我们有一个共同的倾向——希望别人能承认自己的价值,支持自己,接纳自己,喜欢自己。但是任何人都不会无缘无故地喜欢我们、接纳我们。别人喜欢我们也是有前提的,那就是我们也要喜欢他们,承认他们的价值。也就是说人际交往中喜欢与讨厌、接近与疏远是相互的。一般而言,喜欢我们的人,我们才会去喜欢他,愿意接近我们的人,我们才会去接近他;而对于疏远、厌恶我们的人,我们也会疏远或厌恶他。因此在人际交往中,应遵循交互原则。对于交往的对象,我们应首先主动敞开心扉,接纳、肯定、支持、喜欢他们,保持在人际关系的主动地位,这样别人才会接纳、肯定、支持、喜欢我们。

(4) 成员分小组进行讨论:"人际交往中可以通过哪些方式来主动表达对他人的接纳、喜欢和肯定?"

(5) 领导者小结与人主动交往的方式,如主动与人打招呼,主动帮助别人,主动关心别人,主动约别人一起出去玩等。

3. "信任盲道"(30分钟)

(1) 活动程序

① 将所有成员随机分成两人小组共若干组;

② 在活动场地设置一条有障碍物(桌子、椅子等)的盲道;

③ 每一组中一人用布条蒙上眼睛,另一人则引领蒙上眼睛者顺利通过盲道,等所有组别都穿越盲道后,两人交换角色。指导者进行计时,用时最短的组别即为胜利。

(2) 领导者引导成员进行经验分享

④ 当你被蒙上眼睛,把自己的安危交给你的伙伴时,你害怕了吗?你相信你的伙伴会引领你安全到达吗?

⑤ 你现在的感觉是什么?

⑥ 你从这个游戏中学到了什么?

4. "团体检测站"(15分钟)

请每位成员从大红、粉红、橙、黄、蓝、绿、紫、白、黑、灰等各种颜色的心形卡纸中挑选一个,代表自己进入团体的心情。并在心情温度计上画上相应的温度,代表自己在团体活动中的参与程度(温度越高表示在团体中的参与程度越高),然后加以解释说明。

5. 小结(5分钟)

(1) 辅导者总结今天团体辅导的内容,并再次强调人际交往中的相互原则。强调敞开心扉、主动交往的重要性。

(2)重复做一次"爱在指间"游戏,在游戏中结束团体活动。

第三次团体辅导

单元名称:沟通从倾听开始

单元目标:协助成员掌握倾听的言语技巧和非言语技巧。

活动准备:

一些画有简单线条的图片(图1、图2)、纸每人2张、笔每人1支、小纸箱1个、抄写好沟通练习的大白纸1张(详见"(四)沟通练习"部分)。

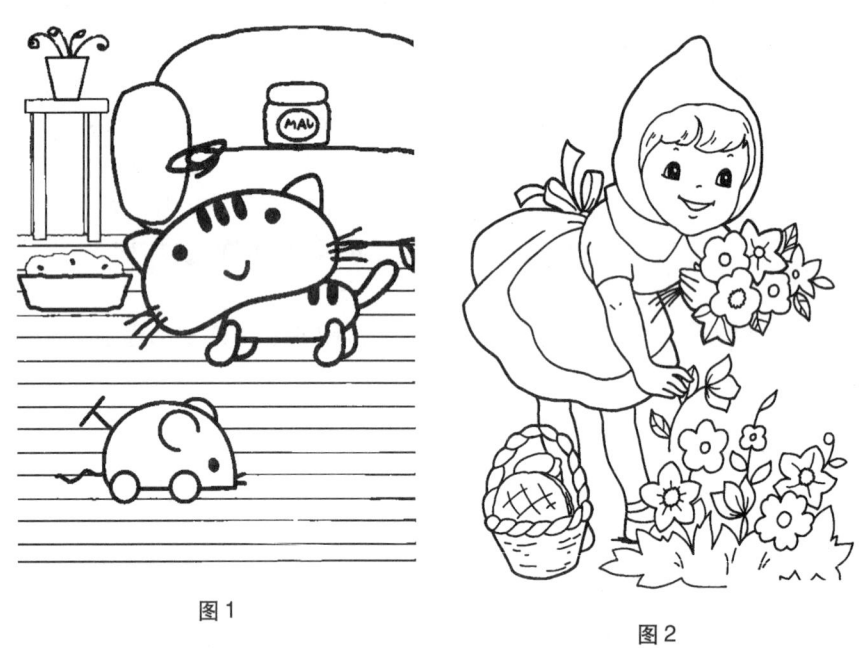

图1　　　　　　　　　　　　　图2

活动程序:

1."我说你画"暖身游戏(10分钟)

(1)活动过程

团体成员自由组合。形成若干个两人小组,领导者给每组中的一名成员出示图1,并确保另一名成员无法看到。然后请前者向后者描述图片的内容,后者根据前者的描述画出该图片。要求在描述的过程中,只能通过言语表达。不能用手比画。比比看哪一组画得又快又准确。然后每组中的两个成员交换角色,辅导者出示图2,重复上述游戏。

(2)辅导者点评

人际沟通是一个双向的过程。有时候你所表达的并不一定就是别人所理解的,你所听到的未必就是别人想表达的。沟通并不是一件简单的事情,需要双方不断反馈、调节沟通方式,才能达到沟通的最佳效果。

2."倾听的技巧"(20分钟)

(1)分小组进行讨论"可以运用哪些言语技巧和非言语技巧来表达你在认真倾听",然后请各小组代表发言。

（2）领导者总结

① 倾听的言语技巧，如避免沉默不语；变换回答的方式，不要总是回答"嗯、嗯、嗯"，"对、对、对"等；适当地插入提问，或要求对方进一步补充说明，表达对对方所说内容的兴趣；指出共同的经历和感受；用自己的话简要复述对方所说的内容，表达对对方所说内容的理解等。

② 倾听的非言语技巧，如身体面向对方，并适当地前倾，使对方感觉你在洗耳恭听；保持目光接触，表示对对方所说的话感兴趣；停下手中正在做的事；面部表情随对方所说内容而发生变化；利用积极的面部表情和头部运动，如微笑、点头、扬眉等；避免双手交叉在胸前，保持开放的姿势，表达对对方话题的接纳态度等。

3．"秘密红账"（25 分钟）

（1）请每位成员观察团体中其他成员的良好倾听行为，并把它们写在纸条上，放入小纸箱内。要求：

① 只允许记好的行为，不准记不好的表现。

② 写清楚被赞扬的成员的姓名。

③ 允许记录多个成员的良好倾听行为，只要你认为某个成员在倾听的某个方面做得好就可以把它写下来。

（2）辅导者当众宣读纸条的内容，以激励每位成员在今后的团体中自觉练习倾听技巧。

4．沟通练习（30 分钟）

（1）请每位成员谈谈。当你的朋友向你倾诉他的烦恼时，一般而言你会作何反应？并简要说明你作出这样选择的理由。

① 朋友向你倾诉："期中考试的试卷发下来了，我又没考好。我不敢告诉父母，为了供我上学他们拼命地赚钱，已经很辛苦了。我不想让他们知道。每天早晨起来，我都鼓励自己要努力地学习，但是感觉压力很大，要考上重点中学好难呀！"

你会如何回答？

A. 你要想开一点，面包会有的，只要努力一定能考上的。

B. 你不用太悲观，这次好多人都没考好。

C. 你应该告诉你的父母，他们也许能帮你，和你一起想办法。

D. 你不敢把这件事情告诉父母，怕他们担心你。可是你的压力也非常大，不知道自己一个人是否扛得过去。

② 朋友向你倾诉："我最近和一个从小一起玩的朋友吵架了，感觉很伤心！"

你会如何回答？

A. 你怎么会和朋友吵架呢？

B. 你再想想有没有什么跟她/他和好的办法？

C. 我比你更倒霉呢，我都跟朋友打架了。

D. 与你有这么久友谊的朋友居然和你吵架，你感到很难过，所以情绪低落。

（2）领导者点评

人际沟通的关键在于让你的朋友感觉到,你是在认真地听他说话,而且理解了他的意思。理解了他的心情。以上两个案例的几个答案中。只有最后一个反应最为恰当,但很少人会选它。因为它只是用自己的话把别人所说的内容简要地翻译了一遍（这种沟通方法被称为"意译法"）,似乎是在说废话。很多人都有好为人师的倾向,误以为朋友向自己倾诉就是需要自己帮他出主意,因此在沟通中急于用自己的感受代替别人的感受,急于表达自己的意见或提出劝告。事实上只有倾诉者才最清楚自己需要的是什么,才能为自己的行为作选择。他通过倾诉,希望寻求的只不过是一种关心、理解和心理支持。而意译法恰好可以满足对方的这种心理需求。因此,把对方所说的意思简要地反馈给对方,就是最简单但是又十分有效的人际沟通小窍门。

5. 小结(5分钟)

（1）辅导者小结倾听的言语和非言语技巧,并鼓励成员在团体中和团体外的日常生活中灵活运用这些技巧。

（2）预告下一期团体的内容。

第四次团体辅导

单元名称:人缘来自好性格

单元目标:

1. 协助成员认识在人际交往中受欢迎的人格特质。

2. 协助成员检视自身的人格特质,发展受人欢迎的特质,克服不良特质。

3. 进一步增强团体的凝聚力。

活动准备:

纸每人1张、笔每人1支、用于记录"魅力指数"的记号笔1支(详见"(二)魅力测试站"部分)。

活动程序:

1. "坐地起身"暖身游戏(10分钟)

（1）将成员随机分成两组,确保两组的人数以及男女生的比例差不多。

（2）每组先派出两名成员,背靠背、臀部贴地、双臂相互交叉地坐在地上。当辅导者发出"开始"的指令时,两人合力使双方一同站起。要求在站起的过程中,手不能松开,也不能触碰地面。如果成功站起,则该小组继续增加一人,三人一起手挽手地坐地起身。如果失败则重新再来一次,直到成功方可再增加一人。如此类推,小组成员全部成功地一起坐地起身者为胜方。

（3）在游戏过程中,领导者负责发出"开始"的指令,并监督各小组不要犯规。

2. "魅力测试站"(50分钟)

（1）领导者描述情景:你参加了一个夏令营,在这个夏令营里你结识了很多性格迥异的人,有真诚的、善解人意的、乐于助人的、体贴的、热情的、善良的、活泼开朗的、风趣幽默的、聪明能干的、自信的、心胸宽阔的、脾气古怪的、不友好的、饶舌的、自私自利的、自负傲慢的、虚伪的、恶毒的、不可信任的、性情暴躁的、孤僻的、冷漠的、固执的、心胸狭隘的等。

(2) 组织成员进行讨论:你最不愿意和哪三种人做朋友? 最愿意和哪三种人做朋友? 并简要地说明理由。请每位成员在心底对自己作一个评判(不需要说出来),你认为自己最类似于以上哪两种人? 优缺点各选一个。然后仔细倾听其他成员对此的评价,从而了解自己的性格在人际交往中的受欢迎程度。

(3) 辅导者根据成员的发言,记录下每种性格的魅力指数。最愿意和某三种人做朋友。那么根据喜欢程度的高低,这三种性格分别记 +3, +2, +1 分;反之,最不愿意和某三种人做朋友,那么根据讨厌程度的高低,这三种性格分别记 -3, -2, -1 分。所有成员发言完后,计算每种性格的总分,得出该性格的人际魅力指数。

(4) 组织成员进行分组讨论"如何培养最受欢迎的三种性格",以及"如何克服最不受欢迎的三种性格"。

3. "人际财富"(25 分钟)

(1) 给每个成员分发一张白纸、一支笔。然后请成员跟着辅导者的指导语和示范,绘制自己的人际财富图。绘制步骤如下:

①在白纸的中央画一个实心圆点代表自己。

②以这个实心圆点为中心,画三个半径不等的同心圆,代表三种人际财富或者人际圈。同心圆内任意一点到中心的距离表示心理距离。将亲朋好友的名字写在图上,名字越靠近中心圆点,表明他与你的关系越亲密。

③写在最小同心圆内的属于你的"一级人际财富"。你们彼此相爱。你愿意让对方走进自己心灵的最深处。分享你内心的秘密、痛苦和快乐。这样的人际财富不多,却是你最大的心灵慰藉,也是你生命中最重要的成长力量。

④写在第二大同心圆内的是你的"二级人际财富"。你们彼此关心,时常聚在一起聊天戏耍,一起分享快乐,一起努力奋斗。虽然你们之间有些秘密是无法分享的,但这类朋友让你时常感到人生的温馨。

⑤写在最大一个同心圆内的属于你的"三级人际财富"。这些朋友,可以是平时见面打个招呼,但是需要帮助时也愿意尽力帮忙的朋友;可以是曾经比较亲密但渐渐疏远,却仍然在你心中占有一席之地的朋友;也可以是平时难得见面,却不会忘记在逢年过节问候一声的朋友。

⑥同心圆外的空白处代表你的"潜在人际财富"。尽量搜索你的记忆系统,把那些虽然比较疏远但仍属于你的人际财富的人的名字写下来。

(2) 辅导者引导成员进行思考和分享。

一般而言,一个成年人需要与大约 120 人维持不同程度的人际关系,其中包括 2~50 人心理关系比较密切的人。如果人际关系过疏或过密,都容易引发个体的心理问题,或孤独无助,或自我迷失。你的人际关系现状如何?是否合适?你认为是自己身上什么性格品质给你带来了好人缘?或者如果你的人缘不太好是什么原因导致的?试着一边整理自己的人际财富,反思自己在人际交往中所体现出来的性格特点(比如是否因一时愤怒的情绪而失去了曾经的知己;是否因太以自我为中心忽略他人的感受而被周围的朋友渐渐疏远),找出自己需要继续发扬和改进的地方。

4. 小结(5分钟)

(1)领导者鼓励成员在日常生活中虚心听取他人对自己的评价和反馈,了解自己在人际交往中的受欢迎程度,分析其中的原因,然后积极发展受欢迎的性格特点。

(2)预告下次团体的内容。

第五次团体辅导

单元名称:解开人际千千结

单元目标:

1. 协助成员改变对人际冲突的消极看法。
2. 协助成员掌握建设性解决人际冲突的基本技巧。

活动准备:秒表1个

活动程序:

1. "电波传递"暖身游戏(10分钟)

(1)让所有成员手拉手站成一圈。任选某一成员(如A)作为"电波"传递的起点。当辅导者说"开始"时,A按顺时针(或逆时针)方向向相邻的同伴传递"电波"(即一个信号,如轻捏一下相邻同伴的手)。当每位成员收到"电波"后要用最快的速度传递给下一位成员。如此类推,直到"电波"回到起点,即A处。当A收到电波时,大喊"收到"。

(2)辅导者在一旁负责发出"开始"的指令,并用秒表记录下每次"电波"传递一圈所需要的时间,即从辅导者喊"开始"到A喊"收到"之间所用的时间。公布每次的结果,然后鼓励大家再来一次,希望下一次能传递得更快一些。

(3)当所有成员都熟悉操作之后,辅导者要求变更"电波"传递的方向,如由原来的沿顺时针方向传递变为沿逆时针方向传递。当"电波"沿着新方向被传递几次之后,再一次加大传递的难度,如要求队员们闭上眼睛或是背向圆心站立。

(4)在游戏快要结束的时候,为了使游戏更加有趣,悄悄告诉A同时向两个方向传递"电波",而且不要声张,看看这样会带来什么有趣的效果。

2. "解开千千结"(45分钟)

(1)活动过程

①所有成员站成一个面向圆心的圈,然后举起右手,抓住对面另一成员的手,再举起左手,抓住另一个人的手。但是不能抓自己身边成员的手,也不能两只手抓一个成员的两只

手。这样就形成了一个复杂的"结"。

②然后要求成员在不松手的情况下,想办法把这个"结"解开。在游戏的过程中,如果尝试了半个小时"结"都没有被解开,辅导者可以允许某两只相邻的"手链"断开一次,但必须马上封闭。

(2)辅导者引导成员进行分组讨论:

①一开始面对这个复杂的"结"的时候,感觉是怎样的?在解开了一点以后,你的想法是否发生了变化?

②在现实生活中,你是否也与周围的朋友结下了这样的"结"?有些"结"可能是看得见的,也可能是看不见的,比如你总是看某个同学不顺眼。在日常生活中,你是以何种心态来面对人际交往中的这些"结"的?

③通过解开这个"结",你觉得成员间的关系发生了什么微妙的变化?朋友之间发生矛盾冲突是否只有消极的影响?

④当努力了很久"结"都没有被解开时,你的感觉是怎样的?想到放弃了吗?在现实生活中,当你与某个同学产生了激烈的冲突,或者冷战了很久都没有和好的迹象时,容易产生什么念头?

⑤你运用了哪些方法来解开这个"结"?联系现实生活,这对你解决人际矛盾有何启示?

3. 人际矛盾 AB 剧(30 分钟)

(1)根据成员在分享"解开千千结"活动体验时谈到的人际矛盾问题,选取其中最具普遍性的情境,请二三位成员来表演。比如室友很懒,每次值日都不打扫卫生,引起了全寝室同学的不满;好朋友向你借作业抄,你不想借,但又碍于情面;同学未经你的同意就翻看了你的日记。

(2)其他成员则分小组讨论解决这些人际矛盾的方法,并用小品的形式把它表演出来。

(3)所有成员一起来讨论以上各种解决方案的可取之处和不合理之处。

4. 小结(5 分钟)

(1)辅导者总结建设性管理人际冲突的基本方法,如,改变对人际冲突的消极看法;以合作代替竞争,实现双赢;学会换位思考,宽以待人;积极地进行沟通。真诚地表达自己的意见和需求等等。

(2)预告下一期团体的内容。

第六次团体辅导

单元名称:一路上有你

单元目标:

1. 协助团体成员分享参加团体的心得与感受。
2. 团体成员之间相互祝福,结束团体活动。
3. 评估团体辅导的效果。

活动准备:

可用于放松训练的背景音乐、音乐《友谊地久天长》、音响、心形祝福卡每人1张、笔每人

1支。

活动程序:

1."回首来时路"(40分钟)

(1)调节好室内的光线、通风和音响音量的大小,让成员除去身上有压迫感的物品。如眼镜、手表、首饰,身上过紧的衣服、皮带、鞋带等,然后调整坐姿直到最舒服为止。

(2)领导者指导成员进行缓慢而有节奏的深呼吸,并要求他们保持这种呼吸的节奏,然后在轻柔的背景音乐中,用指导语引导成员进入想象,如"想象你正躺在树林里一片舒服的草地上,阳光透过树梢暖暖地照在你的身上,风柔柔地吹拂着你的脸庞,树林里很安静,草丛里有一种不知名的虫子在轻声地鸣叫。树林的前方隐隐约约有一条路,弯弯曲曲地不知通向何方,你想探个究竟,于是站起身来,开始沿着这条路往前走。路开始还比较宽阔,但越往前走变得越来越狭窄,像是进入了一个没有尽头的隧道,隧道的前方隐隐约约看到一些亮光。隧道旁边立有一些路牌,路牌上的字迹已经有些模糊,不过你仔细辨认,还是能看清上面写着'时光隧道'四个字……"然后开始用指导语引导成员回顾团体的整个过程。

(3)采用轮圈发言的形式,请每位成员将下列句子补充完整。

我印象最深刻的团体活动是……因为……

我觉得在这个团体中最大的收获是……

我感觉自己参加团体后发生了……的变化。

我觉得团体可以改进的地方是……

(4)领导者鼓励成员将团体中所学到的知识继续运用于日常生活中,使自己在人际交往中成为一个真正的"万人迷"。

2."祝福留言卡"(40分钟)

给每位成员发一张心形的祝福卡,每人在卡的上端写下"对××的祝福"。然后依次向右传,每位成员都写下自己对其他成员的祝福、鼓励或建议。写完后,每位成员仔细阅读他人写给自己的祝福,并对他人表示深深的感谢。

3."最后大团圆"(10分钟)

所有成员站成一个大圈,面朝圆心,将两手分别搭在左右成员的肩膀上,然后随着《友谊地久天长》的背景音乐有节奏地左右摇摆,并一起轻声哼唱,使全体成员在温馨甜蜜的气氛中告别团体。

(五) 建议与说明

1. 男女生数量要求基本平衡,为便于分组活动,团体人数最好为偶数。设团体辅导者和团体协助辅导者各一名。

2. 适合接受团体辅导者方可成为团体成员。性格过于孤僻和有严重心理障碍的学生不宜参加。

(执笔:康皎月)

二、点评

辅导者很注重小学生的年龄特点。比如在做初、高中生及成人都可以做的叠罗汉游戏时,当小组成员 A 作完自我介绍后,辅导者不是直接让旁边的同学紧接着继续下去,而是穿插了"问问题"环节,"小组的其他成员依次向 A 提一个关于个人信息的问题。要求每个人提的问题不能与前面成员提的问题重复。对于其他成员提的问题,A 可以表示不回答,但不能说谎。当所有的成员都问完一个问题后,A 旁边的下一个成员再开始介绍自己。"这样既让其他小组成员更多、更细致地了解该成员的信息,也改变了活动的节奏和内容,有利于让小组成员保持专注力,同时降低了记名字等信息的难度,为下一个环节提供了缓冲的空间和时间。

每一步骤紧紧围绕主题需要。从第一次亲密接触到打开心门,然后带学生学习倾听,领悟好性格好人缘,再到协助成员解决人际冲突,最后相互祝福结束团体活动。活动设计思路清晰,活动形式活泼生动、多样而富于变化,具有较强的动感。

一个良好的团体辅导方案不可缺少有效的过程检验和成效检验,否则做得再多,却无迹可寻,太遗憾了。建议大家在参考和借鉴使用时要用"服务满意度问卷""前后测"等检验方法对小组目标的达成度、具体效果等进行专业的有效性评定,及时了解小组成员的一手鲜活反馈信息,从而有利于更有针对性地总结团体工作中的经验和不足,形成更加完善而专业的可推广、可借鉴的学校心理健康教育经验。

第二节 学会交往——初中

一、活动方案

幸福的我和我们
——新云台中学人际交往团体心理辅导活动设计

(一)活动目标

1. 学生在参与活动中充分认识自己、在团体中恰当展现自己,提高自信和集体融入感、安全感。
2. 学生在合作中学习倾听和沟通的技能,促进准确表达,学会处理人际矛盾和冲突。

(二)活动对象

在班主任推荐和自愿报名基础上,筛选 5 名少语型学生、5 名指责型学生,加上 2 名人际沟通良好的学生入团,组成一个由预备班和初一学生组成的 12 人异质小组。

辅导教师作为引导者,鼓励学生参与和分享,及时反馈学生活动中的各种现象请大家反思,给出总结等。

(三) 活动时间

时间:每次 40 分钟,共 5 次,每周周五下午第二节课。
地点:新云台心理辅导室(体育馆四楼)

(四) 活动过程

单元	单元目标	活动内容
一、团体初设	1. 团体成员相互认识。 2. 建立接纳、和谐的团体氛围。 3. 形成团体规范。	简述团体目标 同心圆加法运算 爱的鼓励 签订契约
二、展示自我 感受接纳	3. 团体成员彼此熟悉,在音乐背景下展示自我,通过动作模仿感受接纳。 4. 强化团体融入感,增强团体凝聚力。	雨点变奏曲 音乐疗法方法模仿不走样 滚雪球 《感恩的心》手语操
三、友谊储蓄卡	1. 促进成员自我认可。 2. 促进成员认识自己的人际交往态度,在活动中学习合作共赢。 3. 汇总并反思自己的人际资源,强化合作意识。	哑人排序 1 哑人排序 2 打开"铁拳" 友谊储蓄卡之求救名单
四、化解矛盾 有方法:有 错你就说	1. 了解矛盾出现时双方的心态。 2. 学习放下内疚与指责,在情境中强化解决矛盾的方法。	水果蹲 乾坤大挪移 情境大考验:角色扮演-同伴调解员
五、幸福的一 家子	3. 强化团体安全感,增强成员自信心。 4. 总结团体,帮助成员迁移人际交往技能。	温馨小屋 歌曲大合唱《相亲相爱》 天使留言 照全家福

第一单元:团体初设

活动名称	活动内容	备注
一、介绍团体的名字和目标	指导老师介绍如下内容: 我们的团体名称:幸福的我和我们 我们的团体目标:第一,通过团体游戏,每一位团员能接纳自己、有勇气展示自我,成为有自信的、幸福的我。第二,通过参与活动,团员之间彼此鼓励,学习放下指责和评论,一起欢笑一起成长,成为幸福的我们。	所有成员围成一个圆圈坐下来。

(续表)

活动名称	活动内容	备注
二、团体形成	老师:今天是我们第一次相聚,有些成员彼此不认识。为了很快感受到我们团队的热情,接下来我们用肢体语言表演自己的名字,请其他成员来猜表演同学的名字。指导老师先做示范。 活动1:肢体语言猜名字 (1)目的:营造轻松融洽的团体气氛。 (2)总结:如本活动没有调动成员的参与因而未打破沉默和陌生感,那么总结时可点出成员的常见现象:大家习惯了在下面坐着交流和议论,站起来展示自己时就很不自在,动作拘束,觉得尴尬。这就是我们团体的目标之一:每个人能有勇气展示自己,团员彼此接纳,在活动过程中感到这是一个快乐的集体。 活动2:同心圆加法运算 (1)大家围成一个圆圈。每人向前一步,向大家说"你们好,我叫×××",其他人回应说"你好,×××"。边说边打节拍,2次拍手,3次拍腿。指导老师第一个说,做一个示范。 (2)每个人说"我,加上",同时双手臂水平垂直交叉做出"+"的手势,顺次向下重复,到最后一位同学,大家一起说"等于我们"。 (3)总结:每个我相加构成了我们。我们是一个整体,那么我们能一起完成一个任务吗?让我们试试看下面的游戏。	部分成员用肢体语言表达时,会比较害羞,动作拘谨。辅导老师可选较活跃的学生。拍节奏时拍腿的次数根据名字个数而定。如果活动1冷场,可及时总结尽快进入活动2。
三、团队契约	活动1:爱的鼓励 (1)任务:大家跟着老师,按照一定的节拍一起拍手,直到整齐划一为止。节拍:1-1-3。 (2)目的:通过行动的统一形成团体意识。 (3)交流:我们没有达成整齐的拍手声,你认为是什么原因?当听到整齐划一的拍手声时,心情会怎样? (4)总结:这就是我们的团队:幸福的我和我们。为了更好地办好我们的团队,我们要融入她,从中收获快乐、成长。团队是大家的整体,不是单独的十几个人的独立,下面我们就订立一个团队契约。 活动2:签订团队契约 (1)讨论并确定在团体游戏、交流过程中应遵守的基本规范。 (2)写在彩色纸上并张贴在墙上,让每位成员签名。	彩纸、彩笔。
四、结束活动	大家围成一个圆圈,伸出手,一起说"大家,一起,快乐,成长"。	

第二单元:展示自我,感受接纳

活动名称	活动内容	备注
一、暖身活动	活动:雨点变奏曲 1. 活动规则:小雨——食指互相敲击,中雨——两手轮拍大腿,大雨——用力鼓掌,暴风雨——手舞足蹈,嘴巴发出风呼呼的声音。 2. 指导语:现在想象,乌云飘来,开始下小雨,小雨变成中雨,中雨变成大雨,大雨变成中雨,中雨转小雨,最后雨过天晴。(可以随时不断变化)最后,"让我们以暴风骤雨的掌声开始今天的活动吧!"	背景音乐。
二、人际接纳	活动1:模仿不走样——音乐治疗的方法 (1) 活动规则:伴着音乐起舞,一个人一个动作,其余的人模仿他的动作。不论什么动作大家都要一起模仿,依次轮下去。动作可以是优雅的,也可以是夸张的,记住不能照搬前面同学的动作。 (2) 活动目标:通过彼此重复动作,感受同伴接纳。 (3) 总结:从拘束到自如表达,无论什么动作,我们在重复时,是在表达接纳和认可。会让人感到安全、有自信。	准备欢快的音乐或歌曲如《踏浪》。
	活动2:滚雪球 (1) 活动规则:第一名队员说我是×××第二名队员说我是×××后面的×××,第三名学员说:我是×××后面的×××的后面的×××,依次下去,最后介绍的一名学员要将前面所有学员的名字复述一遍。 (2) 活动目标:成员彼此熟悉,感受团体接纳。	每个人将自己的名字写在纸上方便大家记忆。
三、强化团体结束活动	活动:一边唱歌曲《感恩的心》,边做手语操。 备选活动:"爱的鼓励"活动上次没能整齐划一,可以再试一次,以促进团员感受集体融入。	歌曲《感恩的心》。

第三单元:友谊储蓄卡

活动名称	活动内容	备注
一、暖身活动	活动:哑人排序 1. 任务:在不允许说话的情况下,按照身高排序。 目标:客观认识自我,接纳自我。 交流分享:你对自己的排序位置满意吗? 2. 任务:在不允许说话的情况下,按照生日排序。 目标:学习主动的沟通态度和不以个人主观判断为依据的人际交往态度。 3. 交流与分享: (1) 你在排序时怎么判断自己的站位? (2) 你站位准确吗?说说原因。 4. 总结:虽然不能说话,但可以比手势。"凭感觉随便站""我以为"是站位不准确的主要原因,说明我们平时与人相处时,常常以自己的主观想法去看待别人,没有观察或询问别人。	要耐心启发其分析自己站位出错的主观原因,而非简单的客观原因。

(续表)

活动名称	活动内容	备注
二、合作原理 1+1>2	活动:打开"铁拳" 1. 活动规则:两人一组,一个人紧握拳头,另一个人设法打开紧握的拳头,2分钟后,互换。成功打开对方拳头而自己拳头没有被打开的计10分,打开对方拳头后自己拳头也被打开的计7分,没有打开他人拳头的计0分。 2. 统计: 一方成功 计分10 采用的方法 两人关系 双方成功 计分7+7 双方失败 计分0 3. 交流与分享: (1) 一方成功的同学采用了什么策略?用什么眼神和躯体姿势表达你的挑战?（视对方为敌人） (2) 双方成功的同学采用了什么策略? (3) 相互没有打开拳头的原因？ 4. 总结:双方都打开拳头的同学,有主动沟通的交往态度,你收获的也是别人的友好。一方胜利两人关系像敌人;双方胜利关系像挚友;双方失败像陌生人。合作收获的是朋友,友谊。分享的快乐:你有一个苹果,我有一份橘子,我就尝到两种水果。你有一份快乐,我有一份快乐,加在一起就是两份快乐,你有一份烦恼,我有一份烦恼,加在一起就是半个烦恼。	活动时间20分钟。
三、友谊储蓄卡——求救名单	活动:友谊储蓄卡之求救名单 1. 活动规则:每人一张友谊储蓄卡,写上自己的户头、账号等信息。当你遇到困难,请写出会帮助你的家人或朋友。 2. 说明:(1) 可分为学习方面、能陪伴你,且会告诉他心事的人或者诸如借钱会找谁等。(2) 如果成员写不出求救人员,可以主动问有谁愿意帮助他。	1. 活动时间15分钟。 2. 准备"储蓄卡"若干。

第四单元:化解矛盾有方法:有错你就说

活动名称	活动内容	备注
一、暖身活动	活动:水果蹲 1. 活动规则:队员自由组合,分为苹果队、香蕉队、橘子队和菠萝队。各组人员手拉手(或肩搭肩),但组与组分开,指导老师立于中央。由一队开始蹲,之后随机喊其他队来蹲,口令如"苹果蹲,苹果蹲,苹果蹲完橘子蹲",听到口令的队伍要做出正确整齐的反应,出错的队员出列,最后留下的队伍获胜。 2. 说明:本活动预设会出现队员因犯错而产生不愉快的团队合作和体验。因此在开始活动前先请各队说说自己的队伍会遇到什么困难,会如何解决。	分组也可以抽签决定,以减少分组时间。

（续表）

活动名称	活动内容	备注
	3. 交流与分享： （1）出错的队员有什么心情？ （2）同组队友如何看待同伴的出错？ （3）失败的队伍有什么总结经验？你认为你们队伍怎样才能做得更好甚至取胜？ 4. 总结： 出错的队员内心失落，担心同伴的看法，如果同队伙伴不能接受这样的队员，就会出现微妙的矛盾。团队游戏中出错，要学会放下，放下内疚、放下指责和埋怨。相互鼓励和合作是取胜的根本。	
二、"有错你就说"	活动：乾坤大挪移 1. 游戏规则：分两组，并排站成两列，用手搭前者的后肩，听到口令移动时，手不能离开前面同学的肩膀。 （1）指导老师喊方位口令："走一步""右一步""前一步""后一步"。指导老师喊口令并监督队伍行进情况，犯错的同学需主动举手示意，并大声对组员说声："对不起，我错了！"组员回应说："加油！" （2）加强难度，用数字代替方向（如1代表向左，2代表向右，3代表向前，4代表向后）。指导老师喊口令并监督队伍行进情况，犯错的同学需主动举手示意，并大声对组员说声："对不起，我错了！"组员回应说："加油！" 游戏意义：学习敢于面对错误并及时承认错误，以及队员之间的包容。 2. 交流感受： （1）当说出"我错了"会尴尬吗？说出来内心会轻松吗？ （2）同伴回复你"加油！"与不回复对你来说有不同吗？ 3. 总结：我擅长的别人不一定擅长，我喜欢的别人不一定同样喜欢。你能接纳别人和自己的差别吗？面对不同造成的矛盾，你会怎么解决呢？接受下面的考验吧。	每组男生女生都有。
三、情景大考验	活动：角色扮演（同伴调解员） 1. 活动规则：化解矛盾或者冲突的方法应以减少不愉快的体验为本。由成员自创冲突情境并表演，之后请其他同伴在情景中演示自己的解决方法。 2. 备选情境：情境（1）：说脏话引发，如因观点不同，一个先爆粗口，于是开始互骂。情境（2）：揭短引发，如说话时带有嘲讽的语气，或无心之言伤及自尊。情境（3）：肢体碰撞引发，如课间追逐碰撞到一位同学，自以为不是故意却引发被撞同学强烈不满。	1. 矛盾根据学生常见的设定。 2. 时间有限，集中练习一种。

第五单元:幸福的一家子

活动名称	活动内容	备注
一、暖身活动	活动:温馨小屋 1. 活动规则:所有成员围成一个大圆圈走动。指导老师说"3人小屋""4人小屋""5人小屋"或者"10人小屋"等,听到口令,成员要迅速组成相应数字的小组。没有进入温馨小屋的成员要大声说"下次我要积极主动些"。最后加上指导老师一起组成所有成员的小组。 2. 活动目标:强化成员积极主动交往态度,融入集体,感受团体接纳。	轻松背景音乐。
二、合唱	活动:歌曲大合唱《相亲相爱一家人》 我喜欢一回家就有暖洋洋的灯光在等待, 我喜欢一起床就看到大家微笑的脸庞, 我喜欢一出门就为了家人和自己的理想打拼, 我喜欢一家人心朝同一个方向眺望。 我喜欢快乐时马上就想要和你一起分享, 我喜欢受伤时就想起你那温暖的怀抱, 我喜欢生气时就想到你们永远包容多么伟大, 我喜欢旅行时为你把美好记忆带回家。 因为我们是一家人,相亲相爱的一家人, 有缘才能相聚有心才会珍惜, 何必让满天乌云遮住眼睛。 因为我们是一家人,相亲相爱的一家人, 有福就会同享有难必然同当,用相知相守换地久天长。 我喜欢一回家就把乱糟糟的心情都忘掉, 我喜欢一起床就带给大家微笑的脸庞, 我喜欢一出门就为了个人和世界的美好打拼, 我喜欢一家人梦朝着一个方向创造。 当别人快乐时好像是自己获得幸福一样, 当别人受伤时我愿意敞开最真的怀抱, 当别人生气时告诉他就算观念不同不必激动, 当别人需要时我一定捲起袖子帮助他。 因为我们是一家人,相亲相爱的一家人, 有缘才能相聚有心才会珍惜, 何必让满天乌云遮住眼睛。 因为我们是一家人,相亲相爱的一家人, 有福就该同享有难必然同当,用相知相守换地久天长。 处处为你用心,一直最有默契, 请你相信这份感情值得感激。 因为我们是一家人,相亲相爱的一家人, 有缘才能相聚有心才能珍惜, 何必让满天乌云遮住眼睛。 因为我们是一家人,相亲相爱的一家人, 有福就该同享有难必然同当,用相知相守换地久天长。	提供歌词。

(续表)

活动名称	活动内容	备注
三、结束活动	活动:天使留言 写在彩纸上,贴成花、笑脸等的形状。 全家福合影留念。	1. 活动时间20分钟。 2. 播放轻音乐。

(五) 建议与说明

由于本团体辅导的活动性强,有时候会超出预设的时间。这就要求学生在活动中配合,因此首先要做好学生的秩序管理工作,遵守活动规则。不过也要根据学生反映出来的现象灵活安排活动内容,最好每次活动准备一个与活动目标相同的备选活动。

(执笔:陈红芳)

二、点评

社会性及人格发展方面,六年级、初一年级时期的青少年已发展出自我中心主义,觉得自己总是别人注意的焦点。这个阶段,界定同一性是一个关键的任务,而同伴关系提供了社会比较,并且有助于界定可被接受的角色。他们渴望同龄人喜欢自己,成为受欢迎的中心人物,而同伴的拒绝和孤立会对他们造成很大的压力和伤害。此团体方案从青少年的同伴关系问题入手,聚焦青少年的重要心理发展任务,很有意义和针对性。

沟通是指由甲方给乙方传递信息的过程。若乙方有所回应,我们就可以说交流已经产生。个人沟通的模式与自我形象同以往与人交流的经验有密切关系。而角色扮演及练习是建立沟通技巧非常有效的工具。此团体辅导活动方案通过角色扮演-同伴调节员、模仿不走样等活动,致力于让学生在参与活动中认识、展现自己并学习倾听和沟通的技能,促进准确表达,并进一步学会处理人际矛盾和冲突,有效达成了团体辅导的目标。

此团体活动方案很注重去研究促使团体行为变化和阻碍团体行为变化的各种力,即团体的动力。小组12名成员,包括5名少语型、5名指责型、2名人际沟通良好型。横跨三种不同沟通状态,纵跨预备班和初一两个年级。不同沟通类型、不同年级的学生既可以彼此碰撞和摩擦,也可以相互模仿与学习,从而很好地促进小组动力发展。

此团体心理活动方案系列化,每一次都比较完整。但是整个辅导过程为了保证效果的长期稳定,一般要求持续6次以上,这也是此团体方案美中不足之处。

第三节 异性交往——高中

一、活动方案

爱的宴会
——洋泾中学团体心理辅导活动设计

(一)活动目标

高中生处于身心发展的一个重要的整合转型期,生理的发育成熟让他们有着强烈的独立意识,对爱情的憧憬和性的好奇越发强烈。本主题活动旨在通过一系列生动有趣的活动,让高中生模拟未来爱情路上可能碰到的各类挑战和问题,促使他们提升爱的能力,树立积极、健康、负责的性观念和性行为。

(二)活动对象

高中生

(三)活动时间

1小时

(四)活动过程

引入:

首先让我们来欣赏一段音乐,大家听到《结婚进行曲》,可别误会。不是让大家提早体验结婚的感觉,恋爱是需要准备好才行的,先让大家思考恋爱与婚姻的责任。那么就让我们开始今天的主题——拥抱一场爱情的宴会。

主题活动一:心理测试

通过趣味心理测试,让学生初步了解自己的恋爱心理成熟程度。分为以下四大类型:

(1)圆熟型。恋爱心理非常成熟。懂得爱的真谛,向往爱又能在现实中实现爱。就像一名竞技状态良好的运动选手,你能够在爱情面前轻松舒展,游刃有余;更可贵的是即使直面失败也有良好的心态。你的恋爱婚姻一定很美满幸福。

(2)正熟型。渴望爱的垂青,然而屡屡失误,一时难以如愿。校正一下恋爱指针,太过浪漫的往现实方向调调,太现实的多一些浪漫温馨情调,幸福快乐已在眼前了。

(3)待熟型。恋爱婚姻是人生的一门必修课,要取得好成绩单单凭热情是不够的,还须得专心修习,从理论到实践,再从实践到理论,一点一滴,终会水滴石穿。

(4)青涩型。爱情对你而言是迷宫,是八卦阵,是氤氲莫测的夜景,或者是平淡苍白的荒漠。让心理轻松开放些,爱的光线会缓缓照射进来,那时你才能体会到柔情温暖。

主题活动二:游戏互动时间

游戏规则:一分钟限时男女配对,每组选派男女生各一人,男女双方各拿一根筷子,同时夹取乒乓球,在规定时间内,夹球数量最多者为获胜者。

通过游戏的考验,帮助青春期男孩和女孩增进沟通与交流,提高异性之间的默契程度,为将来真正的恋爱和婚姻生活做好相应的准备。

主题活动三:小品表演(爱情路上的荆棘)

在爱情路上,难免碰到磕磕碰碰。恋爱不是两个人的事。就像哲学里所说的事物都有联系,不可能脱离环境而存在,恋爱也一样。现在,让我们来模拟恋爱中的一个场景。让你提早感受恋爱中的突发事件。

场景：

女孩对父母撒谎说，学校将组织一次短途旅行，这样女孩就争取到了一天的约会时间。约会的那天傍晚，男孩和女孩漫步在大街上边走边谈。生活一下子变得美妙无比。

突然，路对面的行人当中有一个人闪入女孩的眼帘并让女孩的心为之一颤。她认出了这个人。糟糕的是，这个人正穿过马路朝女孩走来，更糟糕的是，这个人不是别人，正是女孩的父亲。他走到了女孩的身边，但是和其他的陌生人一样，他从女孩身边擦肩而过。

晚上，女孩回到了家，恐惧又重新袭上心头。匆匆吃完饭，跑进自己的房间，心中更加忐忑不安了。

活动要求：请每组选派出两位代表扮演女孩和父亲，看看故事的结果会怎样。每组表演限时1分钟。

小组表演结束，主持人揭示故事真正的结局。女孩的父亲走进了女孩的房间，在她身边坐下，说"孩子，你的男朋友爱你，但是你老爸比他多爱你17年。"在爱情的路上，我们不仅要处理彼此的关系，而且更重要的是学会处理亲情、友情和爱情，才能走向幸福的未来。

主题活动四：爱情誓言

主持人给每组发一本结婚证书，选派一男一女，组成新人，来到证婚人面前，进行爱的宣誓。

证婚人：如果有一天，你的爱人生病了，你会陪他（她）去看病吗？Yes or No

如果有一天，你的爱人失去了一条腿，你还会和他（她）生活在一起吗？

如果有一天，你和你的爱人在一个危急的场景下，只允许一人存活，你会把生的希望留给他（她）吗？

……

主题活动五：婚姻生活

活动要求：每组选派一名合格的"爸爸"或"妈妈"参加为"娃娃"包尿布比赛，看哪组包得又快又好。

通过此模拟活动，让学生体会未来的婚姻生活不仅是甜蜜又神圣的，而且无时无刻都充满了责任。

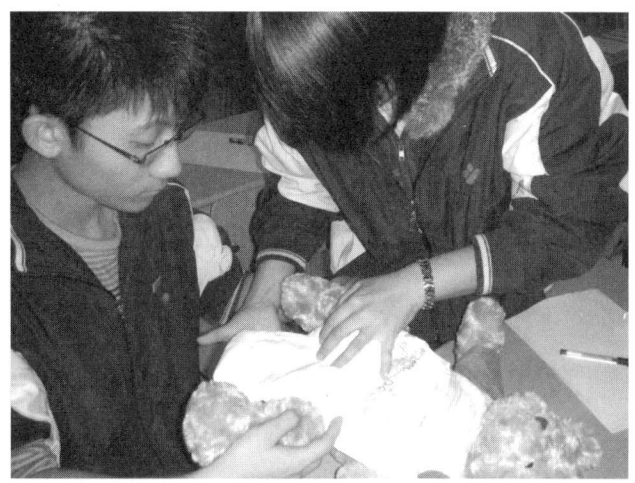

主持人小结：此次"爱的宴会"的主题活动，目的在于树立同学们正确的恋爱观、婚姻观。爱并不是随口说说，恋爱是需要准备的，当两个人牵手后，要面对许多问题。只有心理年龄足够成熟才能正确地处理好爱情路上的问题。

（五）建议与说明

（1）本主题活动建议选派班级一男一女两位学生主持，可以较好地体现同伴心理辅导的活动形式。

（2）由于活动中需要较多的道具，如乒乓球、筷子、娃娃、尿布等，建议提前做好准备。

（3）主题活动四中的爱情誓言，学生可以根据需要加以改变，只要围绕爱情价值观探讨就行。

（4）每个主题活动结束后，建议教师根据学生表现，做适当点拨。比如心理测试板块，有些学生测出是圆熟型，会比较得意，教师必须指出这是趣味测试，只是帮助学生了解爱情需要成熟的心智。整个活动的宗旨是帮助学生树立爱情的责任意识，因此，教师可以围绕此中心加以引导。

（执笔：徐琳）

二、点评

弗洛伊德把12~20岁的青少年定义为生殖器阶段，而埃里克森认为这个时期的青少年最主要的心理任务是克服角色混乱，获得同一性。而性行为在同一性形成中发挥出重要性。有些青少年开始约会。而另一方面，这个时期的青少年会有"自己不会受伤害"的想法，使得他们有时会忽视危险的存在。所以，这个时期，通过他们喜闻乐见的活动，"模拟未来爱情路上可能碰到的各类挑战和问题，促使他们提升爱的能力，树立积极、健康、负责的性观念和性行为"是非常有必要的。

作者很大胆，采用"爱情誓言""婚姻生活"等让学生耳红心跳、兴奋无比的活动形式。个人觉得异性交往或性教育的大胆活动形式是把双刃剑，用好了锋利无比，有效地达到意想不到的辅导效果;用不好则容易让本就对性问题异常敏感的青少年起哄、尴尬,甚至下课后造成不良隐患。所以这类活动在使用时尤其要注重神圣、真诚的团体氛围的营造,有的学生不愿意参与或羞于参与,更不可勉强。重点解说活动背后承担的意义,切忌把活动庸俗化。

另外,此活动方案可只作为青春期异性交往的一个片段使用和参考。异性交往主题可以细分为性别差异、异性友谊、什么是爱情、性骚扰、真爱值得等待等多个主题,大家在教育教学实践中可以把其系列化,以期更全面更系统地对学生进行辅导。

第四节 亲子交往——高中

一、活动方案

让家充满爱
——上海市航空服务学校团体心理辅导活动设计

(一) 活动目标

家庭对每个人都至关重要。对于青春期的青少年而言,一个有爱的家庭,一份亲密的亲子关系对其健康成长意义非凡。但在日常的工作中,很遗憾地发现不少学生经常和自己最亲密的父母之间发生矛盾和冲突,有个别学生的亲子关系甚至陷入僵化,这其中有孩子的原因,但更有父母的因素,毕竟一段关系的维持,是需要双方共同努力的。而大量的事实也证实,如果在家庭中感受不到爱,或与父母的亲子关系不佳,孩子出现行为问题的可能性、学业不良的可能性均大幅度提高。所以,作为学校的心理老师,设计此次亲子团体辅导活动,希望给亲子关系比较紧张的孩子或父母搭建一个平台,在温馨、安全、同质的团体中,共同学习、共同成长,为了共建一段亲密的亲子关系,踏上一段亲密之旅。通过此次团体辅导,期待亲子双方能:

(1) 学会"智慧存款",知道彼此最需要的爱的方式,并用对方需要的方式去表达爱。

(2) 学会"传情达意",学会在事件中表达自己的感受,学会情绪调控的5步走范式。

(3) 学会运用"关系修复十步骤",修复一起真实的冲突事件带给彼此的创伤。

(4) 学会运用"爱就是彼此珍惜"的言语模板,为对方录制爱的录像。

(二) 活动对象

根据活动主题和目标,学生自荐申请参与团体辅导活动,并依据先来后到的原则,选取五对需要发展亲密亲子关系的亲子(父子、母子、父女、母女均可),共10人。

(三) 活动时间

4课时(2课时/次,连续2个工作日晚上)。

（四）活动过程

1. 热身活动

（1）活动步骤：

第一步，全体成员围成半圆就座，每对亲子相邻而坐。

第二步，主持人自我介绍，欢迎成员加入本次团体辅导，介绍本次团体辅导活动的安排。

第三步，每位成员选择一个最能描述自己内在特质的词介绍自己，并同时重复之前每位成员的自我介绍。

第四步，每位成员对与眼前这位亲人之间的亲密关系指数进行打分（满分为100分）。

第五步，相互公开自己评判的亲密指数，并谈感受。

（2）操作要点：

首先，活动由主持人开始，起到示范作用；

其次，活动过程中，如果有成员做记录允许但不提倡，若成员在重复之前成员的介绍时有遗忘，主持人可以及时提醒，避免成员尴尬。

另外，在公开亲密指数环节，重点关注各成员打分的理由，并引导其他成员无条件倾听，尤其避免分值差异较大的亲子组之间的争论。

2. 智慧存款

（1）活动步骤：

第一步，主持人介绍5种爱的语言：肯定的语言、珍惜的相处、服务的行动、身体的接触、精选的礼物；并强调平时要用"爱的语言"建立"爱的账户"，并经常往"爱的账户"投其所好地存款；

第二步，成员为自己5种爱的语言按需要等级排序。

第三步，成员为对方5种爱的语言按需要等级排序。

第四步，亲子双方交流各自的排序结果，检验是否有差异性。

第五步，每对亲子关系在团体内分享自己的排序结果，并谈体会。

第六步，用肯定的语言练习存款。每对亲子说三个对方的优点，说两件感谢对方为自己做的事，当一方存完款，"收款方"要给"存款方"一个拥抱。存款可以参照如下范式进行练习：

我很欣赏你的（优点），……

谢谢你（对方为自己做的事情）。

（2）操作要点：

在练习存款语言时，肢体上，建议亲子双方面对面，手拉手，眼睛真诚地相互看着对方。语言上，若能在表达欣赏对方优点时，有具体的事情加以证明就更好。切忌在表达时用"但是……""可是……"等转折句，使"存款"打折扣。

3. 传情达意

（1）活动步骤：

第一步，情绪感受练习。主持人说6句话，请成员判断每句话表达的是感受还是思想。如：我觉得你好懒。（是思想，不是感觉）；

第二步,请成员把这 6 句话修改成表达感受的话,并体会 2 种表达模式给人的感觉。如:你不把房间整理好,要我去替你收拾,我感觉自己有点累。(是感觉,不是思想)

第三步,主持人引导成员回忆一件与对方有关的事件(积极事情或消极事情均可),并尝试向对方表达自己当时的感受。可以参考如下范式:

当……(事件、情境)

我觉得……(情绪感觉)

那感觉好像……(语言图像)

第四步,主持人介绍情绪调控的 5 步走范式,并举例示范,具体范式内容如下:

当……(事件、情境)

我觉得……(表明情绪)

我的想法是……(省察自己的思维)

我所需要的是……(探索心理需求)

A. 我的建设性想法是……

B. 我的建设性行动是……(可以帮助对方成功地与你重建关系)

第五步,主持人将 5 步提示卡分摊在地上,成员进行情绪调控练习。

(2) 操作要点:

主持人要在这个活动中强调,每个人可以有不同的感觉,感觉本身没有对与错,如果在亲子关系中,忽略自己的感觉,习惯用是非或道德论断去沟通,容易造成心理距离,损坏亲密关系。

在情绪调控 5 步走时,也可以 2 对亲子形成一组,相互学习。另外,主持人需要事先准备好至少 3 套"情绪调控 5 步走"提示卡。

4. 关系修复

(1) 活动步骤:

第一步,每位孩子述说一件与眼前父亲或母亲发生过的一次冲突事件;家长只能倾听,不能反驳或补充事件细节。

第二步,主持人结合自身的案例介绍关系修复的 10 个步骤,具体内容如下:

① 开场:"首先,我感谢、欣赏你……"

② 描述事件情境:"当……"

③ 标明自己的情绪感受:"我觉得……那感觉好像……"

④ 表达伤痛与需求:"我所需要的是……"

⑤ 关系目标:"我希望我们俩的关系能……"

⑥ 真诚道歉:"这件不愉快的事情我也有些责任,我为我……的部分道歉。"

⑦ "我下次可以改进的是……"

⑧ "我需要你帮我……"

⑨ "如果我们各自改进自己可以做得更好的部分,就能帮助我们……"

⑩ "谢谢你倾听、考虑我的请求,也谢谢你为我们的关系所做的努力。"

第三步,孩子就刚才述说的冲突事件,与家长进行关系修复,家长在倾听的过程中用"点头、眼神"等去支持、鼓励孩子完成 10 个步骤;

第四步,自愿原则,请一组亲子分享。
(2)操作要点:
在此环节中,家长的倾听特别重要,在孩子进行冲突事件描述时,确保家长只是倾听,不发表意见;在孩子进行关系修复时,家长也要用肢体动作去鼓励孩子完成,但不要对孩子进行指责、批评。如果孩子进行关系修复时有困难,家长也不要催促,耐心等待孩子的表达。
主持人事先印制好"关系修复十步骤"的文本,每人一份,一方面供成员练习时参考。另外,在团体活动结束后,建议家长回家也按照此模式对自己的孩子进行关系修复。

5. 爱的录像带
(1)活动步骤:
第一步,主持人分发给每位成员一份"爱就是彼此珍惜"的言语模板,具体内容如下:
① 你最欣赏对方的地方是什么?(如品格、才华、容貌等)
② 你最珍惜、最怀念的属于你们共度的时光是什么?(幸福回忆)
③ 你要感激对方的是什么?(如对方为你做的或给你的)
④ 你有什么事情后悔了,想请对方饶恕的?请求饶恕的范式可以参照如下:(a)承担责任:"……这件事我没做好,是我的错,请你原谅"。(b)设身处地:"我可以想象,你当时觉得……(受伤、委屈等)。"(c)再次请求饶恕:"伤害了你我非常抱歉,请你原谅……"
⑤ 还有哪些正面的话,如果没有机会对他说,你会觉得很遗憾?
⑥ 最后,你对他的祝福和鼓励是什么?
第二步,成员拿着言语模板,自己找个安静的地方,用智能手机录下给对方的"爱的录像"。
第三步,亲子之间相互看对方录给自己的爱的录像。
第四步,主持人PPT展示在团体活动过程中,偷偷记录下的每对亲子的温馨时刻照片。
第五步,结束整个团体辅导活动,合影留念。
(2)操作要点:
事先印制好10份"爱就是彼此珍惜"的言语模板,提醒每位成员事先准备好一个可以录像的手机。在整个团体活动中,尽量多捕捉每对亲子的温馨照片,并在成员录制爱的录像时,选择较好的照片插入PPT中进行展示,帮助成员回顾此次培训,感受彼此之间可以拥有的亲密关系。

(五) 建议与说明

对于参加团体活动的对象,可以采取自荐和班主任推荐相结合的方式。另外,由于家长也加入辅导过程中,所以对于家长的意愿也需要学生或班主任老师提前做好沟通,确保家长自愿与孩子共同加入此次团体辅导活动。

由于此次团体活动可能涉及个人隐私,所以事先请所有参加团体辅导的亲子达成保密承诺,营造一个安全的环境。

团体辅导活动结束后,每位成员需要完成一份《学习评估表》(附件1),意在评估辅导活动前后的亲子关系亲密度变化和发展亲密关系的技能掌握情况。首先请成员在辅导活动结束后,对亲子关系亲密度指数进行二次打分,与辅导活动开始前的亲密度指数进行比较;其次,请成员对自己和亲子关系的另一方在"智慧存款""传情达意""关系修复"和"爱的录像带"四项活动中的表现进行自评和互评,以评价成员在这四项发展亲密关系的技能上的掌握情况。最终,以上述两个维度综合评估此次团体辅导活动的效果。

附件1
学习评估表
1. 你觉得你们之间的亲子关系亲密度指数是_____分。(满分100分)
2. 你觉得参加完本次团体辅导活动后,你们之间的亲密度指数是_____分。(满分100分)
3. 请对自己和亲密关系另一方在以下四个系列活动中的表现进行评价:

系列活动	自评	互评
智慧存款	A 满意　B 较满意　C 不满意	A 满意　B 较满意　C 不满意
传情达意	A 满意　B 较满意　C 不满意	A 满意　B 较满意　C 不满意
关系修复	A 满意　B 较满意　C 不满意	A 满意　B 较满意　C 不满意
爱的录像	A 满意　B 较满意　C 不满意	A 满意　B 较满意　C 不满意

(执笔:赵静)

二、点评

孩子处于青春期时,由于家庭角色被重新界定,青少年对自主性的寻求会造成与父母之间的冲突,亲子关系本身就比较容易出现问题。而心理学工作者在实践中也屡次证实"问题学生的背后必然有着问题家长。"在提倡家、校、社区系统化、个性化对孩子工作的今天,作者"希望给亲子关系比较紧张的孩子或父母搭建一个平台,在温馨、安全、同质的团体中,共同学习、共同成长,修复和共建亲密的亲子关系"是很有意义和价值的。

小组带领者除了带领参加者一起营造气氛外,也可以扮成活动主题的角色,投入在对话和行动中,将"不准""不可以"转变为"对""可以"的环境。作者面对的是需要发展亲子关系的亲子,即亲子关系还不够好的父/母和孩子。这一点就变得更加重要。为此作者做了很多的细致努力:热身活动公开亲密指数环节时,作者引导各成员重点关注打分的理由,并无条件倾听对方,以避免分值差异较大的亲子组之间的争论;练习语言存款时,作者引导用具体事件具象表达对方的优点,而对转折词加以禁忌;表达感受环节时,主持人强调感觉无对错,每个人都可以有自己不同于人的感觉。这些都促进了接纳、安全的团体氛围的营造,有利于参与成员的内心开放与表达。

作者操作流程语言简要、清晰、到位,使活动的每一步都很有效力;而且作者每一个活动都紧扣活动目标展开,有的放矢;辅导效果有评估,效果良好。不过,亲子关系不良非一日形成,关系的修复和改善靠一二次的学习和培训是不够的,系列化和系统性也是作者以后需要进一步思考的。

第五章

学习问题团体辅导

第一节 喜欢学习——小学

一、活动方案

小学生注意力训练与培养
——浦东新区华高小学团体心理辅导活动方案

（一）活动目标

1. 通过各种形式的趣味游戏活动，训练社团成员的注意力。
2. 研究注意力训练仪在小学生注意力训练中的作用。
3. 通过积极的自我暗示，优化学习情绪。
4. 提高社团成员的学习兴趣，养成一定的学习习惯。

（二）活动对象

一、二年级注意力较差的学生(15名)。

（三）活动时间

6次，每周一次。

（四）活动过程

第一单元：相见欢

1. 活动目标：
（1）认识团体中的其他成员，促进成员间的亲密感。
（2）了解团体的目的、规则及活动进行方式。
（3）研究注意力训练仪在小学生注意力训练中的作用。
2. 活动材料：
彩纸剪成的三角形和正方形、音乐、注意力训练仪。
3. 活动过程：
（1）暖身活动：喜相逢。
全体成员，每人以"石头—剪子—布"定胜负，按"鸡蛋—小鸡—凤凰"进化。胜者进一级,负者倒退一级(最低级不用退一级)。开始时全部都是"鸡蛋",但活动中找人决胜负只能找同级的猜拳,如"小鸡"只能找"小鸡"。活动中要模仿充当的角色的动作:当"鸡蛋"要双脚下蹲,双手下垂贴住身体;当"小鸡"要半蹲,手背放在身后行走;做"凤凰"就要双手展开,直立行走,就算是完成,取得胜利。

(2)主要活动:相逢与互识。

① 最佳搭档。先准备彩色纸剪成三角形或正方形,并一分为二。把裁好的彩色纸由学生自由抽取。每人找到与自己同色且形状相匹配的另一半,组建成两人一组。

② 两人一组自我介绍,时间约8分钟。介绍内容包括姓名、兴趣、爱好、特长、个性特点、家庭情况,以及个人愿意让对方了解的有关自我的资料,如最引以为自豪的成就,曾遇到过的最恐怖事件等。每人限时3分钟。当对方自我介绍时,倾听者要全身心地投入,通过语言与非语言的观察,尽可能多地了解对方。

③ 注意力训练测试仪测试每个成员的成绩,作为初测成绩。

(3)结束活动:

① 辅导者邀请成员说出自己的想法、感受。

② 辅导者与成员共同制订团体规约(保密、守时、尊重别人、按时交作业),并请每位成员签名表示承诺。

第二单元:火眼金睛

1. 活动目标:

(1)通过各种形式的趣味游戏活动,提高成员视觉注意力和视觉分辨能力。

(2)提高社团成员的学习兴趣,养成上课专心听讲,考试不粗心的习惯。

2. 活动材料:

圈数字练习卡、游戏说明书、快速查找数字卡、"注意力训练成绩记录表"。

3. 活动过程:

(1)暖身活动:说反话。

① 成员听到口令,做出相反的动作。例如:听到"起立"口令,成员坐下;听到"右手"口令,成员举左手。

② 分享玩"说反话"游戏的感觉。

(2)主要活动:

游戏一:快速查找数字

在一张有25个小方格的表中(下表),然后以最快的速度从1数到25,要边读边指出,同时计时。(研究表明:7-8岁儿童按顺序寻找每张图表上的数字的时间是30~50秒,平均40~42秒;正常成年人看一张图表的时间大约是25~30秒,有些人可以缩短到十几秒。)(对家长的提示:家长可以自己多制作几张不同的训练表,每天训练一遍,相信孩子的注意力水平一定会逐步提高。)

21	12	7	1	20
6	15	17	3	18

```
        19   4   8  25  13
        24   2  22  10   5
         9  14  11  23  16
```

① 将成员按照 4 人一组分成若干个小组,每组选一位组长。
② 听老师口令开始,秒表计时。
③ 反复三次,记录时间。

游戏二:圈数字

从下面的数字行中把所有 1771 圈出来。

```
1717 7117 1771 7711 7117 1717
1771 7171 7117 1717 7711 1771
7171 1717 1771 1717 7117 7171
1717 1177 1717 7711 7117 1771
1717 7117 1717 7171 1717 7171
```

④ 听老师口令开始,秒表计时。
⑤ 4 人一组,组长负责检查小组成员对错。

(3) 结束活动:
① 成员分享这一次团体活动的感受。
② 辅导者将这次主题活动做整理,指出两个游戏的训练目的:提高成员学习注意力和视觉注意力、视觉分辨能力。
③ 下发"华高小学快乐一周注意力训练成绩记录表"。

第三单元:耳聪目明

1. 活动目标:
(1) 训练听觉注意力和记忆力,提高听课效率。
(2) 提高社团成员的学习兴趣,寻找适合自己的记忆习惯。
(3) 研究注意力训练仪在小学生注意力训练中的作用。

2. 活动材料:
圈数字练习卡、游戏说明书、作业单、"注意力训练成绩记录表"

3. 活动过程:
(1) 检查与回顾:
① 检查"华高小学快乐一周注意力训练成绩记录表"记录情况。
② 每个成员谈谈一周训练的感受及收获。
③ 辅导员小结。

(2) 游戏活动:

游戏活动一:听写数字

辅导员说出一组数字,如 5473869,让学生重复它,可以从五位数字开始,当成员感觉容易对付了,便升到八位,再升到九位,当升到十二位,便不要再升了。(对家长的提示:每天只能升位一次,每天可以玩这个游戏10分钟左右,坚持一个月即可见相当不错的效果。)

① 听辅导员念完后开始在活动单上记录听到的数字。

② 4人一组,组长负责检查小组成员答案对错。

游戏活动二:辅导员读下列短文,成员认真听,当听到一个"一"字就用笔在纸上打一个"√",辅导员读完后统计"一"字的个数,到成员记录的个数与短文中"一"的个数相同为止。(对家长的提示:每天5分钟左右即可,连续一月,孩子的注意力的专注性就达到良好了。这种游戏在合格之后也最好经常玩玩,以训练孩子的大脑。)

有一只小鸟,它的家就搭在高高的树枝上,它的羽毛还没有丰满,不能飞起来,每天在家里不停地叫着,和两只鸟前辈说着话儿,它们都觉得十分快乐。

一天早晨,它醒了。那两只鸟前辈都去找食物了。它们又看见一棵树上的一片好大的树叶,树叶上又站着一只小鸟,正在吃害虫,害虫吃了很多树叶,让大树不能长大,大树是我们的好朋友,每一棵树都产生氧气,让我们每一个人呼吸。这时鸟前辈马上飞过去,与小鸟一起吃害虫,吃得饱饱的,并为民除害。

③ 听辅导员念,成员在活动单上记录。

④ 4人一组,组长负责检查小组成员答案对错。

活动三:注意力训练仪测试

记录每个成员成绩,作为中测成绩,与前测成绩进行比较,分析每个成员成绩进步或退步原因。

(3) 结束活动:

① 成员分享这一次团体活动的感受。

② 辅导者将这次活动主题做整理,指出两个游戏的训练目的:提高成员学习注意力和记忆力。

③ 下发"华高小学快乐一周注意力训练成绩记录表"。

第四单元:专心致志

1. 活动目标:

(1) 通过视觉注意力的强化训练,达到提升注意力的目的。

(2) 通过身体协调游戏训练孩子的平衡觉、本体感觉,提高孩子的注意力和书写能力。

(3) 提高社团成员的学习兴趣,寻找适合自己的记忆方法。

2. 活动材料:

纸牌、乒乓球、乒乓球拍、秒表、"注意力训练成绩记录表"

3. 活动过程:

(1) 检查与回顾:

① 检查"华高小学快乐一周注意力训练成绩记录表"记录情况。

② 每个成员谈谈一周训练的感受及收获。

③ 辅导员小结。

(2) 游戏活动:

游戏一:扑克牌游戏

取三张不同的牌,比如梅花2,黑桃3,方块5,随意排列于桌上,选取一张要记住的牌,如梅花2,让成员盯住这张牌,然后把三张牌倒扣在桌上,由另一人随意更换三张牌的位置,然后,让孩子报出哪一张是梅花2。如猜对了,就胜。(家长提示:随着能力的提高,可以增加难度,如增加牌的张数,增加变换牌的位置的次数,提高变换牌位置的速度等。这种方法能高度培养注意力的集中,由于是游戏,符合孩子的心理特点,非常受孩子欢迎,玩起来孩子的积极性很高。每天坚持玩一阵,注意力会有所提高。)

① 辅导员出示三张纸牌,变换位置,成员回答。

② 4人一组,由组长负责,分小组玩纸牌游戏。

游戏二:词语思维

辅导员每念一个词语,孩子认真听,当听到电器就马上举起右手,当听到学习用品就马上举起左手。词语如下:

凳子 老师 洗衣机 篮球 电视机 自行车 书包 电冰箱 作业本 奥运 空调机

电风扇 电话机 月球 火箭 钢笔 手机 篮球 羽毛球 五一路 飞机 刀剑

游戏三:乒乓球静止训练

让孩子将乒乓球拍平持于胸前,离胸10厘米左右,保持球拍不倾斜,然后将乒乓球轻轻放在球拍中央,使球停稳,目光要始终注视球拍上的球。若球要掉落,可利用手腕的巧劲微调球拍使球不落地。训练者用秒表在旁边记录时间,球落地算一次,然后再开始新一轮的计时。

(3)结束活动:

① 成员分享这一次团体活动的感受。

② 辅导者将这次活动主题做整理,指出游戏的训练目的。

③ 下发"华高小学快乐一周注意力训练成绩记录表"。

第五单元:自我激励

1. 活动目标:

(1)通过"心理意象"游戏,纠正错误行为,产生积极的自我暗示。

(2)学会制定学习目标,优化学习情绪,提高社团成员的学习兴趣。

2. 活动材料:

椅子、音乐、作业单、笔、"自我肯定表""学习计划表""注意力训练成绩记录表"。

3. 活动过程:

(1)检查与回顾:

① 检查"华高小学快乐一周注意力训练成绩记录表"情况。

② 每个成员谈谈一周训练的感受及收获。

③ 辅导员小结。

(2)游戏活动:

游戏一:积极的自我暗示

① 成员在作业单上写上好学生会有的表现:比如认真看黑板,不做小动作,不东张西望等。

② 成员坐在舒适的椅子上,闭上眼睛,引导成员放松身体和心情,进入平静、轻松的状态。

③ 询问成员,是否记得刚才写的"好学生会有的表现"。

④ 对某个场景进行描述,比如上课或写作业时。

• 让成员把自己想象成就是那个好学生,在心中反复模仿好学生在所描述的场景中会做的一些事,并且用语言表达出来。

• 让孩子想象成功地完成任务之后,喜悦、自信、满足的心情。

• 完成"自我肯定表"。

游戏二:巧算时间

1 天＝？小时＝？分钟＝？秒

• 请成员快速心算,然后说出具体答案(24 小时/1440 分钟/86400 秒),并寻找其中的规律。

• 让成员体会时间的珍贵。(对家长的提示:让孩子体验 10 分钟能完成多少事情,来增加孩子对时间长短的感知和把握。)

• 学习制订学习计划表。

(3) 结束活动:

① 成员分享这一次团体活动的感受。

② 完成"短期学习计划表"。

③ 下发"华高小学快乐一周注意力训练成绩记录表"。

第六单元:笑迎未来

1. 活动目标:

(1) 能觉察并分享自己的成长。

(2) 能说出参与团体活动的收获。

(3) 研究注意力训练仪在小学生注意力训练中的作用。

2. 活动材料:

白纸、彩色笔。

3. 活动过程:

(1) 回顾

① 成员与辅导者回忆这几次团体所上单元的内容,轮流讨论,最喜欢哪一个单元、心得感想最多是哪个单元、那个单元帮助最大……。

② 成员轮流说出参与团体活动后的改变或收获,以及自己掌握的注意力训练方法。

(2) 反馈与祝福

① 注意力训练仪测试:记录测试成绩,作为后测成绩,与前两次成绩进行比较。

② 团体围圈而坐,由一位成员当主角,大家讨论对他现在的印象及刚参加团体时有何不同,看看他参加团体后改变了什么？然后请他自己说说感受。接着再换另一位成员。依此类推,对每位成员反馈。

③ 4 人一组,观察每个人四周"注意力训练成绩记录表"的曲线,找到成员进步的地方给

予鼓励和祝福。

④ 每个人分析自己成绩记录表上的曲线图,寻找自己的奋斗目标,调整、制定"短期学习计划表"。

(五)建议与说明

1. 人员选定原因及方法:在学校的家长调查问卷中,低年级家长反映孩子作业拖拉、动作慢、上课不专心听讲等问题较为突出,学校决定开展针对低年级学生注意力训练与培养的团体辅导。首先征求孩子、家长的意见,自愿参加注意力训练与培养。再由家长给孩子的注意力水平打分,根据得分情况同质分组。

2. 教师定位:教师既是活动的组织者,也是活动的引导者,参与到学生的活动中,更有利于教师体会学生参与游戏活动的感受,不断地在活动过程中调整节奏和频率,使每次安排的游戏活动更适合学生,更有利于学生注意力的训练与培养。

(执笔:张琪娜)

二、点评

这篇团体辅导活动方案活动设计思路清晰,整体设计有创意;活动形式活泼生动;活动线索清晰有序。每一个步骤都紧紧围绕主题需要。第一单元引出主题,订立活动契约;第二至第五单元,分别重点锻炼小组成员视觉注意力和视觉分辨力,听觉注意力和记忆力,提高听课效率,接着进行视觉注意力的强化训练,延伸到制订学习目标,产生积极意象;第六单元回顾与结束,并把小组所学到的延伸到日常的学习生活。有几个方面让人印象深刻:

(1)选题很有意义,且有很强的针对性。在制定团体辅导方案时,应"先了解小组成员的需要,再准备方案的内容,而不是先决定活动,再考虑成员是否适合活动"。作者在制定团体辅导方案前先做了家长调查问卷,发现"低年级家长反映孩子作业拖拉、动作慢、上课不专心听讲等问题较为突出。"然后,作者从家长的急切需求出发确定主题和方案,这就使得团体方案具有很强的针对性,而整个干预过程也就很容易得到家长和教师的给力配合。

(2)方案很注重科学的成效评估。第一单元的小组活动"最佳搭档"时就对学生做注意力前测。第二至第五单元,每次活动结束都会下发"华高小学快乐一周注意力训练成绩记录表",而下次开始时都及时做检查与反馈。尤其难能可贵的是第三单元,活动中记录每个成员注意力成绩,作为中测成绩,与前测成绩进行比较,分析每个成员成绩进步或退步的原因,及时了解情况以作出相应调整。第六单元进行注意力后测,得到整个的注意力变化曲线图。

(3)方案设计活动特别注重符合小学生注意力特点。小学生尤其是低年级学生注意力时间短。作者在设计听写数字游戏时贴心注明"可以将这个游戏每天玩10分钟左右,坚持一个月即可见相当不错的效果",在听写统计短文中一字的个数游戏时,则特别提示"每天5分钟左右即可",以免时间太久适得其反。

(4)作者很注重伦理规范要求。"学校决定开展针对低年级学生注意力训练与培养的团体辅导。首先征得孩子、家长的意见,自愿参加注意力训练与培养。"既是对孩子与家长的尊重,也反映了作者研究实践时的严谨。

第二节 学会学习——初中

一、活动方案

学习,从心开始
——上海市五三中学团体心理辅导活动设计

(一)活动目标

1. 帮助大家解决学习中遇到的认识上的误区、情绪上的困扰。
2. 探讨厌学的成因及其解除办法。
3. 激发厌学学生的学习动机和学习热情。
4. 改善目前的听课质量和作业质量。

(二)活动对象

由班主任推荐各班较严重厌学情况的学生,共12人。
团体性质:同质性团体。

(三)活动时间

时间:每次40分钟,每周一次,共计6周。
地点:学校心理活动室。

(四)活动过程

第一次活动

1. 目标
(1)澄清本辅导小组的活动目的,激发大家的参与热情。
(2)促进本小组组员间的相识,建立彼此间的信任感。
(3)为保证小组活动的有效性,建立团体合约。

2. 辅导老师开场白
(1)老师自我简介。
(2)介绍本次小组活动的目的。

3. 促进相识和信任的活动
活动一:"介绍我自己"
全体成员围圈而坐,轮流介绍自己的名字、兴趣、出生年月等个人资料。通过这个活动可以让组员更深刻地理解、记忆相互的姓名,同时还可能简单了解一些组员与家庭成员的关系,从名字上透射出的家长对孩子的期待。

活动二:"棒打无情人"

所有人站成一圈,选一个执棒者站在圈中间,由他面对的人开始大声说出一个成员的姓名,执棒者马上站到那个被叫的人面前。被叫的人马上再叫出另一位成员的名字。如果叫不出来,就会受"当头一棒",然后由他执棒。以此类推,直到大家熟悉互相的名字为止。如果一个人3次被"打"就必须出来表演,作为惩罚。

4. 建立团队合约

为保证小组活动的有效性,请大家谈谈对小组的期待和规范约定,根据大家的讨论制定小组合约,并在合约上签字。

第二次活动

1. 目标

培养团体意识、建立团体信任感。

2. 活动:合作作画

将组员分成两组,每人蒙上眼睛,走到白板处画一笔,一个小组所有组员画成一幅图,比赛哪一组的成员动作迅速,画得又好。

3. 活动:"同舟共济"

将成员分成两个小组,每组一张大报纸,把它比作汪洋大海中的一叶扁舟,然后小组成员全部站上去。当成功后再把报纸对折,继续登舟。成功后再对折再继续。随着难度的增加,小组全体成员一起想办法,确保每一个人都能在船上,不能抛下任何一个人。

4. 结束活动

团体成员分享感受,由小组代表进行总结发言,辅导老师做本项活动总结。

第三次活动

1. 目标

(1) 宣泄对学习的不良情绪。

(2) 探讨厌学的成因及其解除办法。

2. 主题讨论与交流

(1) 学校生活的美好回忆

播放优美轻柔的音乐,辅导老师指导学生通过身体放松训练,然后引导组员回忆自己小时候刚刚上学时的情景,回忆第一天背着书包走进校园,第一次听到老师表扬,第一次看到作业本上的红勾等等所有能让他们感受到学习快乐的场景,引发他们对于学校生活的愉快体验。

回忆之后,大家交流分享,引发组员对学校生活的愉快体验。

(2) 谈目前厌学心态的成因

用5~10个词或句子描述自己目前的不良学习状态,回忆每种状态出现的最初时间以及当时发生的有关事件。以上内容须简要地写在纸上,以便交流。

注意:本次活动对整个团体辅导过程而言是至关重要的一环,找不到问题成因就无法进一步有的放矢地寻找解决办法。因此,本次交流过程要充分营造真诚、尊重、理解、接纳的团体氛围,保证学生能倾诉心声、反思问题、疏泄情绪。辅导老师要组织全体组员耐心倾听。

收集每位组员写的"自画像"内容,并对每位组员的发言进行简单记录,以备第四次活动时将问题进行归类探讨。

3. 课后作业

就每一种厌学成因向师长、同学、朋友及其他能够与之讨论的人求教,尽可能多地寻求不同的解决办法。

第四次活动

1. 目标

(1) 分析归纳厌学问题的原因。
(2) 分类探讨解决厌学问题的途径。

2. 热身活动:解手链

所有成员围圈而立,手拉手,记住自己左边和右边分别所拉着的人是谁。然后所有人松开手,在圈内随意走动,一分钟后,辅导老师叫停,大家立即停止走动,在现有相对位置不变的前提下,再与刚才所拉的右边和左边的人拉起手来,这时就会看到大家的胳膊多重交叉,仿佛交织成了一张打了多个"结"的网。然后要求大家在不断开所拉手的情况下将所有的"结"解开,恢复到最初手拉手围成圈的状态,并且左右相邻的人不变。

3. 主题讨论与分享

将第三次活动时收集到的问题归纳分类,分别写在几张纸上,主要分成这样几类:无学习兴趣、基础较差、对老师不满、无学习方法、学习压力太大。

请所有组员结合上次活动的课后作业采访到的方法,谈自己所能想到的对每一类问题的解决策略,这个过程采用脑力激荡法,不必顾虑每一种办法的好与坏,把所有能想到的办法全都记下来。

方法搜集完后,辅导老师和组员们开始讨论每一种方法的可行性以及具体操作步骤,每位组员就自己的问题选择自己喜欢并觉得可行的方法,准备在以后的学习生活中实施。这一讨论过程要做书面记录。

4. 课后作业

用一周的时间实践小组讨论中每个人所选择的解决厌学问题的新方法,并做好实施过程中的各种情况变化记录。

第五次活动

1. 目标

分享收获,调整不足。

2. 注意力训练

考虑到大多数厌学学生都存在注意力集中方面的问题,通过这次活动,向组员介绍集中注意力的几种方法。

介绍《视线追踪图》《舒尔特表》、"划字法""倒背法"和"阅读法",并让组员进行练习,叮嘱他们,训练注意力的方法要每天练习才会有效果。

3. 主题讨论与分享

每位组员依次交流一周来解决厌学情绪的方法实施情况、体验和认识,有哪些收获和不足,讨论改进措施,讨论结果作书面整理,在小组内向大家宣读。

4. 课后作业

再用一周的时间对于改进方法进行实施和体验。

第六次活动

1. 目标

分享收获,团体评估,告别。

2. 主题讨论与分享

(1) 一周来实施过程的情况,与前一周相比较,看有什么不同,有哪些新的认识和体验,讨论改进措施。

(2) 在本辅导小组的全部活动过程中有哪些体验和收获。

(3) 请大家对今后的学习生活做一个积极的设计。

心理老师总结:对学习产生厌烦情绪不是短时间形成的,解决起来也不是一蹴而就的。愿大家将本小组中一些好的收获在日后继续坚持下去。

3. 告别活动

为每位组员准备一张 N 次贴纸,请大家写下现在最想说的话,并将这张纸贴在心理室的"心情墙"上,这些话是鼓励、是鞭策,将陪伴大家日后的每一段行程。

活动结束后,大家填写《活动评估问卷》。好几个学生纷纷表示:"希望每天中午都可以过来。""感觉很开心,希望活动时间能长一点。""对自己有了新的认识。""很开心,有互动感。""老师,还有下一次的活动吗?""我们还想参加活动。"从话语中,我能感受到他们被人重视的快乐心情。

(五) 建议与说明

学习问题,经常会出现反复,尤其是对这类本来基础就比较薄弱、学习兴趣较低的学生,因此,在小组活动之后,心理老师需要和班主任联系,巩固活动效果。

厌学的原因多种多样,在讨论厌学心态的成因这一环节中,学生们纷纷表示如果老师采取罚抄之类的方法,会让学生对学习更加厌恶。诚然,没有压力的副课让人心向往之,但大多数的学生还是要通过中考这座独木桥。为了避免产生厌学,除了学生自身树立学习目标,追求学习方法外,任课教师们尤其是主课教师,是否可以在兼顾考试指挥棒的前提下,尽可能将教育心理学的知识运用到每个学生身上,尽可能让每个学生体验到学习中的满足感和各种形式的正强化?

帮助厌学学生不仅仅需要耐心、细心和爱心,还是一个长期的、反复的过程。作为教育工作者,我们要把尊重与爱撒给每一个学生,从他们的心理需要出发,进行教育和帮助,切实解决好他们的学习心理问题,才能让每一个学生更好地适应学校教育的要求,从而顺利走完健康成长的历程。

(执笔:陈旭莉)

二、点评

本方案基础于本校实际需要,目标明确,解决问题的切入点具体。六次活动可操作性强,环环相扣,层层推进,从暖身到宣泄对学习的不良情绪再到寻找厌学的原因,最后解决途径的探索,逐步将学生引入正题并分析解决问题。这样的过程符合初中生的认知特点,在允许充分宣泄情绪的前提下逐步引导思考,正面对待问题,小步子解决问题。

随着初中生独立意识的增强,他们对情感的尊重的需要也越来越强。有些学生厌学,不是针对学习本身,而是由于个人情绪得不到父母或教师的理解尊重,从而带着对立情绪来对待学习,从根本上来看,他们表达的是一种对情绪宣泄的需要。所以,本案第一次和第二次都在创建团体,给团体提供安全、温暖、信任又可以宣泄的氛围,这一点处理得非常好。

方案中每一次活动都有明确目标,第五次还针对前面几次进行方法运用方面的具体讨论,这一点对于学生将团体辅导收获的知识延伸到实际学习情境中很有帮助。

每一次活动后还有后续作业,对于补充团体辅导内容,增加练习强度,巩固团体辅导的效果有很实际的作用。

对于本次活动,还有以下两点建议:

(1)第五次的活动目标设置过于简单,没有涵盖具体活动。建议第五次的目标增加注意力训练。

(2)总共六次活动,第一、二次都用来做团队建设,时间稍微放多了些,建议第二次的后半部分就可以开始进入主题,然后布置的课后作业可以围绕主题进行练习。

第三节 自主学习——高中(生涯辅导)

一、活动方案

我的未来我做主——生涯探索小团体
——上海市建平中学团体心理辅导活动设计

(一)活动目标

"我的未来我做主——生涯探索小团体",旨在引导学生回顾与统整个人生命经验,增进自我觉察与自我认识;鼓励学生正向赋予生命意义,增进自我接纳;引导学生探索自我特质,鼓励他们在寻求满意职业时关注自己与职业的适配性;协助学生了解搜集职业资讯的方法与管道,借由资料搜集与分享的过程,增进科系知识;澄清自己对未来的期待,最终制订未来目标及具体可行的行动计划。

(二)活动对象

本次活动对象为上海市建平中学高一、高二有生涯发展困扰的学生,自主报名后选择组员,不超过 12 人。

(三) 活动时间

活动每周 1 次,每次 40~45 分钟,共 6 次。从 2015 年 5 月 5 日至 6 月 9 日 活动地点为学校心理辅导中心的小团体心理辅导室。

(四) 活动过程

活动主题	活动内容与目的	活动准备	备注
生涯 Party 相见欢	1. 促进成员相互认识:采访、签名。 2. 小团体情况说明,澄清期待。 3. 生涯成熟度量表测试。 4. 制定小团体契约。	活动单 生涯成熟度量表	
如果我是一本书	1. 引导学生回顾与统整个人生命经验,增进自我觉察与自我认识。 2. 分享自己的书,感悟生命经验,增进相互学习与认识。	轻音乐、活动单、图画纸(B4大小)、彩色笔	
心中的桃花源	1. 我的职业价值观。 2. 我向往的岛屿(职业兴趣)。 3. 鼓励学生在寻求喜欢的职业时关注自己与职业的适配性。	活动单,PPT	作业:从事的职业、父母期待的职业、我欣赏的人从事的职业分别是什么?工作性质为何?准备下节课分享。
科系面面观	1. 故事新编"唐僧在光棍节给悟空的信",了解个人特质、资源、人际等对生涯发展的影响。 2. 分享"我眼中的职业世界",收集职业资讯。 3. 能提供并判断有关职业的正负向讯息与其他特征。 4. 借由资料搜集与分享的过程,增进科系知识。	活动单	作业分享
生涯幻游	1. 想象十年后的生活,澄清自己的期待。 2. "我的蝴蝶大梦",具体化自己的梦想以及梦想达成过程与时间。 3. 列出未来的目标及具体可行的行动计划。	活动单 轻音乐	
我的未来我做主	1. 回顾六次团队活动,体验自我的改变与收获。 2. 团队活动结束。	前几次活动的照片、奖品 生涯成熟度量表 终期评估问卷	合影 评估与表彰

（五）建议与说明

1. 招募方式：校园海报、教室内招募宣传单、校园广播、心理教师邀请、班主任推荐
2. 小组工作原则
（1）每位团体成员要保证在每周二中午到小团体心理活动室参加团体辅导。
（2）活动积极参加，努力做到直率地表达自己的看法和情感。
（3）认真倾听和观察，并给予适当鼓励。每位成员都要做到为同伴保密，不能把同伴的隐私透露给他人，也不可将别人隐私作为谈资。
（4）开放分享，真诚接纳。
3. 过程准备：几个工作人员合作，注意拍摄、视频、学生作品等资料的收集与整理。
4. 评估方法：初期问卷与终期问卷、成员反馈与工作人员评估。
5. 后续工作：完成小团体活动报告书。

二、点评

如今，已经越来越多教育者认识到我们教育中生涯规划教育的缺乏，有很多学生到填报高考志愿的那一刻仍然没有认真思考过自己未来要做什么，于是乎在短短几天内仓促地填报了志愿，而在紧接着的三四年的大学阶段以及未来更长的职业生涯中，带着迷茫、懊悔等负面情绪浪费了时间、迷失了自己。我们也在教育实践中清楚地看到，如果一个学生能够更早地从生涯的角度思考自己的学习目的，他就能够感受到更大的自主发展自己的动力。在国外，比如在美国、日本、加拿大等许多国家，已经非常重视从小给孩子职业体验、进行分阶段的生涯教育。高中阶段由于是一个学生成人前的最后一站，他们尤其需要有机会认真地了解自己、专业地展望生涯。所以，如果一个学校的教育能够给学生这样的学习和体验机会，对于学生而言是非常珍贵的。

本团体活动方案定位为让部分困扰于生涯发展问题的高一高二学生组成成长性小团体，在系列的团体活动中，通过团成员间的互动，探索自己，探索未来。

本方案计划用广告招募加心理老师邀请、班主任推荐的方式来召集成员，通过招募传单（见附录）就可以看出，学生们已经可以通过广告词了解到团体的目标和团体的风格，也更加容易权衡是否需要报名参加。不过，在招募完成之后，一般需要根据团体目标、人数规定和风格对报名人员进行遴选。

本方案有完善的理论框架，这是非常重要，却也常常被大家忽略的。试想，如果一个团体的设计计划，没有任何理论支持，那么就容易出现理论混乱、安排随意，成员在活动中会感到困惑，更不要说得到符合内在逻辑联系的启发了。本方案基于生涯教育的相关研究，确定了本团体活动的三个目标——自我认识、探索职业、制订计划，清晰有据，确保了团体活动的科学性、条理性和有效性。

通过团体活动方案，我们可以判断这是一个同质性、结构化、封闭性的成长性团体。活动一共分为六次，有完整的创始、过渡、工作和结束四个团体阶段。让团体成员经历聚焦个人经验、回顾整理自己、达成新的自我了解、应用新的自我发现的四个学习阶段。

在第一次活动,通过导入破冰活动和团队契约的构建着力于营造安全、接纳的团体氛围,并让成员明确团体目标和个人目标(其中"生涯成熟度量表测试"环节,就很有效地帮助成员了解个人目标)。在确立目标时,一定要注意三个关键词——具体、真实、可检验。

到第二次活动,通过"如果我是一本书"这样一项非常感性的活动(配有轻音乐),既来让成员有机会探索自己又给他们机会表露自己,这样的设计在团体的较早阶段能很有效地催化团体动力,让成员们更深入地融入团体,增加团体的凝聚力。

六次团体活动的设计体现着由浅入深、有强大的内在逻辑性,而且让每个成员都有机会参加的原则,并安排了适当的家庭作业,让成员有机会进行更多的活动。在团体活动中,尤其要注意让成员有机会进行充分的讨论,因为团体活动的精髓在于通过团体互动带来的成长,如果没有互动、或者只有表面浅层的互动,是无法达成最好的团体辅导效果的。

到第五次活动,通过"生涯幻游"主题,让成员开始尝试把学习感悟、成果应用到自己的生活中,而在第六次"我的未来我做主"的主题中,更是让成员深入回顾和体验团队学习的收获,鼓励成员真正在现实生活中做出改变。这些都是在团体活动的结束阶段要做的工作。

另外,这个方案还有两个值得一提、值得学习的点,第一是评估方法,本方案结合了初期问卷和终期问卷进行对比评估,这能够帮助学员,也帮助辅导者看到活动的效果,这是非常科学也非常容易操作的方法。第二是本方案有非常详细的经费预算,这看似一个一个非常小的细节,却恰好体现了一份计划的足够详细和真实。因为要想让一个团体活动能够顺利进行,就不可能无视物质保障。

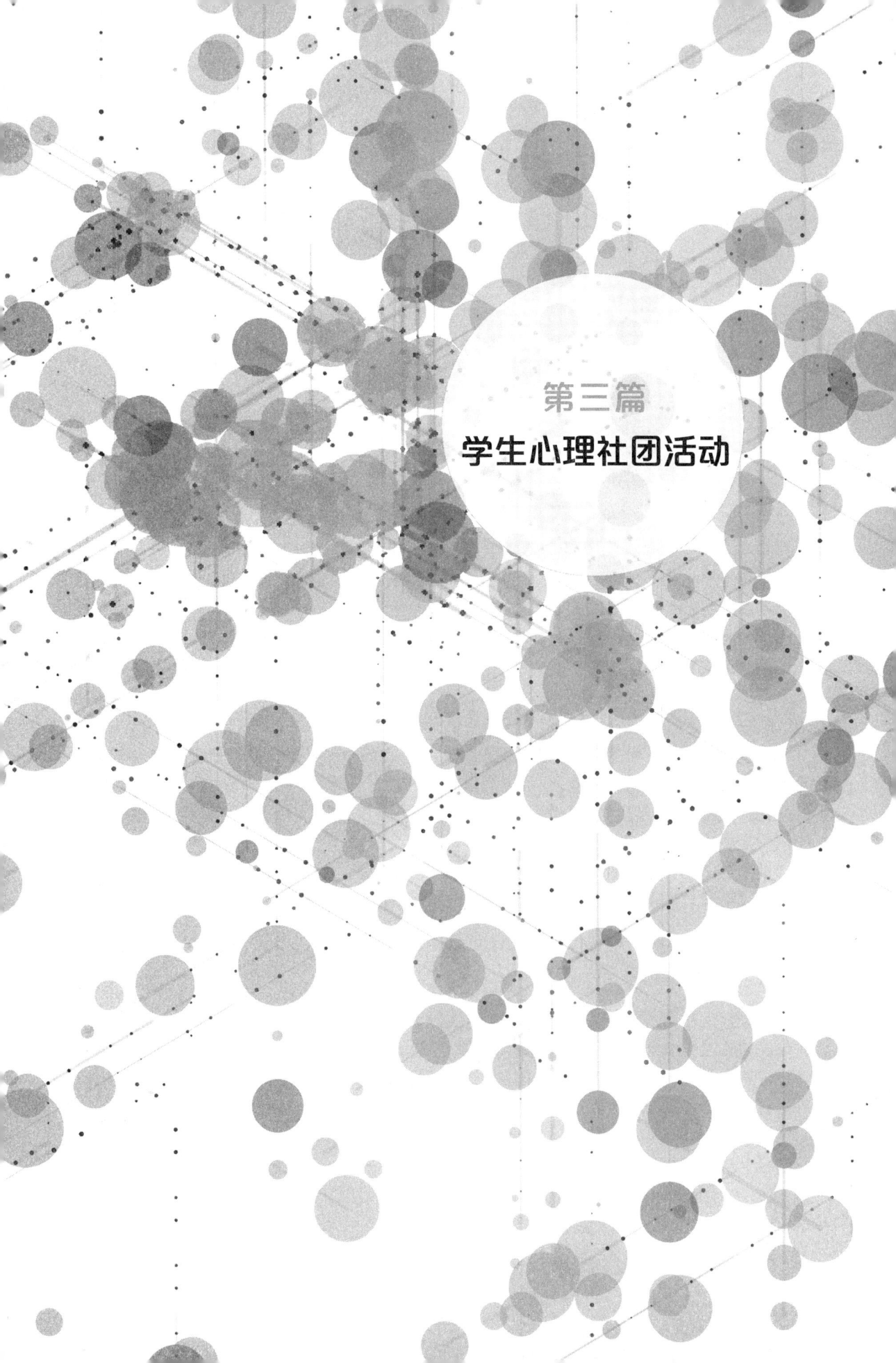

第三篇
学生心理社团活动

第一章

学生心理社团活动概述

第一节 社团活动的概念与特征

一、概念及起源

(一) 社团的概念

在当今中小学中,社团作为丰富学生课余生活的形式,被广泛开展。

社团主要指在学校中,在教师指导下,学生根据自己的兴趣、爱好,自由选择、自主管理开展活动和实践的群众组织。《教育大辞典》[1]对学生社团的界定是,"学生是在自愿基础上结成的各种群众性文化、艺术、学术团体。不分年级、系科甚至学校的界限,由兴趣爱好相近的同学组成。在保证学生完成学习任务和不影响学校正常教学秩序的前提下开展各种活动。目的是活跃学校气氛,提高学生自治能力,丰富课余生活;交流思想,切磋技艺,互相启迪,增进友谊。"

学生社团因其对学生自主意识的觉醒和自主能力的提高具有积极的作用而成为培养学生综合素质与发展的重要渠道,开始渐渐被大众关注。学生可以根据自己的特长与兴趣爱好去选择社团,成为学生所喜欢的一种学校活动模式。学生社团的开展满足了学生的自主学习和发展兴趣爱好的需求。

教师之所以支持社团活动的开展,大多是因为它对于学生能力培养、健全人格塑造,乃至道德水平都起着积极的促进作用。很多学校则将社团活动作为自主课程或创新课程的一种形式。

(二) 社团的起源与发展历史

有关学生社团的研究[2],最早可追溯至课外活动的研究领域。在中世纪的欧洲以及18世纪晚期英国的大学和学校里已经有学生课外活动的开展。以"学生治校"为特点的意大利博洛尼亚大学为中世纪欧洲学生社团的产生开创了先河。学生社团逐渐成为学生在学习以外进行文化体育活动的主要组织形式。

20世纪的美国学生课外活动发展已相对成熟,相对死板的学科课程在许多方面已经不能满足学生的需求,以杜威教育哲学思想为核心的现代教育理念逐渐得到认可和欢迎。自20世纪60年代开始,美国开始重视课外活动的功能,并且把课堂之外的学生活动,视为整体学习的一部分,赋予课外活动极高的地位。杜威本人的"教育即生活"的主张,非常深入地影响了当时美国的学校教育。

在日本,约20世纪70年代中后期,中学里出现了全体学生必须参加的"必修俱乐部",并列入学校教育课程。俱乐部活动在一定程度上打破了原来班级的界限,促进了跨班级、跨年级之间的同学交往。

在我国,至20世纪80年代初,学生社团开始了一个新的时代。加强课外活动成为教育改革的一项重要内容,并就此开展理论研讨和实践的探索与创新。学生社团首先在各类大专院校以及部分中学里涌现,当时的中学生社团多以文学社团为主,至90年代,逐渐形成了文艺体育、学术研讨、科技创新等丰富多彩的社团格局。

国外学校社团的发展一般从一开始自愿结合,进行自我管理,随之不断进行制度健全,具有一定的灵活性和自主性。相比较国外学校社团,我国学校的学生社团虽然数量激增,种类繁多,相对而言娱乐性社团多,思想性社团少,缺乏系统的管理,制度尚不够完善,学生社团在发展的过程中缺乏一定的稳定性和连续性。

共青团上海市委对21世纪中学生社团的基本情况、发展特点、背景和方向曾作出论述,并且提出社团建设要从几个方面着手[3]:形成中学生社团活动和建设的相关政策;加强中学生社团之间的联系、协作和交流,鼓励中学生社团走出校门,走向社会;深入研究社团两性发展的机制和加大对中学生社团的投入等。

二、理论基础

(一)非正式群体

郑杭生在《社会学概论》[4]中提到:非正式群体指由一定数量的个人(通常规模比较小),经过长期的相互作用所形成的社会团体。非正式群体是自发形成的群体,是在工作和生活中自然形成的,没有明确目的和任务的组织。这个概念在企业中比较常用,在学校中,社团也可以看作一定意义上的"非正式群体"。

非正式群体具有自发性,成员的交叉型,有自然形成的核心人物,不稳定性等特征。人的需要是多层次、多方面的。相比较正式群体以某一目的而建立,因此非正式群体就可以满足人寻友结伴、培养各种兴趣爱好等需求。

在对于非正式群体的研究中,非正式群体具有协助工作、增强情感交流的作用,是正式群体很好的补充。研究中认为非正式群体具有这样的一些正功能:减轻单调、厌烦和疲劳,有获得非正式地位的机会,情绪反应能够充分表露,为非正式群体成员提供了独立的机会。对于学校社团中的学生而言,随着社会的发展,学生已不仅仅满足于教师在课堂上传授的知识。学生社团的发展是社会转型过程中多元价值和社会主体意识提升的必然体现。学生也可以从社团中扮演"小领袖"角色以满足对自我的认同。在这样的范围里,非正式群体减少了群体成员的紧张,朋辈之间有更多的话题,也能有更深刻的情感交流。

当然,在非正式群体中也会带有一些负功能:如不能及时作出变革,缺乏一定的规范等。因此在学校的学生社团中,还是需要有教师进行一定的指导,以及制定相应的社团制度来影响社团的发展。

（二）体验式学习

体验,既是一种活动,也是活动的结果[5]。作为一种活动,即个体亲身经历某件事并进行反思;作为活动的结果,即个体从其亲身经历事件的反思中获得认识和情感。体验式学习通常更看重的是其过程,这是一个直接认知、欣然接受、尊重和运用当下被教导的知识及能力的过程。

体验式学习不同于说教式教学方式的学习训练。对于拥有不同的品质与特质的学习者,体验式学习的过程,就需要他们准备好,在各方面投入整个学习过程。个体在智力上、情绪上及行为层面的整合上都会有所学习,成果将显示在实际的态度与行为改变上。对于体验式的学习者,他们全然投入于体验中,并且把当下的学习与过去、现在和未来连接起来;那些体验和内容是独具个人意义的,对于学习者而言,学到什么和如何学到的,都具有特别的重要性。

学生社团活动正是运用体验式学习的一种方式。在社团中,学生共同学习,对于知识的掌握与交流,具有强烈的主动性,不仅在于学习各种知识,更重要的是其过程也会给学生带来许多感悟。

在社团中,学生对知识经验、兴趣爱好进行分享,同时也学习与人相处的技巧,通过自我反省、他人反馈、社会比较而不断认识自我,进而调整自我、完善自我、检验自我,不断获得成长的乐趣,使自己成为一个社会人。

三、主要特征

（一）自主性

联合国教科文组织在《学会生存》中指出:"未来学校必须把教育对象变成自己教育自己的主体。"随着社会的发展,对于学生自主能力的要求越来越高。从教育的目标来看,培养全面发展的人是一切教育的出发点和归宿。如今的中国教育越来越强调创新能力和创新品质为价值追求。社团是一个给学生搭建自主、合作的平台。

当然不同年龄阶段有不同的特点,随着年龄的增长,学生的自主探究能力也越强。年龄越小的学生,因为其知识结构有限,所以不可能完全自发形成,需要有教师的启发、组织和引导。因此在社团活动中,还需要把握自主性的度。

针对学生的心理发展而言,人有能力去发现自己心理上的适应不良,社团活动可以通过改变自己来寻求个性上的全面发展。在社团活动中,通过一次一次的摸爬滚打的锤炼,能激发学生发挥自身潜能。因为社团具有自主性,所以个体能够更加主动地去应对自己所遇到的问题和遭受的挫折,对形成良好的人格品质,达到心理健康的状态都是非常有帮助的。同时,丰富多彩的社团活动对于培育学生的公共精神会起到良好的示范作用。虽然在社团中学生需要发挥自己的主体意识,但是如何与社团成员合作等社会性发展也可以在社团中得到很好的锻炼。

（二）拓展性

相比较课堂活动的组织主要以教师为主，社团生活则为学生提供了磋商、策划、体验等各异的学习方式，是对课堂的一种拓展。如今国内的学生社团活动具有各种各样活动内容和形式，这也体现与符合当下学生的身心发展需求，丰富了学生的课余生活。

社团活动的开展不满足于课堂，甚至不满足于校内。许多学校甚至将志愿者服务、社会实践活动与学生社团活动整合起来，呈现一种开放教育的模式。学生通过社团走向社区、社会，拓宽了视野，强化了情感体验。社团活动使得学生将目光跳出课本，不仅丰富了学生的知识面，还从实践中获得了多方面的经验。

有些社团之间甚至相互交流，进行资源整合。在这种共同学习中，学生人际互动的愿望更加迫切，在这样的学习中，学生也享受着成长带来的乐趣。

四、心理社团

学校心理健康教育是从学生的心理实际和社会发展的需要出发，运用多种手段和途径，有目的、有计划地充分发挥个体的心理潜能，培养积极向上的心态、健全的人格和良好的个性品质，提高学生的心理素质，进而促进学生综合素质和个性全面发展的过程。

学生心理社团活动是一个充分凸显学生主体性的契合点，区别于心理辅导活动课与心理团体活动的开展。心理社团是指面向学校全体学生，招募一批对心理学知识有浓厚兴趣、具备相关素质的学生，以他们为核心开展一系列活动，并且可以以点带面建立学生层面的心理互助机制，同时在专业心理辅导教师指导下，开展广泛的心理互助社团活动，从而达到充分发挥学生主体性的活动形式。

通常，学校心理社团会开展这样一些活动，如：组织社团学生面向全校进行心理广播；布置学校橱窗、心理展板普及宣传心理知识；组织收集相关心理方面的知识出版心理杂志；排演校园心理情景剧；开设心理剧场、心理书吧；开展心理调查；开展团体辅导活动等。因为学生对同龄人的情况最了解，所以由学生所组织的心理社团活动主题最能够满足全体的需求，从而能够很好地以点带面，将学校心理工作开展起来。

同时，心理社团也具有以下功能。即可以帮助很多心理压力过大的学生通过参加心理社团活动来排解自己的压力，放松心情，摆正心态，重新树立自我信心，挖掘自我成长的潜力。

第二节　心理社团的功能

一、拓展课堂内容

学生社团活动是不满足于课堂、不满足于校内的。它呈现出开放性的特点，强调学生的体验和实践。学校心理辅导活动课的内容一般由学校专业的心理老师来安排进行团体性的辅导,在课堂上与学生进行互动来了解学生的心理需求和解决学生心理困惑。心理团体辅导一般也是针对性地召集学生或有一个专门的主题,由心理教师来主持。学校心理社团相较于前两者,学生的主体性就更强。可以说,社团是对课堂的拓展和深入。

有些心理社团,尤其是中学的心理社团,会请学校心理教师或其他专业教师定期举办讲座,或者指定参考书目,通过组织社团学生进行学习交流来学习心理学专业知识,社团学生可以把观察、体验、搜集到的案例定期进行讨论交流,这样可以加深对理论的理解和加强实际问题的解决能力。

心理社团通过这些活动一方面可以使学生更成熟自信,另一方面也使他们有能力全面开展心理社团的工作,从而推动整个学校心理健康教育工作更有效全面地进行。

二、增强自主探究

形成与选择社团是学生自发性的行为,因此参与社团的成员也被要求对社团活动的开展共同出力。社团活动很多时候是由学生自我设计、自我管理、自我服务、自我评价的,因此能发现自身的价值,体验自身的力量,磨炼自身的意志。

心理社团在开展活动的过程中,可以与研究性学习相结合,让学生在学与用中体验学以致用的效果。比如,由学生设计自己感兴趣的心理小课题、心理小实验等开展研究性学习,可以为学校的心理健康活动提供鲜活的第一手素材。社团学生可以通过设计一些心理小调查来密切关注学校学生的思想动态和心理倾向,找出亟待解决的思想和心理方面的共性问题,也是一种朋辈间心理互助开展的启蒙。

三、发展合作意识

在学校社团活动中,学生通常可以享受亲密感,增强归属感和认同感。通过观察团体行为,学习社会交往技巧。

学校心理社团活动的开展,通常要尽力发挥每一个学生的优势。社团的学生一般都对心理学具有一定的兴趣,他们来自于不同的年级和班级,具有不同的性格特点和知识结构,可以培养有能力的学生成为社团的核心,由于成员的兴趣爱好各不相同,若能充分发挥每个成员的特长专项,就会使得整个团队协作向前发展。

在心理社团中,一般会营造这样的氛围,只要愿意融入和付出一般是不会体会失败的,这一特点使得社团成员乐于参与活动,乐于与其他人分享自己的经历。心理社团可以营造这样的氛围,源于社团成员间的信任、尊重以及悦纳自我和欣赏他人的态度,这种氛围会很快消除学生内心的孤独感,克服社交障碍带来的恐惧心理。

很多社团成员甚至还能够将学习到的社团知识运用于班会活动中,因而也让他们人际沟通的能力有所增强,所以学校心理社团还可以起到"以点带面"的作用来带动全校的心理健康工作。

四、提高服务性意识

心理社团的学生除了参与社团成员设计的活动外,一般还需要承担一部分学校心理健康教育宣传的工作,以及发挥朋辈辅导的作用。

学校开展心理健康教育宣传工作,目的是通过舆论宣传来增强全体师生的心理保健意识,了解一些维护心理健康的知识。学校心理社团在宣传方面有着特有的优势。社团活动时由社团成员收集一定的材料,通过学校橱窗的心理版块、广播台、心理小报或网站(博客)等方式为全体学生提供心理卫生和心理保健方面的常识,解答各类问题,普及心理健康知识;定期在橱窗里展出社团成员的体验、感悟和收获方面的小论文以及不同阶段社团的活动图片;对由社团成员反馈的大众心理问题,定期在橱窗进行宣传辅导;通过社团大力宣传、介绍心理咨询室,以促进个别咨询工作的顺利进行;为心理社团的成员设立平台,让社团成员可以和全校学生进行交流,建立联系。通过由心理社团成员辅助开展的心理健康宣传工作,在学校形成氛围、引起共鸣,以达到预防和发展的目的,将心理健康的理念和要求转变为学生自身发展的内在需要。

心理社团除发挥宣传作用外,也能充分发挥朋辈互助的作用。有些学校的心理社团成员本身就起到学校心理信息员的作用,可以向学校心理教师提供来自学生的第一手资料。心理社团也可以通过调查访谈协助教师了解学生心理动向、收集学生关注的热点问题,使学校心理教育具有较强的针对性。因此,心理社团是学校普及心理知识的后备军。

第三节　心理社团的建设

一、社团章程的确立

(一) 社团个人角色的选择

心理社团常常建议以社团成员为主体,从自我管理的角度来审视学校心理社团的发展现状。不难发现,由于小学生的知识结构域解决问题的能力比较欠缺,所以社团活动一般以教师为主导,随着年龄的增长,心理社团的自主管理性会有所增强,然而即使是高中生,他们的价值判断和综合能力还是有所欠缺。因此心理社团中可能会出现这样的两种情况:一种是学生习惯了教师的安排,如果缺少了教师的指导就会措手不及、管理失控;另一种是目标的确立和活动的开展往往受到社长或核心成员的影响,一旦发生人员变更就会影响社团整体规划的发展,甚至导致社团无法正常工作。因此,社团中的每一个人都要具有角色的选择,每一个成员都有责任去营造一个民主协商、共同策划、交流分享的社团氛围。

因此,心理社团的成员不仅要对心理健康教育有浓厚的兴趣,而且他的个性、参加动机等也应适合参加心理社团,以便形成良好的团体氛围,为今后活动的开展奠定良好基础。在心理社团中,除了社长要负责社团活动的策划与组织,还可以为社团成员设置一些职务来分担相应的工作。如由副社长协助社长开展活动,并做好每次活动记录;由活动协调专员负责招新、编组,与各班进行联络;由文书专员负责资料的收集与编辑,为社团活动作不定期的活动报道;由网络宣传专员发布、更新网络资源,运用学校广播、宣传栏、展板等平台宣传心理健康知识。专员专职,让每个社员都在社团中找到自己的角色,从而能更好地建设和开展心理社团的活动。

社团活动的第一次会面,可以通过一些热身活动让学生初步相识了解,并通过签订协议书这种形式,让社团成员对自己的行为起到约束作用。每位成员可根据自己的兴趣爱好和特长,选择相应的"职务"加入到相应的活动小组内,讨论并修订学期活动计划,培养每位成员的主体意识,充分挖掘每位成员的心理潜能。

为了更好地激励社团成员,还可以适当设置一些体验交流活动,通过个人自评、社团鉴定、学校审定等环节展开评价,对表现优秀的学生进行表彰奖励,激发每个成员参加活动的热情,让他们都能清晰地认识在社团中的自我发展方向,而且为全面提高社团成员的心理素质提供有效的参考依据。

(二) 社团参与的规范

俗话说,没有规矩不成方圆。在社团发展的过程中,需要建立规范的社团制度来规范社团的行为。一份经由全体社团成员自主协商、共同设计的社团章程在规范社团成员行为的同时,也明确了社团发展的方向,成为社团发展的助推力,使社团活动的开展有了评判的标准和依据。

下面是某学校的心理社团活动章程:

**学校心理阳光社活动章程*

第一条 本心理社团以为社员了解心理学知识、进行自我心理健康保健和促进开展学校心理健康宣传为宗旨进行活动。

第二条 凡本校学生,承认社团章程,参加社团活动,可成为心理社团成员。

第三条 心理社团成员员应积极参加社团活动和培训,为社团活动的开展出谋划策。在社团中具有表决权、选举权和被选举权,可以通过正当途径对社团活动的开展提出建议和批评,致力于使心理社不断创新与蓬勃发展。

第四条 心理社团成员可以在班级中为其他有困难和有思想负担的同学分忧解难,或推荐其前来心理咨询室咨询。

第五条 心理社团的活动应来自于广大同学的建议,符合心理社的宗旨,要有不断更新的创意和方案。心理社团成员要互相协作,为每一次心理社的活动做好准备、记录和总结,并对成员参加活动的次数及情况和指导教师的名字做好记录。

第六条 心理社团的活动也欢迎其他同学参加,活动前应充分做好宣传工作,心理社成员可以在自己所在的集体中做好宣传工作。

第七条 心理社团成员需要及时更新学校心理博客上的宣传内容,及时为心理健康活动做好宣传工作。

第八条 心理社团可以不断吸收新的成员,并对成员记录做好更新和存档工作,对社员的活动记录进行及时整理。

这是一份由社团成员共同商议通过的社团活动章程。这份章程中有着社团发展的目标确立以及社团成员的权利与义务。它使得社团活动的开展有了一定的标准和依据,是心理社团发展的一种保障。

由社团成员共同商定一份活动章程,可以在过程中更加享受主动参与社团建设这个过程,同时也让社团成员学习如何倾听别人的意见和观点,学习相互合作,学习合理定位自己的角色和承担应有的责任,并在之后的活动中,为履行这种责任而带来成就感与自豪感,从而对社团更具有认同感。

二、社团活动的设计要求

(一) 社团活动的时间与场地

为了学生心理社团更好地发展,需要为社团活动安排好固定的活动时间。一般而言,学校的心理社团与其他社团一样,会有一个专门的社团时间,安排学生在一起进行活动。为了确保每一个社团成员参与其中,要尽量注意不要出现某位社团成员因为成绩等原因而参加不了社团活动的情况发生。久而久之,就容易影响社团活动的进行,因此也要求社团成员合理地安排自己的学习生活。

在社团活动计划和管理过程中,社团活动地点的选择也是必须要考虑的重要因素之一。根据心理社团的特点,一般可以将活动安排在学校专门的心理活动教室内进行,因为心理活动室一般已经进行了一定的环境布置,可以为社员提供相应的活动材料。当然在一些情况下,图书馆、礼堂等都可以作为社团活动的场地。一些学校的心理社团也会将教室作为社团开展活动的主要场所,教室的桌椅可以根据学生的需求来移动,在教室里做一些适当的装饰,用来开展社团活动。根据每次活动的需求,社团活动的地点可以安排在室内,也可以安排在室外,甚至是校外。

(二) 社团活动资源的获得

心理社团开展各种形式的活动,除了需要有聚集的时间和学校提供一定的活动场地,也需要一定的物质材料来辅助活动的开展。虽然学生社团物质资源不足并不是制约社团发展的关键因素,然而,确保一定的社团活动资源对社团的建设还是具有一定的帮助。比如,心理社团的经费使用一般可以包括购买器材、邀请校外专业人士讲课、组织比赛、参观、与其他社团联谊、印刷刊物、颁发奖品纪念品等。

当然,学校有义务为学生心理社团提供软硬件设备,但是去寻找适合开展活动的物资对社团成员也是一种考验,也是让他们思考如何建设社团的一种方式。在寻找物质资源的过程中,缺乏社会经验的学生一定会遇到挫折,但在这种适度的挫折中成长也是十分有益的。在美国的中学里,时常会看到一群学生在食堂门口摆摊卖一些糖果或者鲜花,原来他们是在为自己的社团筹集活动经费。

社团活动本身就是一个教育过程。面对筹集活动物资这个问题,如何运用"资源有限,创意无限"的理念,也给学生一个开拓思路的空间,从而强化社团成员间的凝聚力。

(三) 社团课程化

在中小学落实新课改的背景下,许多学校都纷纷将社团活动课程化作为开展社团活动的一种尝试与探索。对于学校心理社团的活动而言,社团活动的开展可以在管理上具有"课程化"的特点,而在内容上注重"活动化"。社团活动是不同班级,甚至是不同年级的学生聚集到一起的,一个固定的时间和场地可以确保社团活动有效的开展,每周拿出一节课的时间,很多学校甚至将社团排进课表。

一定意义上讲,课程化重在强调社团活动开展的计划性和有序性,学生心理社团不是自由活动,或随心所欲地"扯"或"玩",因此社团活动课的开展需要在社团负责人(社长)或指导教师的协助下进行活动。不同于心理辅导活动课,社团中虽然也有教师,但教师更多起到的是指导作用。随着社团活动的不断展开,新的活动目标会不断生成,新的活动主题也会不断生成。学生在系列的活动过程中,认识和体验可以不断加深,创造性的火花也会不断迸发。当然,心理社团活动的开展除了在社团课的时间外,还可以做出灵活安排,为学校心理工作进行一定的宣传。

三、社团活动的组织与实施

(一) 活动策划与组织

叶澜老师在《教育概论》[6]中指出:"活动对个体发展的影响程度,还取决于主体对活动的自主程度。活动的目的、任务是由活动主体为满足自己的需求提出的,活动过程是主体自主的,对主体来说是带有一定的探索性与创造性的。在这种情况下,主体的态度不仅是自觉的而且是积极主动的。在这类活动中,活动主体不仅关注行为、关注目标、关注结构而且关注'直观自身'。因而,这是最富有发展性意义的活动。"因此,心理社团的组织与实施不同于心理辅导活动课或心理小团体活动,它主要是建议通过学生自主策划、组织、开展活动的过程实现独特的心理辅导价值的部分。

社团活动的组织可以结合学校对社团建设与发展的要求,以学期、学年为单位,进行整体策划,可以是整体的活动策划,也可以具有阶段性或专题性。心理社团活动的策划组织要确定阶段主题和每次活动主题,并使之成为整体。心理社团的成员朝着社团发展的目标,系统安排活动,结合整个学校的心理健康辅导工作的整体格局,将其成为学校心理健康辅导的助推器。

(二) 根据实际需求开展多样化活动

目前,越来越多的学生开始关注自身的心理健康问题,这为心理社团发展带来动力的同时,也提出了极大的挑战。一个成功的学生心理社团活动的组织与实施,要求能够从参加者的心理需要出发,达到既能在学校中普及心理健康知识,又能制造轻松活泼的氛围,以达到其活动效应。所以,在打造有特色的品牌活动这个方面是对心理社团至关重要的。

在具体设计和实施每一次社团活动时,可以鼓励社团成员根据自己的兴趣爱好和需求,从自己真正感兴趣的领域或真实的个人生活、社会生活中开发活动内容。

事实上,社团成员主动发现、开发的活动内容越丰富,相应的成长体验就越真实、深刻和有效,也就越能通过社团活动促进学生自觉、主动地发展。

在学生自主选择多样的活动方式、实现活动目标的过程中,社团中的每一个人都获得了更丰富的成长体验,感受到了自己作为社团以及社团活动主体的意义和价值,这种收获和体验是其他学习活动无法替代的。

对于不同年龄阶段的学生,心理社团活动的开展形式可以是丰富多样的。对于小学生而言,心理游戏、心理故事的分享更具有趣味性,也符合他们的年龄特征;对于中学生而言,由于有学业上的要求,他们可以自由支配的时间和实践自己想法的机会都显得难能可贵,因此社团活动为他们提供了一个发展自我的空间。区别于心理辅导活动课,选择参加心理社团的学生或对心理学知识具有一定的探索,或者想主动通过活动来排解压力、放松心情,他们可以根据自己的兴趣爱好和成长需求,从自己真正感兴趣的领域或真实的个人生活、社会生活中开发活动内容,进行一些小课题方面的专题探究。

运用多样化的活动方式是在社团活动开展过程中非常值得关注和探索的领域。多样化的活动方式秉承的最基本的原则是以学生为主,指导教师的作用可以通过智慧的引导让他们不停留于丰富、活跃但平庸的境界中。

现在,拥有学生心理社团的学校很多。学校间的心理社团交流也可以促进社团活动的开展,为心理社团提供一个交流平台,通过分享在开展社团活动过程中遇到的问题求解过程,相互借鉴经验,共同进步。

参 考 文 献

[1] 教育大辞典编纂委员会. 教育大辞典:第一卷[M]. 上海:上海教育出版社,1990.

[2] 赵瑞情. 中学生社团生活研究[D]. 华东师范大学教育科学学院,2008.

[3] 共青团上海市委学校部. 上海市中学生社团发展报告[R]. 上海教育科研,2002(2).

[4] 郑杭生. 社会学概论新修[M]. 北京:中国人民大学出版社,2009.

[5] 李英. 体验:一种教育学的话语——初探教育学的体验范畴[J]. 教育理论与实践,2001(12):1-5.

[6] 叶澜. 教育概论[M]. 北京:人民教育出版社,2006.

第二章

小学心理社团活动

小学生的心理发展是迅速的，尤其是在智力和思维能力方面，相比处于青春期学生的"狂风暴雨"，这个阶段的心理发展相对协调，是个体发展社会性的好时机。小学生的心理发展是开放的，这个时期是成人了解儿童真实心理活动，从而进行有的放矢引导的好时机。

在个性发展上，二年级到四年级发展较慢，发展相对稳定；四年级到六年级发展较快，差异性会增大。根据埃里克森的人格发展八阶段理论，6～12岁学龄阶段的儿童要处理的是勤奋对自卑的冲突。如果他们能顺利地完成学习课程，他们就会获得勤奋感，这使他们在今后的独立生活和承担工作任务中充满信心。反之，就会产生自卑。在这个阶段，可以以多元的课程形式引导学生获得"勤奋"的品质。社团活动是一种以学生为主体的课程，学生可以根据自己的兴趣选择课程内容。在这样的课程中，学生获得成就的机会也会更多。

在小学阶段，学生有着强烈的活动需要，以游戏活动的形式开展活动对他们具有很大的吸引力。交往需要是小学生最基本的社会需要。小学生的成就感是交往需要和自我实现需要结合的产物，通过游戏活动等方式可以较好地满足学生这些方面的需要。小学心理社团的开展一般会面向对心理知识比较感兴趣的学生，活动的内容从学生的发展需要出发，学生通过参与各种各样的社团活动，体验、感悟、认识自我，开发自己的潜能，挖掘内心积极向上的一面。

小学生的思维带有很大的依赖性和模仿性，独立而灵活思考问题的能力相对薄弱。在这个阶段需要教师引导他们对各种事物的认识从低级向高级发展。因此，小学的社团活动一般需要指导教师做较为周详的安排与指导，开展内容丰富多样的活动。需要注意的是，社团活动有别于心理健康辅导课和心理小团体活动，不仅要以学生为主体，还要通过社团活动，起到向全校学生推广心理健康的辐射作用。

第一节 趣味心理游戏

心理游戏是心理辅导中常用的活动形式之一，这是一种在团体情境中提供心理学帮助与指导的重要方式，它是通过团体内人际交互作用，促使个体在交往中通过观察、学习、体验、协作，认识自我，探讨自我，接纳自我，调整和改善与他人的关系，学习新的处事态度和行为方式，以发展良好的生活适应的助人过程。在心理游戏中结合一定的心理训练和辅导，对于提升人的心理素质和综合能力具有特别重要的意义。

心理游戏这种形式符合小学生的个性和认知特点，它不仅可以为学生创造一种信任的、温暖的、支持的团体气氛，也可以使自己成为他人的社会支持力量。在心理游戏中，同伴可以互相支持,集思广益,很适合在心理社团中开展,使社团成员之间的氛围更加融洽。

下面以浦东新区华高小学和华林小学的心理社团案例为例,介绍如何在小学心理社团中开展趣味心理游戏。

一、活动方案

案例1:浦东新区华高小学的"为自己喝彩"系列社团活动

为自己喝彩

——浦东新区华高小学心理社团活动方案

(一) 活动目标

1. 增进社团成员间的了解。
2. 正确认识和评价自己,能接受自己的优缺点,能悦纳自我。
3. 挖掘自己及他人正向特质。
4. 与他人分享自己的优点与长处,培养积极自我评价的习惯。

(二) 活动对象

心理社团成员(四、五年级学生)。

(三) 活动时间

6次,每周一次。

(四) 活动过程

第一单元:喜相逢

活动目标:
1. 认识社团中的其他成员。
2. 了解社团的目的、规则及活动进行方式。
3. 促进社团成员间的亲密感。

活动材料:
1. 笔、纸、软垫10块、音乐。
2. 每位成员的名牌。

活动过程:
1. 暖身活动。
(1) 以轻音乐营造气氛,引导每位成员围成一个圆圈随意坐下。
(2) 借"大风吹"活动,形成不同的位置。
"大风吹,吹大风"游戏规则:
现场所有同学手牵手围成一个大圈,社团指导教师站在圈内开始喊口令:"大风吹,吹大风,吹穿白色衣服的……",其他同学围着指导教师转动,一旦听到吹什么样的人,这些人就得立马反应过来,然后进行位置互换。(重复或者站错的都将要受到惩罚,要当场表演节目。)

游戏意义:一是考验同学们的反应能力,二是考查换位双方的沟通和协调能力。

2. 主要活动:小记者。

(1) 社团指导教师介绍"小记者"活动的目的及流程。

(2) 利用"一、二、一、二"报数,两人成一组彼此互相访问。访问内容包括姓名、特征、优点、最喜欢和最讨厌什么,并说明理由。

(3) 回到大团体,彼此相互介绍。被介绍人可以提出补充或修正。

(4) 接着,社团指导教师(第一号)先报自己的名字,然后右边的成员(第二号)报自己的名字,并要复述第一号姓名。

(5) 第二号右边的成员(第三号)报自己的名字后,并复述第二号与第一号姓名。依此类推(顺序依照顺、逆时针方向皆可)。最后一号复述所有社团成员姓名。

(6) 第二次除姓名外,另加复述其他一种资料,如特征或兴趣、个性等。

3. 结束活动。

(1) 社团指导教师邀请成员说出自己的想法、感受。

(2) 指导教师与全体社团成员共同订定团体规约(保密、守时、尊重别人、按时交作业),并请每位成员签名表示承诺。

第二单元:我是谁

活动目标:

1. 通过20次问"我是谁",对自己有个初步的认识和评价。

2. 通过同学之间的相互评价,对自己进行更进一步的认识和评价。

3. 通过总结、肯定,达到对自己的正确认识。

活动过程:

1. 暖身活动:龙头抓龙尾。

(1) 成员一个接着一个排成一列,第一位成员当龙头,最后一位成员当龙尾,在龙尾的裤子口袋露出一条毛巾。

(2) 听到口令,龙头开始抓龙尾的毛巾,注意龙身不能断掉。成员轮流当龙头、龙尾。

(3) 分享当龙头、龙身或龙尾的感觉。

2. 主要活动:猜猜"我是谁"。

(1) 将社团成员按照6~8人一组分成若干个小组,每组选一组长主持活动的进程。

(2) 每一个小组成员,问自己20次"我是谁",并把头脑中浮现出来的答案一一写在规格相同的纸上,想到什么就写什么,回答每次提问的时间为20秒,注意不要写出名字。

(3) 社团指导教师指导学生如何进行答案分析。

(4) 组长随意抽取一份组员的答案,大家对该学生的答案进行分析,试着猜出该学生是谁。

(5) 得到确认之后,大家对该成员再次进行评价,如他的优点、缺点等,如此直至每一份答案都经过分析,每一个成员都被评价。

(6) 每个学生总结自己对自己的评价和同伴对自己的评价,课后写一篇"这就是我"的小文章,文章不讲究形式、措辞,只要求对"我"的各个方面写全面,以达到正确的自我认识。

3. 结束活动。

(1) 社团成员分享这一次团体活动的感受。

(2) 社团指导教师将这次活动主题进行整理,指出正确认识自我的意义。

第三单元:优点轰炸

活动目标:

1. 了解自己的特性及优点。
2. 能自我接纳。

活动材料:

活动单、作业单、抱枕。

活动过程:

1. 暖身活动:信任举人。

(1) 被举起的成员闭上眼睛,全身放松躺着,由其他成员分别支撑头、肩、背、腰、臀部和双脚,同时举起,绕着团体活动室缓慢走一圈。

(2) 放下时先将被举成员的脚慢慢放下。接着成员逐一体验被抬的感觉。

(3) 成员彼此分享刚才过程中的感觉。

2. 主要活动:优点轰炸。

(1) 利用活动单写下其他成员的优点。

(2) 成员逐一到团体中间,轮流接受其他成员的轰炸。

(3) 成员分享被轰炸的当时感受及想法。

(4) 以投掷抱枕方式,将抱枕丢给另一人。在投掷之前要先说:"某某某要将抱枕丢给……的某某某。"必须要说出对方的一至两个优点,才能将抱枕掷出去。接到的成员也要补充说出一个自己的优点或好的表现。

(5) 直到所有的成员都已接到过抱枕。

3. 结束活动。

(1) 成员分享这一次团体活动的感受。

(2) 社团辅导教师将这次活动主题进行整理。

第四单元:肯定自我

活动目标:

1. 能接受自己的优缺点。
2. 能肯定自己的能力及价值。

活动材料:

活动单。

活动过程:

1. 暖身活动:突围。
(1) 由一位成员站在团体中央,用任何方法(钻、跳、推、拉、诱骗等),力求突围挣脱;外围成员面向内圈站立,用手臂互相勾结,形成包围,各尽全身力气,绝不让被围者逃出。每人计时两分钟。
(2) 分享过程中的感受及想法。
2. 主要活动:自我盾牌。
(1) 向每位同学发下一张盾牌图。
(2) 内容包括:我的希望或目标、我的优点或能力、我的缺点或要改进的地方、我的烦恼、我得意的事。
(3) 每位成员就盾牌图的问题简单回答并写于纸上。
(4) 每个人轮流向其他成员介绍自己的盾牌内容,并择一、二项详细说明。
3. 结束活动。
(1) 成员分享这一次团体活动的感受。
(2) 社团指导教师将这次活动主题进行整理。

第五单元:我很特别

活动目标:
1. 能觉察对自己有重大影响的他人的性格特点。
2. 能说出自己的性格特点。

活动材料:
人格特质参照表、彩色笔、水笔、作业单。

活动过程:
1. 暖身活动:我是只小小鸟。
(1) 报数,每两人成一组。其中一人当小鸟,另一人则是妈妈,妈妈用双手将小鸟围在中间,当成鸟巢。
(2) 当社团指导教师喊"小鸟"时,小鸟需换到别的鸟巢,鸟巢不需移动;喊"妈妈"时,妈妈需找别的小鸟,小鸟不能移动;喊"刮台风"时,则全部打散重新组合。
(3) 之后口令由落单者发出。
(4) 成员彼此分享心情。
2. 主要活动:影响轮。
(1) 请成员在纸上中央画一个圆圈代表自己,在周围画上大小不等的圆圈代表影响自己的重要他人(依影响程度及关系亲疏决定圆圈的大小及远近)。
(2) 在每一圆圈周围写出该重要他人的3~5项个人特质,并依个人喜好标上"○""×"。
(3) 分享每人所画的影响轮图形。
(4) 社团指导教师引导成员讨论。
① 影响你最大的人是谁? 他有哪些性格特点是你喜欢的?
② 你最喜欢的三项性格特点和最不喜欢的三项性格特点是什么? 为什么? 你自己是否具备以上的特点?

③ 你希望自己改变自身哪些性格特点？你希望自己再拥有哪些特点？
（5）讨论总结成员的讨论内容。
3. 结束活动。
（1）成员分享这一次团体活动的感受。
（2）社团指导教师总结。

第六单元：为自己喝彩

活动目标：
1. 能觉察并分享自己的成长。
2. 能说出参与团体的收获。

活动材料：
白纸、彩色笔。

活动过程：
1. 回顾。
（1）成员与社团指导教师回忆这几次团体活动的内容，讨论：最喜欢哪一个单元，哪个单元心得感想最多，哪个单元帮助最大。
（2）成员轮流说出参与团体后的改变或收获。
2. 反馈与祝福。
（1）社团成员围圈而坐，由一位成员当主角，大家讨论对他现在的印象及刚参加团体时有何不同，看看他参加团体后改变了什么，然后请他自己说说感受。接着再换另一位成员。依此类推，对每位成员反馈。
（2）结束时每人发一张纸，请成员在纸顶端写上"对某某某（自己姓名）的祝福，然后向右传给下一人每人都写下自己对他人的祝福和建议，或用绘画形式表达。当转完一圈，每位成员细细阅读他人的祝福，并对他人怀着深深的感谢，一一握手道别。

（五）建议与说明

自我肯定首先要"知我"，即认识自我、悦纳自我、发挥潜能、实现自我、完善自我。人对自己的认识不是一种抽象的概念。它本身就带有一种情感和态度，伴有自我评价的感情，即对自己是好感还是恶感，是满意还是不满意。心理健康要求对自己保持一种接纳的态度，而且是一种愉快而满意地接纳自己的态度，即积极悦纳自我。悦纳自我是发展健全自我的核心和关键。悦纳自我就是要无条件地接受自己的一切，包括生理的、心理的，不论优点或缺点、成功或失败。要肯定自己的价值，尊重自己，喜欢自己，使自己充分感受到价值感、自豪感、愉快感和满足感。当一个人充分地自我接纳，即自我意象完整和稳固时，他便会有良好的感觉，他的情感、举止、才能就会发挥得更加出色。

当今社会大部分的学生都是独生子女，在家里备受宠爱，他们对自我的认识不够全面、不够准确，存在两极分化的现象：要么特别自信，觉得自己无所不能；要么特别自卑，觉得自己什么都不好，一无是处。在平时的教学活动中，我发现多数学生很喜欢说别人的缺点，看到自身都是优点，对自身的缺点采取回避态度。开展"为自己喝彩"这个社团活动就是要学生能从各个角度认识和评价自己，能正确看待自己，全面地了解自我、认识自我，接受自己的优缺点,并挖掘自己及他人的正向特质,培养积极自我评价的习惯。

社团活动中的团体活动游戏还可以用一些其他的内容替代,可以根据教师与学生的实际情况进行适当改变。

(执笔:张琪娜)

案例2:华林小学"说出我声音"系列社团活动

说出我声音
——华林小学心理社团活动方案

(一)活动目标

1. 让社团成员清楚地认识自己和周围的朋友,了解与人沟通中语言表达能力的重要性,引导成员挖掘出更多样的表达方式。
2. 引导成员积极地和社团其他成员分享,不管是面临的困难还是难忘的经历、体验都能很顺畅地和其他成员分享,通过分享不断强化成员的表达完整性。
3. 通过小组中的体验活动,培养成员的团队合作能力,促进成员之间的互动交流,构建积极、健康、正向的心理意识。

(二)活动对象

本社团在每学期初招收新成员,成员来自二、三年级学生,学生活动人数在8～10人左右。这部分的学生存在语言表达能力欠佳的问题,平时在课堂教学和日常课余生活中,表达能力还处于简单的对话、口头表达模式,说话语病较多,往往表达不完整,意思表达不清楚;他们在团队协作方面也只是单纯地实现两三人的团体互动,交往范围较为固定也较为狭隘,团体意识不强。

所以本社团活动的开展更加注重成员间的表达和交流,从活动中让成员学会分享自己的经历和感兴趣的话题等,不断重复和强化表达能力,帮助成员在表达和合作方面有所提升。

(三)活动时间

1. 课数:6个单元。
2. 时间:每周一下午2:30—3:30。
3. 地点:华林小学心理活动室(部分活动会有调整)。

(四)活动过程

第一单元活动内容

活动主题:认识你我他

活动目标:

1. 与成员们建立关系,相互认识。
2. 简单介绍活动目的。

3. 协助社团成员订立社团活动规范。

时间	目标	内容	所需物资	备注
5分钟	让成员认识社团指导教师,了解小组活动相关内容。	(1) 教师自我介绍(包括自我介绍和担任的角色)。 (2) 明确此次活动的目的。 (3) 说明活动采用的形式和开展时间。		
15分钟	社团成员员的自我介绍。	成员和指导教师围成一个圈,由教师开始介绍自己(介绍内容:我是×××,我喜欢×××,我参加这个小组的原因是×××),介绍完之后把球传给左边的学生,学生开始模仿,介绍自己(喜欢和参加社团的原因不能与前面的相同),以此类推。	气球一个	喜欢的东西可以随意(水果、事物都可以)。
10分钟	加深社团成员之间的认识和了解,鼓励大家积极参加活动。	成员和教师围成一个圈,开始向其中一名成员抛球并喊出成员名字,以此类推,成员可以任意向组内一名成员抛球(每个成员都必须喊一个学生的名字)。	气球一个	教师积极引导成员喊不同成员的名字。
15分钟	制定社团规范,让成员了解小组规范。	教师介绍社团规范,并引导成员制订社团活动规则等。	卡纸一张,水彩笔若干	向成员说明社团规范、包含的内容和规范的重要性。
10分钟	活跃现场气氛,增强成员之间的熟悉度。	(1) 教师和成员围成一个圈,教师作为带领者。 (2) 所有成员喊:"东南西北风,吹什么风。" (3) 带领者说:"吹男生的风。"所有男生都要与正对面的人换位置,反应慢的学生作为下一轮的带领者。		带领者可以视成员的特点发号指令,可以是长头发、女生、红衣服等。
5分钟	成员分享此次活动的感受。	依次谈论此次活动的感受,教师做总结并通知下一次活动的时间和地点,给每一位成员盖GOOD章。		

活动反馈:

成员A:暖身游戏很有趣,能认识很多小朋友,很开心。

成员B:和同学们一起建立契约,在海报上自己给自己制定规则很特别。

成员C:虽然同学们之间都不太熟悉,但是小组活动似乎很有意思。

第二单元活动内容

活动主题：团结你我他

活动目标：

1. 让成员加深彼此印象，了解彼此。
2. 让成员认识到团结合作的重要性。
3. 协助成员补充完成小组契约。

时间	目标	内容	所需物资	备注
10分钟	1. 介绍本次活动的主要内容。 2. 消除一周不见的陌生感。	1. 帮助社团成员回顾上一节内容，并介绍本次活动内容。 2. 成员围成圈，依次叠加介绍（我是×××，下一位则介绍说我是×××左边的×××。）		
15分钟	1. 促进成员自我认识。 2. 加深成员之间的认识。	1. 由每位成员画自画像，并写下可以代表自己的两个词语（可以是外貌特征、性格，也可以是衣服颜色等）。 2. 然后收集，由社团指导教师随机抽出一张，让成员猜出这个人是谁。 3. 猜出之后，让成员表达是否还有其他特点。	作业纸12张，铅笔12支	对于每幅作品采用积极的评价，鼓励成员对主人进行特征描述，注意避免负面词语和情绪。
15分钟	让成员认识团结合作的重要性。学会团体协作。	1. 成员在随机盒里抽取纸条（纸条上分别写着1、2、3），抽到同一个数字的为一个小组，依次分成三组。 2. 三组成员，以团体形式拼七巧板图，比比看谁能先完成三幅七巧板图。	七巧板3副，简单七巧板图3张	1. 对于抽签分组，由于高低年级不同，则把三位高年级小朋友另外抽签，分在三组。 2. 注意比赛失败小组情绪安抚，并鼓励小组能团结合作。
10分钟	分享本次活动的感受。	1. 社团指导教师引导社团成员表达刚才游戏中的感受，传达团结合作的重要性。 2. 协助成员完成小组契约。 3. 给每一位成员盖GOOD章。	小组契约	教师做好感受分享，记录成员在活动中的情绪反馈。

活动反馈：

成员A：画自己的样子和说自己的特点时很有趣，一时很难想出自己有什么特点，需要一些时间去想。

成员B：在一起拼图的时候，刚开始会有些不满意，因为要和其他人一起合作完成，但是通过不断的重复，也能和其他同学一起合作完成一幅作品。

第三单元活动内容

活动主题：倾听你的声音

活动目标：

1. 增强成员的反应能力。
2. 提高成员的注意力。
3. 让成员了解倾听的重要性。

时间	目标	内容	所需物资	备注
5分钟		1. 回顾上节活动内容。 2. 介绍本次活动内容。		
10分钟	1. 活跃社团活动气氛，消除一段时间不见的陌生感。 2. 提高小组成员的反应能力和注意力。	1. 成员围成圈，将自己的右手食指放在右侧，并且要与肩部水平，朝上，左手掌心朝下，放在相邻的人的食指上。 2. 社团指导教师讲述"阿水的故事"。当听到"水"这个词时，每个人用左手去抓相邻成员的右手食指，左手迅速逃开，被抓到的成员就站到中间围成一个类似的小圆圈。再用同样的方法进行下去。如果中间的人既没有被别人抓到，又抓住了别人的话，那么他就回到原来那个圆圈，依此进行，故事结束的时候，中间的人当下个游戏故事的讲述者。		阿水的故事：很久以前，有个小村庄里有个叫阿水的小朋友。每天清晨，阿水都会提着两个大水桶，去河边抓鱼，抓完鱼后，挑着两桶水回家。回家的路上总是会碰到白胡子老爷爷，老爷爷每天都夸阿水是个好孩子，阿水听完心里美滋滋的。回家后，阿水会把两大桶水倒进新买的水缸里，不多也不少。完成挑水的工作后，阿水就收拾书包，出门上学了。
15分钟	1. 认识倾听的重要性。 2. 学会安静地倾听。 3. 纠正不良的倾听行为。	1. 让上个环节位置在中间的成员作为故事讲述者，先去门外等待一会。 2. 社团指导教师告诉剩下的成员，当做出"1"手势的时候，大家与左右的同学说话（说什么都可以）；当做出"2"的时候，表现出不愿听，玩其他的东西；当做出"3"的时候，打断说故事的人，说"我不喜欢这个故事""我不想听这个故事""这个故事好无聊啊"等等。 3. 讲述故事者进入屋内，开始讲述故事，教师适时引导做动作。		游戏灵活性较大，教师应该在过程中把握时机，适当地运用这些不恰当的行为。

(续表)

时间	目标	内容	所需物资	备注
		4. 当故事讲完时,询问讲述故事者的感受。 5. 反问听故事的成员,你们觉得刚才的行为怎么样,如果你是讲述者,你的感受如何。		
10 分钟	分享此节活动的感受。	1. 教师引导成员逐个发表活动感受。 2. 引导出此次活动主题,让社团成员亲身感受倾听的重要性。 3. 介绍下次活动的主题、时间和地点,并布置下一次活动要分享的故事。 4. 给每一位小组成员盖 GOOD 章。		及时做好社团活动反馈,观察成员在表达感受时的状态。

活动反馈:

成员 A:在游戏时,自己在迅速反应时也会看(监督)其他小朋友是不是也能及时反应。

成员 B:在给成员们讲故事时,看到他们的反应,心里很难受,后来才得知,原来是老师事先安排好做出这种不耐烦的反应,是想让我们能亲身体会在别人表达或者发言时应该尊重他人。

第四单元活动内容

活动主题:故事大王

活动目标:

1. 加强成员的反应能力,并提高专注力。
2. 加强成员的表达能力,学会分享。
3. 提高成员的倾听意识。

时间	目标	内容	所需物资	备注
5 分钟		1. 回顾上次活动内容。 2. 简单介绍本次活动。		

(续表)

时间	目标	内容	所需物资	备注
15 分钟	1. 暖身游戏,减少一段时间未见的陌生感。 2. 训练成员的反应能力。 3. 增强成员的注意力。	1. 成员围成圈,熟悉左右两边成员名字。 2. 介绍游戏规则。"虎克船长"游戏规则:由社团指导教师喊出其中一人名字,则被喊者说"虎克",被喊者左右两边成员喊"船长,船长",并做出划船的动作,接着由被喊者叫另一位成员的名字。 3. 分享游戏感受。		1. 控制游戏时间。 2. 注意游戏时的纪律。
10 分钟	1. 加强成员的表达能力。 2. 让成员加强倾听意识。	1. 由成员分享准备的小故事、小笑话或诗歌。 2. 控制倾听气氛。 3. 简单分享听故事的感受。		1. 由两名成员分享,可以自愿也可以点名。 2. 控制时间。 3. 注意调节倾听时的氛围。
10 分钟	分享此节活动感受。	1. 成员分享此次活动感受并对下一次活动设想。 2. 教师总结活动,鼓励成员表达训练,布置下次活动分享的内容。 3. 预告下次活动主题。 4. 给每一位成员盖 GOOD 章。		1. 鼓励成员勇敢表达,平时生活中可以向老师、父母、同学讲故事等。 2. 及时称赞愿分享、表现突出的成员。

活动反馈:

成员 A:今天成员们都在认真听我讲故事,这种心情非常愉快。

成员 B:看到旁边的同学积极踊跃地分享故事,我也主动给大家讲了个笑话。

成员 C:在游戏中当小组长得到老师的肯定,在活动中认识的朋友也越来越多。

第五单元活动内容

活动主题:户外竞赛

活动目标:

1. 帮助成员认识到团结协作的重要性。
2. 让成员学会运用良好的沟通方式。
3. 帮助成员增强自信、挑战自我。

时间	目标	内容	所需物资	备注
10分钟	1. 帮助成员回顾上节活动内容。 2. 提高成员的专注力和反应能力。 3. 帮助成员消除陌生感。	1. 回顾上节活动内容。 2. 介绍此节活动内容。 3. 暖身游戏:大树和松鼠 规则:事先通过1,2,3报数分组,2为松鼠,其他人为大树。扮大树的两人伸手搭成圈,扮松鼠的站在圆圈中间。当口令发出者喊"松鼠"时,"松鼠"必须离开原来的大树,重新选择其他的大树;当喊"大树"时,"大树"必须离开原先的同伴重新组合成大树,并圈住松鼠;当喊"地震"时,"大树"和"松鼠"全部打散并重新组合。		本次活动在操场上进行,需注意组织社团成员活动。
15分钟	1. 增强成员团结协作能力。 2. 让成员找出最合适的合作方法。	1. 将成员分成两组,每组人数相同并且为双数。 2. 每组以两人为一队站在一起,两人一起运送篮球,篮球必须在两人中间。 3. 若篮球掉落则需停止,把球重新放才能继续前进。 4. 最快完成的一组获胜。	排球一个	获胜队奖励糖果,注意安抚未获胜队的情绪。
15分钟	1. 让成员体验沟通合作。 2. 增强成员之间的信任度。 2. 挑战自我,战胜自己。	1. 成员手拉手围成圈,将呼啦圈套在其中一人身上,以此为起点。 2. 成员要在手仍牵着的情况下将身体穿越呼啦圈,不能断开手帮助传递呼啦圈。 3. 呼啦圈返回起点便完成,公布完成时间。 4. 挑战更短的时间完成此任务。	呼啦圈一个	协助每个小组成员之间寻找最佳方案。
5分钟	1. 分享此次活动的感受。 2. 总结此节活动内容,并强调活动目标。 3. 提前给成员预告下次活动为最后一次小组活动。	1. 可以让成员坐在草坪上,分享此次活动内容。 2. 成员为下一次最后的活动提出建议。		特别注意社团成员们的不舍情绪。

活动反馈:

成员 A:操场上的活动让我们大家齐心协力地完成比赛,让我们能学会团结合作。

成员 B:今天的比赛很有意思,我们这组胜利了,组员们都特别齐心并且迅速地完成任务。

成员 C:虽然我们没有胜利,但是在比赛中同学们都为我加油,听着非常感动。

第六单元活动内容

活动主题:最棒的我们

活动目标:

1. 让成员学会表扬,增强自信。
2. 训练成员的表达能力。
3. 增强社团的团结氛围。

时间	目标	内容	所需物资	备注
5分钟		1. 回顾上节内容。 2. 介绍本节活动内容。		本节活动为社团课的最后一节活动,注意离别情绪处理。
15分钟	1. 训练表达能力。 2. 增强自信心。 3. 学会运用倾听技巧。	1. 讲述"骆驼与羊"的故事。 2. 优点轰炸游戏:(1)让成员在便利条上写下自己的优点(越多越好)。 (2)写完后,按顺序对其中一名成员进行优点轰炸。 (3)由指导教师对每一位成员进行优点整理,并让成员核对自己所写的优点是否有相同内容。	便利条 铅笔	1. 准备好"骆驼与羊"的故事内容。 2. 注意没有被赞扬的成员情绪。
15分钟	1. 帮助成员聚焦社团活动目标。 2. 鼓励成员表达对社团的感受。 3. 协助成员规划未来目标。	1. 回顾整个活动内容,总结已达成的目标。 2. 成员写下对社团的感受并分享。 3. 对每位成员进行简单总结,以表扬正面为主。 4. 谈谈对未来的计划,并处理好最后一节活动情绪。	便利条 铅笔	
5分钟		1. 表达感谢,给每位参加的成员盖GOOD章。 2. 给每位成员发放小礼物。		

活动反馈:

成员A:很快就到最后一次活动了,有些不舍,在活动中学到很多知识,也认识到很多同学。

成员B:很谢谢老师能在活动中帮助我们,这次的活动很有意思,希望下次还能继续参加。

成员C:每次活动都觉得很有意思,时间也过得特别快,每次活动结束后老师都会给我们奖励的印章。

(五) 建议与说明

1. 所需资源

(1) 社团辅导教师1名:①负责与协助者一同准备活动道具及场地安排;②负责整个社团的主持工作;③负责小组活动开展;④负责每节活动后召集工作人员讨论。

(2) 社团活动协助者1名:①负责协助指导教师召开社团活动,记录社团活动的开展;②负责准备社团活动的相关场地及道具准备;③负责处理社团活动中的临时突发状况,观察社团成员的反应;④协助者做机动安排;⑤负责照相。

(3) 道具:座椅若干、拼图、七巧板等。

2. 风险和应变计划

(1) 问题:社团成员招募人数的不足。

应变:A. 亲自邀请对象参加。
　　　B. 要求同事帮忙,找寻一些他们相熟又符合条件的学生参加。

(2) 问题:社团成员的临时退出。

应变:充分尊重成员的选择,不得以"利益"强迫其留在社团内。但同时,应检查社团是否有不恰当之处或计划是否有不恰当之处并及时调整,避免因不恰当而使社团成员退出。

(3) 问题:社团成员不能很好地理解活动的意义。

应变:尽量引导社团成员对游戏进行正确的思考,若不行的话,则直接告诉其意义。若还不行,就临时更换一些同类但简单一些的游戏。

(4) 问题:活动过程中冷场的情况。

应变:调动成员积极性,唱歌、小游戏、奖励先说话者,鼓励并用提问的方式引导成员表达自己的想法。

(5) 问题:遇到社团成员过于活跃,以至于无法控制的场面。

应变:给予他们一个通关密语"伙伴们,请安静",最快安静下来的给予奖励或可以回答问题。

3. 评估方法

(1) 根据社团活动过程观察及分析评估。

(2) 在社团最后一节活动,成员分享及给予意见。

(3) 通过社团活动记录表及活动后情况分析表评估。

4. 社团活动对于社团指导教师的启发

(1) 学生观的改变。

学生的差异性不应该成为教育上的负担,相反,是一种宝贵的资源。我们要改变以往的学生观,用赏识和发现的目光去看待学生,改变以往用一把尺子衡量学生的标准,要重新认识到每个学生都是天才,只要我们正确地引导和挖掘他们,每个学生都能成才。可以利用多元智能理论来扶助有问题的学生,并采取对他们更合适的方法去学习。

(2)教学方式的反思。

教师备课、上课不能再像以往那样仅仅为了完成教学大纲的要求,而是更多地从关注学生、开发学生潜能、促进学生全面发展方面去考虑问题。社团活动要采用多种方式和手段,呈现用"多元智能"教学的策略,实现为"多元智能而教"的目的,改进教学的形式和环节,努力培养学生的多种智能,在形式上重视小组合作学习和讨论,以利于语言智能和人际智能的培养。在环节上重视最后的反思环节,培养学生的内省智能,力争使活动丰富多彩,形式多样,使学生的主体地位更加明显。

(执笔:汤慧)

二、活动评析

从华高小学和华林小学的社团案例中可以看到,在小学心理社团中开展心理游戏,并不是单次主题活动,而是需要有计划地开展的系列活动。虽然在心理活动课和心理小团体辅导中也经常会用到心理游戏的形式,但是在小学心理社团中的心理游戏需要心理教师进行挑选和修改,针对社团特点和社团形成阶段所开展。

华高小学的心理社团成员来自学校四、五年级,这是小学的高年级段,随着对小学教育的不断适应,学生在心理上比初入学时的学生更稳定,主体意识也逐渐觉醒,他们开始偏重对自己的分析,虽然很多看法上显得幼稚,但分析问题就是独立认识问题的过程。面向这个阶段初入社团的成员开展活动,不仅可以建立社团成员间的关系,也符合他们的心理需求,为社团之后活动的开展奠定良好的基础。

华林小学的心理社团成员来自学校二、三年级,该社团比较有针对性地面向了在表达能力上有所欠缺的学生。这个阶段学生的个性差别大,但同时也是自信形成的一个关键期,他们常常从他人的评价中获得自身的价值。如果因为某个方面的缺失,受到班级同学的歧视,往往容易对自己的评价低,失去自信。华林小学的社团成员具有一定的同质性,因此在开展社团活动时,心理教师需要根据社团成员的特点设计和辅导,同时也需要发展社团成员的主动性,使心理社团以学生为主体。

第二节 心 理 广 播

广播系统是学校不可缺少的基础设施之一,它是学校向学生传递信息的重要途径之一。校园广播具有对象广泛、感染力强的优势,它可以是校园文化和知识拓展的一个平台。心理社团的功能之一就是要向全校学生进行心理健康知识的宣传普及,因此广播是一个非常方便的工具。

小学生具有强烈的表现欲望,通过广播的形式可以给他们提供一个表现的舞台,让他们更好地展现自我,表现聪明才智。同时也可以增强学生的主人翁意识,由学生来播讲的心理知识能更贴近他们的学习生活,也更能说出学生的心声。要建立一支心理广播队伍需要有采、编、播三个过程,无论是内容的采集和编辑还是播放,都需要心理教师给予一定的指导。在这个过程中,对于学生自信心的培养尤为重要。

下面就以观澜小学的案例为例,介绍如何在小学心理社团中开展心理广播的活动。

一、活动方案

案例:观澜小学"小导游的自信养成记"系列社团活动

小导游的自信养成记

——观澜小学心理社团活动方案

(一)活动目标

1. 引导学生正确认识自我。
2. 通过训练逐步消除学生的自卑心理。
3. 指导学生学习培养自信心的方法。
4. 通过训练和实践,让学生能自信从容地在各种校内外来宾面前介绍观澜景点。

(二)活动对象

观澜小学三至五年级学生。

(三)活动时间

每周周一。

(四)活动过程

1. 心理测试

发放问卷调查,对学生进行自信程度的检测。教师根据测试结果制定适合学生的心理辅导方案。通过关于自信的测试题,使学生们找到身上的不足,对性格的解析也揭示了许多人性的优点与缺点,对社团成员了解自己的性格有积极作用。

2. 心理游戏

通过简单的心理小游戏来让学生认识自己的优点,培养自信心,使成员接受初步的心理知识和自信的理念,学习与人交往的基本技能,培养团队合作精神等。

心理游戏1:目光炯炯

要求:两人对坐,目光对视一分钟,轮流说出自己的一个优点,态度肯定,大声说三遍。

游戏过程:

师:同学们,你们两个人一组,面对面站好,互相看着对方的眼睛保持一分钟。

（活动过程中有些学生坚持不了一分钟就笑了,有些同学不好意思长时间看对方的眼睛。）

师:请你说说刚才和你对视的同学的优点。

（学生交流:他学习成绩很好,每次考试都考得很好;她对同学很友好,有同学忘带东西就会主动借给他们;老师经常表扬他字写得端正……）

游戏结束后交流感受:

甲生:我凝视他的眼睛会有点不好意思。

乙生:他一直看着我,我觉得很想笑,而且他在说我的优点的时候弄得我很不好意思。

丙生:同学说优点的时候一次比一次大声,而且感觉看了这么长时间眼睛有点酸……

说明:学生的对视过程也是培养学生自信的过程,对视中不好意思看对方的人是较不自信的一方,要大声说出自己的优点,也是培养自信的好方法,学生说优点时感到一遍比一遍自信。

心理游戏2:优点轰炸

要求:学生轮流被别人指出优点,每个人只对被谈论者指出一个确实存在的优点,被谈论者只允许静听,不必做任何表示。注意引导学生体会被大家指出优点时的感受。

游戏过程:

师:请同学们轮流说一说一位同学的优点,说的时候其他同学认真听。

（请一位学生站在中间,其他学生轮流说一说他的优点。学生说优点:他经常被老师表扬成绩好;他作业做得很认真;他对小朋友都很好,会主动借给同学们文具;他主动帮助同学打扫卫生……）

被谈论的同学谈谈感受:一开始同学们说我优点的时候我有点不好意思,后来同学说出我这么多优点,我觉得很开心。

说明:学生被别人指出优点时会感到很高兴,同学之间指出的大多数优点和本人以前认识到的完全一致,当然也有许多优点是学生们以前没有发现的,这样一来就使学生加强了对自身优点和长处的认识。

3. 心理小讲堂

教师通过讲座的形式,向学生普及一些心理基础知识,帮助学生了解自我、认识自我,让学生了解自卑产生的原因,更好地克服自卑心理,树立自信心,同时也让学生对自信、自卑和自负三个概念有所了解,明确自信的定位,从而树立学生们自信乐观、开朗合群的健康人格。

我们也希望每位同学都能像爱护自己的身体一样爱护自己的心灵,关注心理健康。为此心理社团做了一些工作,课后请校领导、老师题词签名,出宣传海报,写宣传标语,发宣传单等,让孩子们学会关注自己的内心。

4. 活动实践

通过上述几个环节对学生自信的培养和铺垫,小导游们开始"实战演练"了。每次指定一位小导游向学生和老师介绍观澜校园景点,要求介绍时做到仪态大方、神情自然、面带微笑、口齿清晰、语速适中,应对突发事件能沉着冷静处理,总之要表现出观澜小导游自信、专业的一面。这一环节,心理辅导老师应注意观察该小导游的体态、神情等是否自信,如有表现不到位或胆怯、腼腆之处应立即提醒并指出改正,这样对小导游们自信心的树立会有很大的帮助。老师的心理辅导是实施心理健康教育的重要手段,学生在心理方面存在的问题,在很大程度上通过适当的心理辅导,是能够得到缓解和释放的。

5. 交流并推荐书籍

教师向学生推荐一些与培养自信有关的书籍,以激发学生对读书的兴趣,更重要的是能够帮助学生正确认识自己,勇敢做自己。让小导游们认识到,在向来宾介绍观澜时,大家都应该挺起胸膛告诉自己:我是独一无二的,我要勇敢、自信地把最好的一面展示给来宾,让来宾也和我们一样爱上观澜。培养自信不仅有助于观澜小导游在向来宾介绍学校、展示自己时更自信,对他们的成长也是有益的。在此过程中向学生宣传心理健康知识,协助学生解决遇到的问题和困惑,提高学生的心理素质,营造良好的心理健康的氛围。学生在老师推荐后交流自己找到、自己喜爱的书籍,锻炼表达能力的同时也把自己的成果与同学分享。

推荐书籍:《勇敢做自己》《独一无二的你》

主要内容介绍:

这两本书主要讲的是在小鱼丹尼即将出发去探索世界之前,爸爸妈妈告诉丹尼他是独一无二的,也告诉他如何在与别人和睦相处的同时,做个独立而特别的自己。小丹尼满怀期待和自信出发了,在独自探索了世界之后,他回到家把自己的见闻也分享给父母,聪慧的小丹尼不仅明白自己是独一无二的,也看到了别人的特别之处和这个世界多彩的美,更体会到了分享所给他的收获。爸爸妈妈很欣慰,他们告诉丹尼,生命是个漫长的旅程,要勇敢地做自己。

(五) 建议与说明

"自信小导游"社团希望通过活动传递给成员一个信号:我们每一个人都是特别的,应该自信地去做好每一件事。这一时期的学生自我意识快速发展,逐步具备了独立性和批判性意识,是自信心培养的关键时期。专门设计的心理游戏活动,给学生提供了展示自我优点、获得成功的机会,而活动中的交流、分享更是注重引导学生克服自卑心理,学会找到身上的闪光点,获得自信。社团希望通过形式多样的活动,给学生们普及心理健康知识,提高心理健康水平。

(执笔:朱佳思、项韦理)

二、活动评析

要求小学心理社团的成员开展心理广播的活动,并不仅仅是心理老师安排一位同学到学校广播台阅读一篇有关心理方面的文章,与全校同学分享,这本身也是对社团成员能力的一种锻炼。因此,对于社团成员自信心以及进行心理广播时言谈举止与应对突发事件的能力培养也是非常重要的。

观澜小学心理社团以"自信小导游"的方式让社团成员在公开场合发言前,先通过心理测试、游戏活动、讲座等方式对成员进行辅导,在这个过程中也向社团成员传播了心理健康知识。同时也向成员推荐了相关书籍,使心理社团的成员拓展了心理健康方面的知识。

有了这样的铺垫,心理社团的成员能够更加大胆地走进学校广播台,与全校师生分享传播心理健康的内容,真正做到由学生以点带面地进行传播和宣传普及心理健康知识。

第三章

初中心理社团活动

初中阶段又称为少年期(也有人称之为青年初期),约从十一二岁开始到十四五岁结束。对于刚刚步入青春期的初中生而言,他们的身心发展会经历一个不平衡时期,会遇到自我认知、情绪、人际关系、人格成长、情感体验、升学等人生课题。

这个阶段的青少年最大的特点就是身体和心理以加速度发展和变化。自我意识高度膨胀,他们希望能尽快进入成人世界,希望尽快摆脱童年时的一切,寻找到一种全新的行为准则,扮演一个全新的社会角色,获得一种全新的社会评价,重新体会人生的意义。性意识的骤然增长,使他们开始关注自己身体的变化,对异性充满好奇,并表现出更多的关注,乐于接近异性,甚至对某一个异性若有所思、若有所失,这种关切若得不到控制将引发青春期情感困惑,造成对学习没有兴趣(厌学)、上课走神、精神恍惚。他们智力水平迅猛提高,思维活跃,对事物的反应能力提高,分析能力、记忆能力增强,对自然现象、社会现象的理解能力不断提高,但尚不成熟,缺乏社会经验,易受周围环境的影响。同时人际交往欲望强烈,此时学校和同伴的影响超过家庭和父母的影响,情绪波动起伏大。健康的心理是顺利完成学业,解决各种学习、生活中遇到的问题,获得心灵成长的保障。

正是因为以上种种变化,学校同伴之间的影响日益强大,学生寻求同伴认同的意识越发强烈。各种学生社团组织正好适应初中生的这种心理需求,进而成为备受学生青睐的学生团体。初中阶段心理社团基本上是由对心理学感兴趣的学生群体组成,运用心理学的基本原理,通过心理小游戏、心理小讲堂、心理小实验等形式,普及心理知识,达到帮助学生认识自我、完善自我,以期让学生拥有丰富的心灵、健全的人格,快乐、健康地成长。

本章将从心理小实验、心理小讲堂两方面,通过案例的形式,具体介绍如何在初中阶段开展心理社团活动。

第一节 心理小实验

心理学是一门贴近生活的科学,有人曾说:"内在世界的心理探险是人类最伟大的探险。"人的心理可以了解吗?某种程度上是可以办到的。要了解"心"的活动及变换,必须从他人可以表现的外在形式去探究,这就是"行为"。如何了解行为?其中一种方法就是通过心理实验和调查的方法。心理社团的成员们在对诸多有趣的生活现象产生兴趣的同时,在社团活动时间选择研究内容、查阅相关资料、提出假设、进行实验设计、开展心理小实验,最后得出结果。通过这样的方法,走进身边人,了解心理学。

初中生心理社团活动内容非常广泛,但总体上来源于学生身边、具有普遍性和迫切性的活动主题和内容。活动的内容既可由教师确定,供学生选择和参考,也可由学生自行选择和确定。

下面将以建平远翔学校、南汇第二中学、建平实验中学的案例为例,介绍如何在初中心理社团开展心理小实验活动。

一、活动方案

案例1:浦东新区的"心翼社团"系列社团活动

"生活中的心理学"趣味心理小课题探究
——建平远翔学校心理社团活动方案

(一)活动目标

1. 学生通过阅读心理学的相关资料,观察生活中的现象。
2. 设计趣味心理小实验,了解心理学的相关知识与原理。
3. 通过团队合作,加深社团成员的了解。

(二)活动对象

我校心理社团成立四年,招募20名左右的预备、初一年级学生为心理社团成员。以对心理学感兴趣的学生为主,通过社团活动对一些心理学知识进行探究,同时,也运用心理社团活动向全校推广宣传心理健康等方面的知识。

(三)活动时间

每周三第八节社团课时间(40分钟),本活动开展了8周时间。

(四)活动过程

1. 确定探究内容

社团成员通过查阅一些资料,或借由心理老师向社团成员提供一些阅读材料,将自己对生活中一些观察到的现象与其他成员和心理老师共同探讨,确定自己感兴趣的心理小实验内容,以2~4人为一组,共同完成一个心理小课题的探究。

以下是在进行心理小课题活动过程中,社团成员的分组和内容确定情况:

	实验内容	参与成员人数
探究一	人能否全面认识自己	3人
探究二	人喜欢竞争吗	2人
探究三	人更喜欢他人"吊胃口"吗	2人
探究四	"人云亦云"现象	4人
探究五	杯子颜色会对温度的感觉有影响吗	2人
探究六	人们喜欢褒奖,讨厌批评	2人

2. 设计与开展心理小课题

在确定自己小组要进行的实验内容后,各组社团成员开始了自己的实验研究。在社团课时间,社团成员讨论与设计实验过程,准备实验中需要的材料。

在课后,根据自己实验的需要招募参与实验的被试。心理社团成员开展心理小实验的时间一般会安排每天中午午休12:00～12:30这个时间段,也有小组会询问其他社团指导老师,在社团课时间邀请其他社团学生参与心理实验。

比如社团成员在探究的"杯子颜色会对温度的感觉有影响吗"这个心理小实验。在这个实验中,他们将杯子的颜色包装成红色、绿色、蓝色和黄色。利用午休时间,邀请不同班级的同学前来体验,记录下参与实验同学的感觉。

另一组社团成员在阅读了心理学家阿希的"从众实验"后,对这个实验产生了好奇,想复制这样一个著名的心理学实验,了解生活中的"人云亦云"现象。因此这一小组在开展实验过程中,不仅要招募一定数量的被试,还邀请心理社团的其他成员配合,以使实验顺利进行。对于这一组心理小实验的开展,社团成员最大的收获就是拍摄下了实验过程各位被试疑惑的表情。

3. 对心理小课题进行小结

在各组完成了自己设计的心理小课题探究后,将小组的课题成果与其他成员进行分享,并且撰写实验报告。

以下是一组社团成员在完成自己的心理实验后写下的一篇实验小结:

人能否全面认识自己

关键词:

巴纳姆效应、人格测试、暗示。

心理实验:

有位心理学家曾做过这样一个实验。他给一群人做完明尼苏达人格调查表(MMPI)后,拿出两份结果让参加者判断哪一份是自己的结果。事实上,一份是参加者自己的结果,另一份是多数人平均起来的结果。参加者竟然认为后者更准确地表达了自己的人格特征。心理学上把这种容易受外界信息暗示,从而出现自我知觉的偏差的现象叫做"巴纳姆效应"。

这个效应是以一位著名魔术师肖曼·巴纳姆的名字命名的。他说:他的节目之所以受欢迎,是因为节目中包含了每个人都喜欢的成分,所以每一分钟都有人上当受骗。

思考问题:

如何能够更全面地认识自己?

实验目的:

本次实验以问卷调查的形式进行,旨在了解同学们能否完全认识自己以及他们对自己特点的认知程度。

实验步骤:

1. 准备一份心理试题,内容为测试被试性格。
2. 随机抽取预备年级四个班级30人作为参加实验的被试。
3. 利用课间午休进行实验,由被试单独完成心理试题。
4. 被试先判断自己的性格,然后进行测试,根据测试得出实际结果。
5. 询问被试得到自己结果后的感受。

实验被试：

预备年级30人，其中男生15人，女生15人。

实验结果：

问卷参考《菲尔人格测试》相关内容进行设置，为了更好地进行结果统计，将性格测试结果定义为四种类型，A型为唯命是从型，B型为容易软化型，C型为意志变化型，D型为坚持己见型。根据设定可以看出性格A与性格D、性格B与性格C的特征具有较大的差异，而性格A与性格B、性格C与性格D的特征具有一定的相似。下表是对参加实验的被试对自身的性格判断与实际测试后性格的内容进行比较后的结果。

被试对自身性格判断与实际测试结果比较

比较结果	男生	女生
相符	2，占总人数13.3%	4，占总人数26.7%
相似	5，占总人数33.3%	4，占总人数26.7%
不相符	8，占总人数53.3%	7，占总人数46.7%

讨论：

从本实验可见：在性别方面的区别，在参与实验的被试中，女生对性格方面的判断略准确于男生。被试中的大多数人会认为自己是C型性格。在测试后了解到自己性格类型后，大部分人对自己的结果并没有觉得很惊讶，仅仅是觉得自己知道了自己的一种个性。

实验启示：

在日常生活中，我们既不可能每时每刻去反省自己，又不可能当作局外人观察自己，只能借助外界信息来认识自己。因此，人们若想客观地认识自己，必须学会面对自己，学会培养自己的观察力和判断力，学会以人为镜，通过各种方式更全面地认识自己。

附录：《菲尔人格测试》

1. 你何时感觉最好？
   A. 早晨　　　　　　B. 下午及傍晚　　　C. 夜里
2. 你走路时是……
   A. 大步地快走　　　B. 小步地快走　　　C. 不快，仰着头面对着世界
   D. 不快，低着头　　E. 很慢
3. 和人说话时，你……
   A. 手臂交叠站着　　B. 双手紧握着　　　C. 一只手或两手放在臀部
   D. 碰着或推着与你说话的人
   E. 玩着你的耳朵、摸着你的下巴或用手整理头发
4. 坐着休息时，你的姿势是……
   A. 两膝盖并拢　　　B. 两腿交叉　　　　C. 两腿伸直　　　D. 一腿蜷在身下
5. 碰到你感到发笑的事时，你的反应是……
   A. 一个欣赏的大笑　B. 笑着，但不大声　C. 轻声地咯咯地笑
   D. 羞怯的微笑
6. 当你去一个派对或社交场合时，你……
   A. 很大声地入场以引起注意
   B. 安静地入场，找你认识的人

C. 非常安静地入场,尽量保持不被注意

7. 当你非常专心工作时,有人打断你,你会……
   A. 欢迎他   B. 感到非常恼怒   C. 在上述两极端之间

8. 下列颜色中,你最喜欢哪一种颜色?
   A. 红色或橘色   B. 黑色   C. 黄色或浅蓝色   D. 绿色
   E. 深蓝色或紫色   F. 白色   G. 棕色或灰色

9. 临入睡的前几分钟,你在床上的姿势是……
   A. 仰卧,伸直   B. 俯卧,伸直   C. 侧卧,微蜷
   D. 头睡在一手臂上 E. 被子盖过头

10. 你经常梦到自己在……
    A. 落下   B. 打架或挣扎   C. 找东西或人   D. 飞或漂浮
    E. 你平时不做梦   F. 你的梦都是愉快的

(五) 建议与说明

社团活动有别于心理团体辅导,社团招募的学生本身就是对心理学知识有一定兴趣的学生,因此在社团活动中,也会相应增加一些心理学的专业知识与学生分享,但鉴于初中生的年龄特征,所分享的心理学知识还是以"趣味"为主,在"科学性"上还有所欠缺。

在此次社团活动中,社团成员最主要还是以模仿他们所看的一些趣味心理学的研究,比如运用心理老师提供给他们参考的一些资料,如书籍《5分钟心理小实验》《快乐的人越快乐》《社会心理学》,科普纪录片《BBC 脑当益壮》等,来开展自己的小课题探究。

对于初中生而言,他们的逻辑思考能力还不是很强,因此,相比较专业的心理学研究,他们的探究过程尚不系统。虽然他们的研究设计并不严谨,各组成员在准备研究材料和实施实验的过程中也遭遇到许多困难,甚至有些研究得出的实验结果与预想的还相却甚远,然而这个过程也带给社团学生很多反思,通过讨论,他们发现了在心理学实验中,影响实验的因素有很多,如果不控制好,很难得到准确的结果。

可以看到的是,社团成员也会利用一些简单的统计方法来总结自己的实验内容,虽然在课题研究素材选择的科学性上还有待商榷,但确实是了解科学的心理学的一个开端。

这次的活动为之后的社团活动开展提供了素材。在学生进行"趣味性"体验后,心理老师可以向学生系统地介绍科学心理学的探究方法,从而可以更好地引导学生开展社会科学类课题的研究。

(执笔:李文君)

案例2:浦东新区南汇第二中学的"心语社"系列社团活动

学习问卷调查法
——上海市南汇第二中学心理社团活动方案

(一) 活动目标

1. 了解和掌握调查问卷的设计步骤。
2. 能在教师指导下设计一份调查问卷。

3. 能实施一次问卷调查。
4. 能分析整理调查结果并得出结论。

（二）活动对象

南汇二中心语社成立于2005年,每年9月面向学校六~八年级学生纳新,成员人数在20~40名范围内。现由26名六到八年级的初中生组成,"玩儿"的内容包含改编游戏、简易测量、分析影视、生活调研、模拟咨询、创编心理剧以及学手语操等。其中,改编的游戏服务课堂,调研帮同学缓压解压,心理剧参加了区级展演,手语操柔软了父母的心。社团成员还参加了全国心理科普知识竞赛,获得初中组团体第一的好成绩。

为帮助社员提升专业能力,社团会组织成员对问卷调查法进行学习,用以掌握设计问卷、实施调查、分析数据及得出结论的操作方法,使之能够在社团活动中开展生活调研,体验活动乐趣。

（三）活动时间

每学年第一学期第7~12周,周五15:00~16:00,共计6课时。

（四）活动过程

第一次活动：在速读中确定小组的研究主题

本阶段社团活动的主要任务是训练社团成员积极开展问卷调查练习。设计问卷的前提是要有合适的研究主题。为了引导各小组形成合适的研究主题,第一次活动采用"速读提纲"的方式帮助小组打开思路。成员在速读的过程中,无论是对阅读材料本身提出的问题感兴趣,还是由阅读产生对生活中各种遭遇的联想,都可以作为自己小组备选的研究主题。

由于准备过程仓促,所以直接拿《初中生心理健康自助手册》作为本次速读的阅读材料。在不同社团使用时,可以根据实际情况采用不同的阅读材料替换。如果社团成员年龄偏小,提纲的制作过程需要辅导老师的认真准备。

下图为本活动的速读提纲：

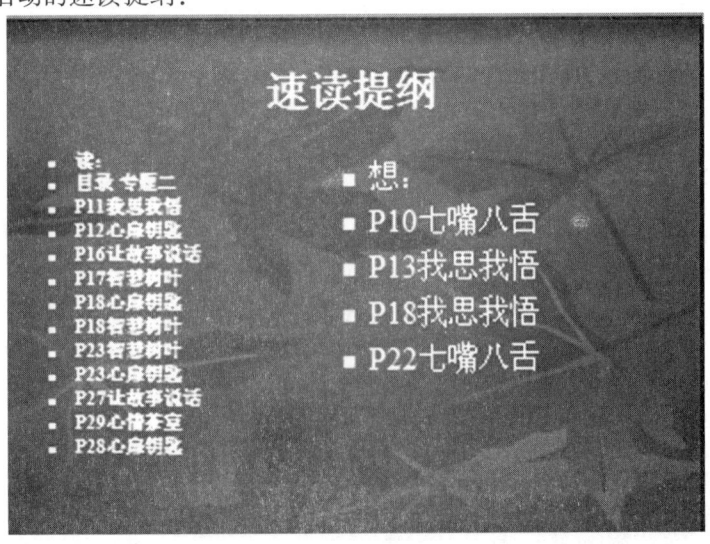

本活动还可以为各小组提供一个任务认领单,一是调动每个成员的参与力度,二是指导老师可以监控各小组完成的时间节点,便于发现问题、解决问题。

小组任务认领单参考内容如下:

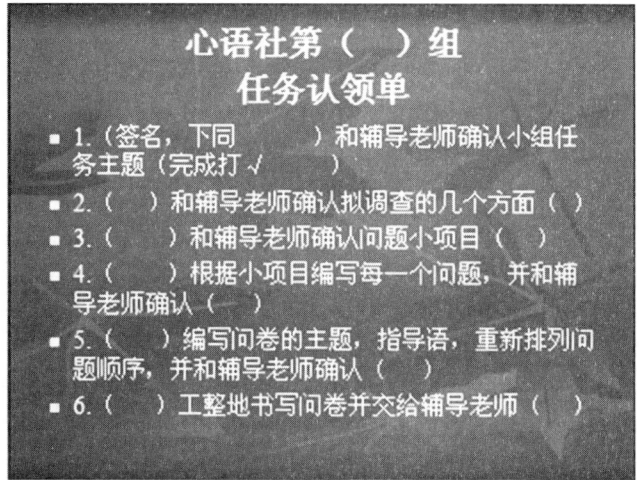

各小组能够确定自己的任务主题,并得到辅导老师确认的,本次活动结束。

第二次活动:各小组设计调查问卷

根据上次活动下发的任务认领单步骤,逐一完成相关内容:

1. 和辅导老师再次确认小组任务主题。
2. 和辅导老师确认拟调查的几个方面。
3. 和辅导老师确认问题小项目。
4. 根据小项目编写每一个问题,并和辅导老师确认。

可用下面这个任务模板进行指导操作:

第三次活动:各小组撰写调查问卷

根据任务认领单步骤,逐一完成相关内容:

1. 编写问卷的主题、指导语,重新排列问题顺序,并和辅导老师确认。
2. 工整地书写问卷并交给辅导老师。

第四次活动:各小组模拟问卷调查并撰写结论

设计好的问卷只在本社团中进行模拟调查。具体程序为:

1. 各小组认领自己设计的问卷。
2. 各小组对问卷的结果作一个总体预测,即调查结果将显示一个什么结论。
3. 全体参与,完成所有设计的问卷(举手调查,均为单选,问卷设计组及时记录各题号各选项人数)。
4. 问卷设计组填写调查结果。
5. 问卷设计组给出调查结论,并与预测作对比。
6. 提交调查结论。

记录结果可参考右面的表单。

第五次活动:拓展活动——文献调查

本次活动为小组分散活动。要求社团成员从家庭藏书、学校图书馆、南汇图书馆、浦东图书馆、上海图书馆……查找与本组任务主题相关的图书,从中寻找与本组结论相关的论点论据,可以支持可以反对,寻找过程不得依靠网络。

然后将论点和引文出处填写入下面的表单:

本次活动主要培养大家的阅读习惯,了解文献调查的重要性以及引用文献的正确方法。

第六次活动:活动反馈

1. 邀请一个小组模拟问卷设计时分配任务、认领任务的场景。其他社团成员做观察员。
2. 请观察员和辅导老师对模拟场景中的组员互动做点评。帮助大家了解如何更好地进行接下去的成员间合作。
3. 各小组展示交流调查成果。辅导老师针对各组任务完成的过程和结果做点评和反馈。

（五）建议与说明

1. 本方案针对的是初中非毕业班学生,辅导老师参与较多;若社团成员年龄更大或自主性强,可更多地放手给学生处理。
2. 前期的阅读和后期的模拟文献调查是为了保持研究的完整性,事实上可以分成独立的活动主题。

（执笔:向翔）

案例3:浦东新区建平实验中学"心语社"系列社团活动

初中生异性交往问题及对策调研

——建平实验中学心理社团活动方案

（一）活动目标

了解目前同学们对于初中生异性交往所持态度和想法,进行问题分析与总结,向同学们提出如何正确面对和处理初中生的异性交往问题。

（二）活动对象

全体心理社团成员共计16人。

（三）活动时间

每周二下午第四节课,共计5课时。

（四）活动过程

第一课时

1. 探究课题说明。社团指导老师向社团同学说明本次课题探究的目的与意义。
2. 分组。4人一组,共分四组。
3. 活动课时说明。本次心理课题探究共分5次课时完成。
4. 任务分工。第一步:全体成员共同参与关于初中生异性交往这一主题的设计问卷;第二步:分组分年级实施调查与回收统计,初步确定在每一个年级不同班级抽取50个学生进行问卷,共计200人(四个年级);第三步:由最擅长撰写文章的同学写调研报告;第四步:一名同学代表心理社团通过广播,向全校汇报。

第二课时

1. 查阅相关资料。需要每人一台电脑（最好在电脑房进行本次活动），到网上看看相关研究。
2. 讨论设计问卷题目。根据探究目标、学生的实际情况以及查阅的资料，分不同难度、不同类别，逐一设计问卷中每道题目。
3. 报送老师。将设计好的问卷报送老师审核。
4. 完善问卷。老师会提出相应意见（视情况而定，是否需要再完善）。
5. 打印问卷。报送文印室，打印 200 份。

初中生异性交往调查问卷

一、选择题

1. 你是否对某异性有好感？
   A. 有　　　　B. 没有　　　　C. 说不清
2. 如果你对某异性有好感，你会有何表示？
   A. 控制自己，沉默在心里　　　B. 希望继续发展，鼓起勇气和他（她）说
   C. 顺其自然
3. 你认为男女生之间是否有纯粹的友谊？
   A. 有　　　　B. 没有　　　　C. 不知道
4. 如果某位异性对你有好感并向你表白，你会
   A. 欣然接受　　B. 不理不睬　　C. 严词拒绝　　D. 看自己是否喜欢对方而定
5. 如果家长知道你早恋，你希望他们的态度是
   A. 与自己沟通交流　　B. 不予理睬，任由发展　　C. 强行分开
6. 你在初中阶段是否会拒绝异性交往的要求？
   A. 会　　　　B. 不会　　　　C. 不知道
7. 在自我表现时，你是否希望异性关注？
   A. 是　　　　B. 否　　　　C. 无所谓
8. 你如何评价异性交往的利弊？
   A. 有利有弊　　B. 利大于弊
   C. 弊大于利　　D. 利弊比例取决于个人的行为

二、简答题

1. 你怎么样看待初中生的早恋问题？
   _____
2. 你认为初中阶段，异性之间如何保持合理的交往分寸？
   _____

第三课时

1. 问卷分发，回收。四组分工，每组负责一个年级，在每个年级不同班级找 50 个人参加

问卷调查(利用中午休息时间分组完成)。当场填写,当场回收。

2. 数据统计。每组成员要将自己负责的问卷按照题目统计,计算出各选项答案数量,并将四个年级的答案整合到一起,得出总体数据。

第四课时

1. 数据分析。根据上节课的数据结果,集体讨论分析学生目前对这个问题的总体看法与存在的个别现象。

2. 撰写简单的调查报告。每个人根据这个数据分析的结果,写一篇500字左右的分析报告。

第五课时

1. 撰写调查报告。

由一位同学完成,将之前大家写的简单的分析报告都交给该位同学,要求撰写者有条理地阐述本次调查中学生表现出的总体状况、发现的相关问题,并提出建议与意见。

以下是一位同学撰写的总结报告:

初中生对异性交往所持态度调查报告

在初中的校园里,对异性有朦胧的好感是很正常的,重要的是我们如何去看待这个问题,老师和家长是否能够理解。

在本学期,我们心语社对全校四个年级的学生进行了一次关于异性交往的心理问卷调查。

进入初中,对异性有好感其实很正常,同学们不用因为这个而感到不好意思。在我们学校,基本上一般同学都坦言他们对异性有好感,说明这个现象很普遍,而不仅仅是个别现象。

也许很多同学心里会比较纠结,一方面很想和心仪的对象有进一步的了解,另一方面又不想影响学习,所以不知道怎么办才好。在调查的过程中,我们发现大部分同学都选择放在心里,控制好自己,而五分之一的同学则希望继续发展。

男女生之间是否有纯粹的友谊呢?绝大多数同学认为是有的,这说明同学们对与异性交往都很有信心,身正不怕影子歪。

许多同学希望当家长知道自己有心仪的对象时,能和自己沟通交流,而不是出现过激的行为。因为作为一名身处叛逆期的青少年,与家长的交流本来就少,要是在这个方面没有互相协调好的话,与父母之间的关系也许会恶化。

通过这份调查,我发现我们学校的同学都很"规矩",在与异性交往程度上,超过50%以上都是普通朋友,只有少数有亲吻拥抱和私下约会的现象。与异性交往要把持一个度,如果过了这个度,那就超出了初中生应有的范围了。

一般来说,在初中谈恋爱是不明智的。虽是青少年"早恋",其实也大可不必惊慌。教师应当表现得更为理解和尊重,既要给予理解,也要给予引导。青少年需要异性之间的感情和友谊,这是非常合乎情理的。理解和承认青少年的情感需求,让学生明白异性间的感情是可以通过友谊获取,而非得要通过恋爱。

那同学们是如何评价异性交往的利弊呢？因为男女具有不同的先天条件,能让彼此情绪上愉快,而且这是个人的行为准则,但要适当把握好上述的"度"。资料表明:男生的情感比较粗犷热烈,使人振奋;女生的情感则偏于细腻温柔,使人沉静。异性之间情感的交流可以使人达到心理上的平衡,这是同性之间的交往不能替代的。因此,充分利用异性交往的益处,把副作用控制到最小,当然,"度"还是最关键的。做到了这点,正所谓"男女搭配,干活不累",事半功倍并不是异想天开。

由问卷调查结果可以看出,我校学生在与异性交往的方法、态度等方面都有良好的发展。当提到与异性谈话时,两眼应盯着哪里,大多数同学都是看着对方的眼睛,做到举止大方、有礼貌。

中学生的主要任务不单单是读书,与异性交往也是青少年发展的一个不可或缺的任务。有资料表明,一个与异性交往很成功的人,往往情绪饱满、精力充沛,学习和工作效率都能得到提高。再则,与异性交往容易被误会为"早恋"。有关研究指出,异性交往动机多种多样,很多时候并不是为了谈恋爱,可能是讨论学习问题,可能是交流一些看法,也可能是在讨论怎样才能避免"早恋"。家长和教师如果不能正视异性交往,采取压抑、堵塞的办法,不由分说地乱贴"标签",可能迫使他们真的恋爱,反而可能做出一些不正确的行为。因此,加强对学生人际交往的指导,鼓励男女生正常的交往,是十分必要的。希望广大教师和家长多听听我们的意见,而不是独断专行,请给我们一片天空。

建平实验中学心语心理社团

2. 汇报。

由一位社团成员通过学校广播面向全体同学汇报总结报告。

（五）建议与说明

1. 在探究主题的选取上,要选取学生群体中存在的现象,选取的角度不宜过大,目标的设置不宜过多,最好是学生普遍关注的一些主题或者有分歧的一些主题。

2. 完成这个课题,需要4~5课时,需要学生利用自己的课余时间,所以在问卷分发上可以进行分工,这样比较省时。

（执笔:刘丽秋）

二、活动评析

从上述案例可见,心理小实验的确定和展开,有以下主要特点:

(1) 实验主题的选择来源于学生的实际需要,更多指向问题的疏导和解决;

(2) 实验主题的形式,更多以动手、探究为主,而非泛泛而谈和单纯的思辨;

(3) 实验开展强调社团成员之间的合作和分工,注重激发全员的参与性和主动性,交流和分享,从而达到他助、互助和自助的效果;

(4) 实验开展具有延续性,既体现在同一个主题的不同序列的深化,也体现在课堂内外、学校内外等空间资源的延展,符合心理探究的一贯性和相关资源整合的有效性规律。

第二节 心理小讲堂

初中阶段,学生的理解能力进一步提升,接受信息的途径更加多元化,通过心理小讲堂的形式请教师、家长、学生及其他社会不同领域的相关人员分析初中生普遍存在的心理困惑,分享心得及经验,这样便于学生理解生活中的心理现象,解决自身的困惑,也便于心理知识的普及。

心理小讲堂可以通过倾听、讨论、思考、分享、展示等多种形式进行,不仅仅是听、说,更注重思考、讨论、质疑、展示。将知识与体验结合,将领悟与行动结合,既能够将所学、所想、所感与所行联动起来,又能够学用结合、动静结合,不再是传统意义上的一讲一听。

下面将以育民中学、龚路中学、浦东新区教育学院实验中学的案例为例,介绍如何在初中心理社团开展心理小讲堂活动。

一、活动方案

案例1:浦东新区育民中学"四叶草社"系列社团活动

心理小讲堂

——育民中学心理社团活动方案

(一)活动目标

1. 作为社团的常规活动,每个社团成员都有机会参与其中,通过自由组合,共同协作,提升责任意识与团队意识。

2. 社团成员通过分工收集、整合资料,提高对心理知识、信息方面的关注度,培养维护心理健康的意识。

3. 通过宣讲和聆听,形成"心理知识大家学,成长经验共分享"的良好社团氛围。

4. 每学期进行评比,获得优秀宣讲员的社团成员将获得一次学校心理广播的机会,以促进社团内部的良性竞争以及激发社团成员的荣誉感。

5. 校际广播为全校学生搭建心理健康教育的另一平台,通过朋辈视角了解同龄人的心理需求,普及心理健康知识。

6. 通过校际广播提升"四叶草"心理社团在校的知名度,提升社团吸引力。

(二)活动对象

"四叶草"心理社团成员。

(三)活动时间

6课时。

（四）活动过程

	步骤	操作要点
第一课时	心理老师发起心理小讲堂活动倡议	老师介绍本活动的意义： 1. 作为心理社团的一项常规活动，每学期先在社团内部举行心理知识宣讲活动，根据每个团队的表现，获得优秀宣讲员的社团成员将负责一次学校心理广播。 2. 提升心理社团在校的知名度，增加社团吸引力。 3. 通过朋辈视角了解同龄人的心理需求，普及心理健康知识，提升维护心理健康的意识。 4. 体现社团的心理特性，提高成员对心理知识、信息方面的关注度。 5. 通过团队协作，增强成员责任意识与合作能力，形成心理知识大家学，成长经验共分享的良好社团氛围。
	分组、分工	每组4人： 实践组2人，主要负责资料收集。 宣传组2人，主要负责校稿、广播。 方案1：不同年级自由组合 方案2：也可固定在某个年级
	商定评比标准	评比表： | 评分项（分值比）	A	B	C	D	E	F
---	---	---	---	---	---	---
仪态、表达（20%）						
内容的心理性（20%）						
选材的丰富性（20%）						
宣讲的实效性（20%）						
团队的合作性（20%）							
	时间控制	20分钟左右，与一次校际晨会广播时间相当。
	基本确定每次"讲堂"的结构板块	考虑不同年级学生的心理需求，大致板块如下（各组也可根据需要进行微调）。 心理信息：发布近期学校及市、区开展的相关心理活动通知及参与活动的收获及成果。 学习心理：学习习惯、方法、心态调节等介绍（学生嘛还是以学习为主）。 心理前沿：心理实验、科研成果介绍。 心理保健：侧重从同辈交往、亲子相处、社会热点角度，联系生活实际，学以致用。 心灵故事：心灵启迪，促进对生命的反思和成长。

(续表)

	步骤	操作要点
第二课时	资料分享、定稿	组员间各抒己见,加强沟通,分析、理解材料,补充、修正。
	板块分配、模拟、计时	板块分配时注意男女生的交错安排,语速控制,时间控制与安排。
第三~第五课时	团队展示、其他成员聆听、点评	其他组员聆听时可适当记录展示团队的亮点及存在问题,为评优提供依据,如时间允许也做出及时点评和讨论。
第六课时	优秀宣讲员评比	根据评分表逐项评分,以团队为单位,获得最高分的团队成员晋升为优秀宣讲员。

（五）建议与说明

心理老师发起倡议时,第一、二、三条作为"心理小讲堂"活动的目标要向社团成员明确。第四、五条可以不向社团成员说明,虽然老师的用意是这样,但学生如果通过活动能自己体验到这些,社团的作用和活动的目的就已经达到。其实也可以在一学年的活动结束后,请参加过活动的社团成员介绍经验或写下活动收获和感想,这也是成长过程中的一次心灵体察。

原本该活动只是社团内部建设的一个组成部分,考虑到社团发展需不断扩大其影响力,增强招募成员的吸引力,还应对学校心理软环境的创造产生积极推动作用。引进优秀宣讲员评比机制,不仅达成了以上目标,还形成社团内部的良性竞争,提升了活动的品质。

将团队的合作性纳入最终评比标准,也是让社团成员不仅重视最终的结果,也让他们认识到团队合作的重要性,保障活动的顺利开展,注重活动过程中的体验与收获。

分组方案 1 不同年级成员的组合基于不同年龄段的心理需求,材料涵盖面广,适合年级跨度大的学校;分组方案 2 人员相对固定,有利于组间交流。各校可按照实际情况安排。

学生搜集的资料,往往会有以下两种情况:其一,只注重材料的趣味性,知识的科学性得不到保障,大多发生在低年级同学身上;其二,过于强调知识的专业性,忽略了与生活学习的结合。针对以上情况,教师或已完成任务的小组可介绍经验,提供一些相关网站,指导学生选择适合的材料,以免学生花费大量时间又收不到预期效果。当然学生也可将合适的网站反馈给老师,丰富资源库。学校心理辅导室的书籍和杂志也是不错的选择。

排练时,宣讲员在板块与板块之间需要设计一些连接语或过渡句,使整个讲座具有连贯性和互动性。

（执笔:凌慎裕）

案例2：浦东新区教育学院实验中学"阳光心理社团"系列社团活动

我的心情我做主
——浦东新区教育学院实验中学学校心理社团活动方案

（一）活动目标

1. 帮助成员正确理解良好的情绪状态对个体社会生活和身心健康所具有的意义。
2. 帮助成员反思消极情绪对自己生活、行为带来的影响。
3. 帮助成员掌握调节情绪的方法和技巧，学会管理情绪，保持愉悦心情，把社团活动所学知识运用到日常生活中去。

（二）活动对象

心理社团成员。

（三）活动时间

2015.3～2015.5，活动共进行5次，每次45分钟。大约每两星期活动一次。

（四）活动过程

第一单元：晒晒自己的心情

活动目标：
1. 活跃社团气氛，使社团成员之间建立良好关系。
2. 帮助成员了解自己的主要情绪及其特点，并正确理解积极情绪对个体社会生活和身心健康所具有的意义。

活动准备：《幸福拍手歌》伴奏、卡片纸、轻松的伴奏音乐、印刷文档、三则与情绪有关的小故事。

活动时间：45分钟。

活动步骤：
1. 热身游戏。
（1）社团成员围站成一圈，伴随伴奏音乐，在辅导者的带领下共同演唱《幸福拍手歌》。要求大声歌唱，并且配合歌词做出相应的肢体动作，比如拍手和跺脚。如此反复两遍。
（2）要求成员带着快乐的心情，与社团成员进行交流。
2. 晒晒我的心情。
（1）伴随舒缓的音乐，选择舒适的姿势，成员放松肌肉，回想近一时期生活中发生的事件，并注意自己情绪上的变化。
（2）纸笔练习。
发给成员每人一张卡片，要求成员完成下列句子。
① 最近让我感觉高兴的事情是（　　　），当时我的心情是（　　　），现在想起这些事，我的心情是（　　　）。
② 最近让我感觉不高兴的事情是（　　　），当时我的心情是（　　　），现在想起这些事，我

的心情是(　　)。
③ 每当心情好的时候,我会觉得(　　)。
④ 每当心情糟的时候,我会觉得(　　)。
⑤ 我的心情总是(　　)。

3. 交流、分享。

引导成员间进行交流、讨论,帮助成员了解自己所体验的一些情绪,让成员感受到不同的情绪对生活、行为、健康的影响,使其认识到积极情绪的重要性。

4. 启发思考。

辅导者呈现与情绪有关的小故事,启发成员思考。看完故事,成员自由发言,说说感悟。辅导者引导成员认识到自己才是情绪的主人,应该主动构建快乐心情。

关于第一个故事,辅导者小结:我们需要努力去掌控自己的情绪,如果我们放任自己的不良情绪,这些情绪就可能会伤害我们身边的人。这些伤害就像故事中的钉子洞,一旦出现,很难消除。

关于第二个故事,辅导者小结:读了这个故事,相信大家心里都有答案,只有我们自己掌控自己的情绪,我们才能活得更加开心。别人做错事或说话态度差,或许是他的习惯,或许是他心情不好,但是我们没有必要因为他而弄坏自己的心情。

关于第三个故事,辅导者小结:斗鸡从"冲动"向"稳重"转变的过程,什么发生了变化?是它对事情认识发生了变化。我们的情绪很大程度受到我们对事情看法的影响。当别人对我们的建议或言论提出异议时,不要就武断地认为这是他人对自己的不满,而应心平气和地听取他人意见,有时还应大智若愚,发挥斗鸡的心理战术,以静制动,往往会取得意想不到的效果。

5. 结束。

引导成员分享本次团体活动的收获和体会;社团指导教师小结,结束团体活动。

辅导者小结:通过交流,我们发现几乎每个人的生活、行为都受到情绪的影响。情绪分为消极情绪和积极情绪,消极的情绪如果没有及时进行调节,任其发展,不仅会让自己感觉不适,更会伤害身边亲近的人,因此,我们应该学会调节自己的消极情绪。"向消极情绪挑战"这也是我们下次活动的主题。

第二单元:向消极情绪挑战

活动目标:

1. 认识消极情绪和消极情绪的不利影响,提倡积极情绪的培养。
2. 了解自己存在的错误信念,促使今后有针对性地进行改正,学会通过改变信念调节自己的不良情绪。

活动准备:准备两个情景表演。

活动时间:45分钟。

活动步骤:

1. 情绪影响因素。

(1) 生活中常会有忧愁、悲伤、愤怒、紧张、焦虑、痛苦、恐惧、憎恨等消极情绪产生,这些情绪多数来源于自身存在的不合理信念。

现在我们来做一个调查,看看你的不合理信念有多少?以下是题目及计分方式,请社团成员自测。

① 一个人应该被周围的每一个人所爱与称赞。
② 一个人必须非常能干、完美与成功,这样他才有价值。
③ 有一些人是不好的、邪恶的、卑鄙的,他们应该被责备、被处罚。
④ 期待的不能得到,或计划不能实现,是一件可怕的事情。
⑤ 任何问题都有正确、完善的解答,我们必须找到它。不然,结果是相当可怕的。
⑥ 历史是现实的主宰,过去的经验与事件影响现在,过去的影响是无法消除的。
⑦ 人应该信赖他人,尤其是信赖强者。
⑧ 人应该为别人的问题与困扰而感到难过。
⑨ 逃避困难及责任,比面对它们容易。
⑩ 不幸或不快乐是由外界引起的,我们无法控制。
⑪ 人应该时刻警惕是否有危险、可怕的事情发生。

以上11项,答"是"得1分,"不是"不得分。你的得分越高,说明你的不合理信念越多。

(2)请同学自由发言,结合自身谈谈自己先前存在的不合理信念,由此发生过哪些原本可以避免的事件,与同学分享。也可以畅谈通过老师讲解,自己对不合理信念的认识。

辅导者小结:在现实生活中,持有不合理信念越多,就越容易产生消极情绪,总是觉得心情不舒畅。因此,大家可以总结自己的不合理信念,对照我们所给的小测试,有目的地在日常生活中改变自己的不合理信念。

2. 角色扮演。

教师总结社团成员目前存在的一些消极情绪,准备好两个角色,请同学按情景认真扮演。请成员在观看完表演后需解决下面问题:

(1)角色扮演体现的是什么消极情绪?
(2)成员讨论如何调节和控制这两种消极情绪。
(3)教师参加学生的讨论,体会学生的心理感受。
(4)学生倾诉这两种情绪给自身带来的苦恼以及自我调节的做法。
(5)教师提供这两种情绪的自控的参考意见。

情景一:随着中考时间的临近,A同学常常出现着急、烦躁和不安的感觉。她为她的功课达不到她的预设目标而着急,她有时因为忘记了该记住的知识而心烦意乱,她有时对自己的中考结果忧心忡忡。

辅导者小结:考试焦虑调节方法。

① 消除一些消极的自我意识。
"自贬":总认为自己笨、弱、不行;
"求全":认为自己应该十全十美;
"他贬":总担心自己被别人瞧不起;
"以偏概全":一次考不好,就认为自己再也考不好了;
"主观臆想":自己预言自己要失败。

② 自我设定的考试目标要有一定的弹性。
③ 正确认识考试焦虑。轻度的紧张有助于学习效率的提高,过度的紧张则需有意识地自我调节。
④ 用自我分析考试失败可能带来的后果,消除自惊自吓的错误心态。
⑤ 学会放松身心:4、7、8深呼吸法(吸气4秒、保持7秒、呼气8秒);冥想法;体育运动;听轻音乐等。

情景二:我总是学不好数学,上数学课我怕老师提问我,我觉得我的脑子里好像就没有数学细胞一样,我准备放弃数学。

辅导者小结:自卑情绪的自我调节法。
① 正视自卑:自卑感人皆有之,只是程度不同而已,有了自卑感千万不可自暴自弃。
② 善于补偿:自卑感不一定都是坏事,只要善于自我补偿,可能成为激发斗志的动力。
③ 扬长补短:任何人都不是十全十美的,他们有长处也有短处,要善于扬长补短。
④ 树立信心:要正确地认识自我,客观地评价自我,尤其要坚信自己有巨大的潜能可以发掘。

3. 结束(3分钟)。
引导成员分享本次团体活动的收获和体会;辅导者小结,结束团体活动。
小结:通过我们的活动,我们发现很多消极情绪,如焦虑、自卑都是可以采取一定策略进行调节的,因此,当情绪不良时,不要放任其发展,而是要主动地找到调节的方法,如改变自己的不合理信念就是一个非常不错的方法。

第三单元:怒也可遏

活动目标:
1. 帮助成员了解愤怒对人行为、身心的影响。
2. 帮助成员学会宣泄、表达愤怒的方法,掌握控制愤怒的有效策略。
活动准备:准备好情景剧表演,选好演员,排练到位。
活动时间:45分钟。
活动步骤:
1. 情景表演。
(1)请两位同学表演情景剧,内容如下:两位同学进教学楼时不小心相撞,但互不相让,话不投机,发生争吵,导致双方情绪越来越激动,越来越愤怒,乃至于发生肢体冲突。
(2)将成员五人一组分组。分组讨论,如果你遇到这样的事情,你会做出什么反应?为什么会出现不可控制的局面?剧中哪些话语是应该避免的?
(3)要求每组派两名同学情景重现,呈现小组讨论结果,怎么才是最合适的处理问题的方式。
(4)辅导者总结:生活中懂得压制自己的不良情绪可以避免很多不必要的矛盾,可以赢得大家的尊重。懂得尊重别人,别人才会尊重你。

2. 回忆我的愤怒。
(1)请成员写出自己曾经历过的愤怒事件,当时自己的心情、生理反应、行为、后果、事后自己的感受。

（2）分享讨论。成员间交流自己所写内容,并且思考两个问题。

① 是否应该表达愤怒?

② 应该怎样表达愤怒?

3. 制怒法宝。

（1）小组成员代表发言,提出控制愤怒等不良情绪的策略,其他成员认真倾听。

（2）辅导者带领成员对各种方法的可行性进行鉴别,归纳、整理控制情绪的有效策略。

（3）辅导者小结:调节愤怒的简单小策略。

① 数数。数数字,一二三四五六七,慢慢数,一直数到不发火,有人说数数字数到60的时候,一般有火也就发不起来了,试一试,数到60。

② 上厕所。预感到要发怒了,不管有没有便意,去厕所蹲20分钟,过后,心态平和。虽然不雅,不妨一试。

③ 喝水。一旦感觉自己情绪不佳,就喝口水缓解下,可以转移注意力。

④ 理性地控制,锻炼自己的自控能力。

4. 结束。

辅导者总结本次活动,巩固本次团体辅导的效果,引导成员分享本次团体活动的收获和体会。辅导者引导成员在课外多探讨控制和管理愤怒的策略、方法。

小结:通过同学们的讨论、交流,我们知道愤怒这种情绪也是可以调节的,今天我们教了大家一些调节愤怒的小技巧,大家可以回去练习下,找到最适合自己的方法。

第四单元:构造自己的快乐

活动目标:

1. 帮助成员掌握调节情绪的方法和技巧,学会管理情绪。

2. 帮助成员懂得自己才是情绪的主人,转换视角、善于发现,一定会发现生活中的快乐元素。

活动时间:45分钟。

活动准备:小镜子、歌曲伴奏《快乐你懂的》。

活动步骤:

1. 镜中人。

（1）成员两人一组,一人扮演照镜子的人,要做出各种快乐的表情。一人扮演镜中成像,要模仿对方的样子。一轮表演完成后,双方互换角色。

（2）分享讨论。

① 扮演镜中人,模仿别人的表情时,自己是否也有情绪变化?

② 通过这个练习,你感悟到了什么?

总结:我们的情绪很容易受到他人的感染,我们自己的情绪也会影响他人,因此,我们应该尽量让自己保持快乐情绪,在感染他人的同时,也会无形改善我们所生活、工作的环境。

2. 我有多快乐。

（1）每个成员都要说出几件使自己感觉快乐的事情,越多越好。

（2）成员合作，共同探讨，生活中还有哪些时候或事情可以使我们快乐。

3. 快乐密码。

（1）成员分别向大家介绍自己保持快乐心情的方法。

（2）成员讨论，鉴别各种方法的可行性。

（3）辅导者总结成员的讨论结果，向大家推荐保持快乐的策略和技巧。

下面是可供参考的保持快乐情绪的小诀窍：

① 每天对着镜子努力地笑一下。如果发现自己的表情很难看，那一定会情不自禁地笑出来，心情马上就会好一点。

② 每星期选择一天，穿一身色彩亮丽、明快的衣服。

③ 和志同道合的朋友聊天。

④ 和朋友、家人偶尔散步。

⑤ 喜欢涂鸦，不管画得如何。

⑥ 热爱一项运动，经常去锻炼。

⑦ 偶尔发呆，一个人安静地待着。

⑧ 在洗澡时试着唱歌。

⑨ 培养喜欢看书的习惯。

⑩ 经常参加团体活动。

⑪ 保持好胃口，有充足睡眠。

4. 结束。

引导成员分享本次团体活动的收获和体会；对成员表达祝愿，希望其每天都有好心情。本次团体辅导课在《快乐你懂的》歌曲中结束。

第五单元：笑迎未来

活动目标：

1. 总结这段时期的收获，分享其他成员的经验，从中受益。
2. 了解成员在社团活动后的进步与改善，讨论成果，彼此反馈，结束团体活动。

活动时间：45分钟。

活动准备：卡片。

活动步骤：

1. 我们大家都来说。

社团成员围坐成一个圈，依次轮流发言。辅导者要求成员用几句话来表达对参加社团活动的感受，说说对社团活动的满意程度和意见。

2. 笑迎未来。

大家仍旧围坐一圈，成员自觉当主角，大家讨论他现在与社团活动刚开始时的区别，参加活动后有哪些方面的改变。然后请他自己说说感受。尽量多些成员参与到担当主角中来。

3. 畅想未来。

在轻柔的音乐声中，辅导者给每个成员发一张卡片，在卡片顶端写上"对＊＊（自己姓名)的祝福"。

然后每个人都将自己的卡片传给坐在自己右手边的成员,请他们写下对自己的祝福和意见,每个人依次往下传。每个成员都写下对其他成员的祝福,每个成员都能收到来自其他成员的祝福。

附:三则与情绪有关的小故事

1. 钉子

有一个脾气很坏的男孩,他父亲给了他一袋钉子,并且告诉他,每当他发脾气的时候就钉一个钉子在后院的围栏上。第一天,这个男孩钉下了37颗钉子。慢慢地,每天钉下的数量减少了,他发现控制自己的脾气要比钉下那些钉子容易。于是有一天,这个男孩再也不会失去耐性,乱发脾气。他告诉父亲这件事情,父亲又说,现在开始每当他能控制自己脾气的时候,就拔除一颗钉子。一天天过去了,最后男孩告诉他的父亲,他终于把所有钉子给拔除来了。

父亲握着男孩的手来到后院,说:"你做得很好,我的好孩子。但是,看看那些围栏上的洞,这些围栏永远不能回复到从前的样子了。你生气时说的话就像这些钉子一样留下疤痕。如果你拿刀子捅别人一刀,不管你说了多少次对不起,那个伤口将永远存在,话语的伤痛就像刀子的伤痛一样令人无法承受。"

2. 我该让谁来决定我的行动

著名作家哈理斯和朋友在报摊上买报纸,朋友礼貌地对摊贩说了声"谢谢",但摊贩冷脸相对,一言不发。

哈理斯问到:"这家伙态度很差,是不是?""他每天晚上都是这样的,"朋友说。哈理斯又问到:"那你为什么还是对他那么客气?"朋友答到:"为什么我要让他决定我的行为呢?"

3. 斗鸡的心理战术

周宣王很喜欢观看斗鸡,他的门下有位专门驯养斗鸡的纪浪子。有一天,有人从外地送来一只很强壮的斗鸡给国王,周宣王很高兴地将它交给纪浪子。

过了几天,周宣王便问道:"几天前交给你的斗鸡,你训练得怎么样了?可以上场比斗了吗?"纪浪子说:"还可以,因为这只鸡血气方刚,斗志昂扬,还不宜上场。"

再过几天,急性的周宣王又问同样的问题,纪浪子回答说:"还不能上场。因为这只鸡看到其他鸡的影子,就会冲动,所以还不能上场。"

又过了几天,周宣王再问。这回,纪浪子便说:"可以了!因为当它看到其他斗鸡,听到它们的声音时,一动不动,它的心已不受外物所动,就像木鸡一样,现在可以上场了!"

于是,周宣王便用这只鸡去参加斗鸡,它一上场就稳稳站立,毫无摆动,即使其他斗鸡在它身边百般挑衅,它仍然无动于衷,以眼睛注视对方,对方被吓得自然后退,没有一只鸡敢向它挑战。

(五) 建议与说明

每次活动都以以下理论为依据,并且做好每次活动的反馈评估。

1. 理论依据

(1)情绪管理理论。

情绪的管理不是要去除或压制情绪,而是在觉察情绪后,调整情绪的表达方式,通过一定的策略和机制,使情绪在生理活动、主观体验、表情行为等方面发生一定的变化,从而使人学会以适当的方式在适当的情境表达适当的情绪。

(2) 情绪 ABC 理论。

这一理论认为,正是由于一些不合理的信念才使得人们产生情绪困扰。如果这些不合理的信念一直存在于人的脑海中,还会引起情绪障碍。情绪 ABC 理论中:A 表示诱发性事件,B 表示个体针对此诱发性事件产生的一些信念,即对这件事的一些看法、解释。C 表示自己产生的情绪和行为的结果。因此,帮助个体形成良好的情绪体验,应该从改变认知,形成对事件的合理认识入手。

2. 评估方式

辅导者自我总结;社团成员反馈。

(执笔:孙文秀、梁蕴妍)

二、活动评析

从上述案例可见,心理小讲堂的确定和开展,有以下主要特点:其一,讲堂主题的选择是结合学生的实际而定,既可以选择学生当前面临的主要问题,也可以选择大家感兴趣的话题,或者是指向未来的具有前瞻性的内容;其二,讲堂形式多样,不再是单纯的听、讲模式,而是讲述、体验、活动等有机融合在一起,这样比较符合初中生的心理发展特点,使他们乐于接受并主动参与;其三,讲堂的主讲人,既可以是老师,也可以是学生、家长,甚至社会上的其他相关人员,这些不同角色从各自的角度去诠释对同一个问题的看法,去参与同一个活动,对学生而言,带来的触动与感悟也大不相同;其四,讲堂的开展具有一定的系列性、渐进性、延展性,从浅入深,从校内到校外,从感知、体验到提升,从被动到主动,这非常符合初中生的认知特点和情感发展特征。

第四章

高中心理社团活动

学生心理社团是对心理学有共同兴趣爱好的学生自发自愿组成的学生群体，以探索、宣传和普及心理学知识为主要内容，以"自助、他助、助人"为活动宗旨，通过丰富多彩的活动，协助学生认识自我、了解自我、提高自我，进而促进心理健康发展和人格完善的一种重要形式。

高中阶段是个体发展的一个重要阶段，学生身心发生着巨大变化，生理上逐渐趋于成熟，认知能力迅速发展并走向成熟，个性逐渐完善，心理上需要面对越来越多的成长困惑，因此人们常说高中生正处于人生第二个"断乳期"。这一阶段的高中生不仅自主意识增强，探究意识和探究能力也逐渐增强，内心深处渴望成为自主、自立、自强并有创新精神和合作精神的人。因此很多学校倡导组成或学生自发组成了各种形式的学生社团，心理社团正是迎合了高中生的成长发展需求，成为众多社团中最亮丽的一道风景线。

高中心理社团往往有特定的组织形式和活动内容，在发展学生特长、培养学生团队精神和提高学生心理素质等方面发挥了重要和积极的影响。首先，心理社团的形成从招募到策划、组织活动，基本上由学生自行组织，充分体现了学生的自主自发性，这种自主自发性让学生的组织能力、协调能力得到充分锻炼。其次，心理社团由兴趣接近、年龄相仿的学生组成，其组成有较强的学生基础，社团策划组织的互动更容易得到认同，引起学生群体的情感共鸣，其达到的潜移默化的影响效果更大。再者，高中生心理社团开展的活动往往是一些贴近生活、符合学生心理发展需求的活动，对于高中生获得同辈认同、情绪宣泄、放松减压、同伴合作、社会适应具有不可替代的作用。因此，高中心理社团成为高中生心理成长的有效形式，在学校内外发挥着不可或缺的自助与他助作用，共同营造了良好的心理健康氛围。

目前，各学校高中心理社团活动的形式很多，如心理专题广播、心理小报、心理期刊、心理海报、同伴心理辅导、团体辅导活动、心理情景剧等，但其中最具有高中心理社团活动特点的，也是最能反映高中生心理社团活动特色的莫过于心理课题研究和心理影片赏析了。

第一节　心理课题探究

高中生的探究意识和探究能力明显强于小学和初中生，尤其喜欢关注自身身心健康和社会心理现象，在专业心理老师的指导下，通过团队协作，开展主题实践探索，学习严谨的研究方法，获得科学的心理学知识，解除心理困扰，促进心理健康发展。高中生的研究积极性之高，主动性之强，收获之多也是课堂内无法达到的。下面以上海市建平中学和三林中学的学生心理社团之心理课题探究实践为例，介绍高中生在心理社团活动中是如何开展心理课题探究的。

一、活动方案

案例1：上海市建平中学心理实验室系列活动

心理实验室之睡眠时长对综合反应时的影响研究
——上海市建平中学心理社团活动方案

（一）活动目标

1. 学习经典心理实验。
2. 学习综合反应时仪器操作技巧。
3. 通过小组合作方式设计并操作心理实验。
4. 学习撰写规范心理实验报告。
5. 培养科学态度与实验精神。
6. 分享与交流，增强小组凝聚力，增强自信。

（二）活动对象

心理成长社学生约25人。上海市建平中学心理成长社自从1997年10月成立以来，已经由一个兴趣社团变成了专业社团，每届社长在学校社团部统一管理下，在指导老师张晓冬指导下，每年9月份通过宣传招进一批对心理学有强烈兴趣的学生，每双周三下午社团课在专用教室内开展心理游戏、心理剧、心理影视欣赏、互动交流等形式多样的社团活动。这些活动不仅协助社团成员自身成长，也让他们有能力发挥他助功能，带动周围同学一起理性看待自身心理问题，以积极心态面对生活。在学校采用项目设计方式培养学生探究意识与创新能力的形势下，学校配备了很多心理学专业仪器，心理成长社成员带着兴趣尝试开展该领域的课题研究，以提升自身专业素养并能在同学中发挥示范引领作用。

（三）活动时间

周三下午社团活动课，4课时。

（四）活动过程

第一课时

1. 经典反应时实验介绍（社团指导老师张晓冬主讲）。

（1）反应时，又称反应潜伏期（response latencies），是指个体从接受刺激作用开始到做出外部反应之间的这段时间。

（2）Stroop效应。

Stroop效应（斯特鲁普效应），又译作斯特普效应，是指字义对字体颜色的干扰效应。一般认为，念字和说出字体颜色是两个不同的认知过程。Stroop于1935年做了一个实验，他利用的刺激材料在颜色和意义上相矛盾，例如用蓝颜色写"红"这个字，要求被试说出字的颜色，而不是念字的读音，即回答"蓝"。结果发现，说字的颜色时会受到字义的干扰。不同理论给出了不同的解释，其中相对加工理论认为读词总快于颜色命名，所以字词首先得到加工。当字词的颜色和颜色信息一致的时候，就会促进对字词的颜色命名，反之对字词的颜色命名则产生干扰。后来建构理论认为在 Stroop 范式中有 4 种不同类型的信息影响 Stroop 效应:呈现刺激的背景、刺激的大小数量、一致性效应以及任务效应。

(3) Yekovich 和 Walker 实验

实验目的:对个体在反应过程中所采用的策略进行推断。

实验方法:用计算机屏幕上给大学生呈现不同的故事情节。在每一故事情节之后,立即呈现 20 个单词,其中有些单词在故事中出现过,而有些则没有。但所有的这些单词都与所看到的故事情节相关,它们只是相关的程度不同而已。他们要求被试根据单词在故事中出现过与否,按"是"或"否"键来判断。出现过则按"是",反之则按"否"。

实验预测:Yekovich 和 Walker 推论说,如果被试采取相关策略的话,那么他们在判断那些与主题相关程度高的单词时所花时间比判断那些与主题相关程度较低的单词时所花时间要少,也就是说,前者反应速度更快。因为对后者而言,被试不得不认真权衡这些低相关的单词是否真正来自所见到的故事之中,因而所花时间也就较多些。

实验结果表明,被试对前者进行判断的平均反应时为 697 毫秒,而对后者则是 852 毫秒。这一结果证实被试确实采用了相关策略。

2. 综合反应时仪器的操作技巧学习。

(1) 视频学习(社长负责)。

(2) 分组模拟操作(小组长负责)。

3. 小组合作进行实验设计。

(1) 成员分成 5 组,每组 5 人,讨论想要研究的选题。

(2) 大组汇报交流。

分享各自选题,讨论可行性,确定课题名称:睡眠时长对综合反应时的影响实验研究。

(3) 确定研究方案。

① 组内分工:轮流做主试和被试。

② 设计表格,收集被试"睡眠时长"数据。

学号	昨晚入睡时间	今早起床时间	睡眠时长

(3) 讨论实验过程(小组长负责)。

第二课时

1. 研究方案说明(社长负责)。

(1) 选题与修改:如"睡眠对反应时的影响研究"改为"睡眠时长对综合反应时的影响研究","运动队反应时的影响研究"改为"不同运动强度对简单反应时的影响研究"。

(2) 组内分工讨论。

① 组长负责协调。

② 统一熟悉实验指导语。

③ 轮流担任主试与被试。

(3) 设计表格,收集"睡眠时长"数据。

(4) 轮流担任主试,开始综合反应时的实验操作。
2. 研究过程。
按实验方案进行实验仪器操作,成员轮流做被试,仪器自动记录数据。
实验步骤:
(1) 插入有被试名单的U盘。
(2) 打开仪器电源,复制名单。
(3) 输入学号,进入测试。
(4) 主试阅读指导语,确保被试理解。
(5) 选择不同反应时[简单反应时(光反应时和声反应时)、选择反应时、辨别反应时]进行操作,每人全部完成换另一被试。
(6) 实验结束,关闭综合反应时仪电源。
(7) 插入U盘,打开电源,复制数据。
(8) 将数据导入电脑上的智能心理数据分析系统,进行统计处理。

第三课时

1. 常用统计学知识讲解。
SPSS、Excel两种统计软件的安装与使用,社团指导老师张晓冬主讲。
2. 学习撰写规范实验报告(社长负责)。
(1) 发放《心理科学》《中国心理卫生杂志》《心理学报》《心理学探新》等杂志,确保每人一本。
(2) 小组讨论杂志上实验报告常见格式。
(3) 展示国际通用的实验报告规范格式。
3. 小组作业。
统计实验数据,撰写实验报告。

第四课时

1. 展示与分享(社长主持)。
各组轮流展示并分享交流各自撰写的实验报告。
2. 研讨(社长主持)。
从格式、数据处理、内容、结论等方面讨论各小组实验报告,并提出修改意见。
3. 点评。
社团指导老师就实验设计、实验操作过程、实验数据处理、实验报告以及小组合作等方面进行评分与点评,每项最高10分,总分60分。

评分项目	第1组	第2组	第3组	第4组	第5组
选题适切性					
方案可行性					
研究严谨性					
报告科学性					
汇报表达能力					
小组合作精神					

4. 后续事宜。

各组修改后的实验报告通过宣传板或者杂志进行展示宣传。

（五）建议与说明

1. 社团成员人不宜多。
2. 保证心理仪器的数量,一般每校每种只配 2 台,不能满足一个社团研究所用,所以可以在不够时向其他学校借用,或利用课后时间完成。
3. 提供的参考文献、专业期刊不宜过深但要专业。
4. 学习统计方法一节课不够,需学生作深入有针对性地拓展学习。

（执笔:张晓冬）

案例2:上海市三林中学趣味心理学探究

趣味心理学探究
——三林中学心理社团活动方案

（一）活动目标

1. 学生通过学习了解心理学研究的基本类型、思路和方法。
2. 学生通过实践体验心理学研究的过程。
3. 学生通过成果分享体验成功研究的成就感和快乐。

（二）活动对象

心晴社团成员由学生自主报名,参加的学生对于心理学这门学科都有浓厚的兴趣和强烈的好奇心。在经历了初期的社团召集、社团建设后,学生初步学习一些趣味心理学知识,通过活动体验完整的心理学探究过程。

（三）活动时间

每周社团活动时间(每次 40 分钟),共 11 次;另外学生需要安排课外自主研究时间,时间根据具体情况而定。

（四）活动过程

本探究活动共 11 次,由教师邀请学生参与活动,并提供研究方法指导、研究活动的组织,由学生课后自主研究,并在研究结束后进行社团内分享,教师提供奖励。

活动	内容	操作要点
第一次活动:心理学研究怎么做	1. 导入:"猪湾事件"引发的心理学研究 2. 心理学研究的基本思路引发兴趣→提出假设→开展研究→证实或者证伪 3. 阿希实验:巩固理解心理学研究思路	在这个部分之前,学生已经对心理学研究内容有过了解。

(续表)

活动	内容	操作要点
第二次活动:研究从选题开始	1. 从现象中发现问题(新奇、重复、密集的现象中都可以找到适合探究的问题)。 2. 选题原则(科学性、创新性、可行性)。 3. 选题种类(读书报告类、社会调查访谈类、观察记录类、实验研究类、设计制作类)。 4. 研究流程介绍(学习研究方法+选题确立思路、分组确认分工、研究实施、成果分享)。	充分激发学生兴趣,鼓励学生积极参加研究。
第三次活动:选题与分工	1. 选题意向(学生汇报选题及选题初步想法)。 2. 招募组员(学生自主招募组员)。 3. 填写选题表格(完成选题表初稿)。	选题表中要求做好研究内容界定、研究方法选择、研究人员分工和研究时间节点计划。 每个小组需要有一人担任组长,组长要能够控制整个研究流程。
第四次活动:资料检索方法	1. 网络信息检索(搜索引擎基本使用方法学习及实践)。 2. 知识产权保护(尊重他人知识产权意识的培养)。	在网络环境下活动,让学生有所体验。强调引用他人论据一定要做好记载,并在小论文中注明出处。
第五次活动:实验法要点	1. 实验法基本思路(自变量和因变量的确立;寻找自变量和因变量的关系)。 米卡尔 20 世纪 60 年代 糖果实验 M·R·罗森茨韦格 丰富的环境对大脑发展的影响研究 2. 排除干扰因素(对干扰因素敏感及如何巧妙排除干扰因素)。 奥维斯·欧文 1960 年实验 阅读对于婴儿语言发展的作用	在教师讲解过程中,请需要使用到实验法的小组来说说自己小组的实验设想和疑惑。
第六次活动:调查问卷法要点	1. 问卷设计的原则。 (1)措辞要简单;(2)确保问题适用;(3)措辞要具体;(4)避免出现多重含义的问题;(5)避免引导性问题;(6)减少敏感问题或隐私问题的影响;(7)回答项目要有穷尽,如果不能穷尽的要加上"其他";(8)回答项目要互斥,不要出现包容。 2. 问卷设计的格式(前言—个人特征材料—问题)。 3. 问卷设计实践(尝试设计一张对本校教师的调查问卷,设计后相互找茬)。 4. 问卷调查的方式(目标人群、发放、回收)。 5. 数据处理方法(统计思路和数据呈现方式简单介绍)。	在教师讲解的过程中,请需要使用到问卷法的小组来说说自己小组的对于问卷设计的设想和担忧。

(续表)

活动	内容	操作要点
第七次活动：研究过程解惑	学生课外自主研究过程的答疑解惑。	这两次活动期间，有些小组可能会遇到困难，有气馁的感觉，应该多鼓励并提供帮助。
第八次活动：研究过程解惑		
第九次活动：报告的写法	研究小论文的写作方法介绍。（论文的写作思路：研究假设、方法、实施、结果、结论和思考）	使用前一届社团成员的成果进行示范。
第十次活动：研究成果分享	分组分享自己小组的研究成果。	事前做好组织和安排。请学生制作 ppt 进行展示。
第十一次活动：表彰和奖励	表彰和奖励优秀的小组。	

学生感言：

1. 我负责的部分是问卷的编制和发放回收，开始觉得很容易，但是当我把初稿做出来后，按照老师说的先给组员试做一次时，就发现其中问题很多，经过几次修改才算完成。我的感想是，有些事情看起来不难，但是只有自己去做了才能发现问题。我感觉最有趣的部分是问卷的发放。有一次，在超市为了一张问卷和一个大叔纠结了半小时，我才发现其实这个世界上还有很多我不了解的人和事，虽然说不出什么，但是觉得真的拓宽了我的视野。

2. 做研究？一开始我觉得很不靠谱，觉得我们又不是心理学家。后来，我们开始学习一些方法，组成了团队，一起讨论、出谋划策，最后我们居然做出了一个还算有点样子的研究。虽然结果和我们原先假定的有些不同，但是老师说只要有这个过程和真实的数据都可以写论文，然后我们就写了，还得到了表扬。这一切当然很开心。不过最大的收获却远不止这些，而是通过这次研究，我和组里的两个以前并不认识的同学成了最好的朋友。

（五）建议与说明

心理探究活动的最大挑战在于要鼓励学生在生活中发现好奇点，并支持学生进行力所能及的研究。在考核与评价时，应该更加看重学生的参与和体验，而弱化对结果的过度看重。同时也要看到，每个学生在活动中感受最深的收获各不相同。比如下图为2013学年对学生活动后的调查，学生除了提到在学习知识上的收获，更多学生表示在增加体验上有收获，有的学生通过这个活动结交到了朋友，还有的学生提到通过活动增加了自信、明确了目标。

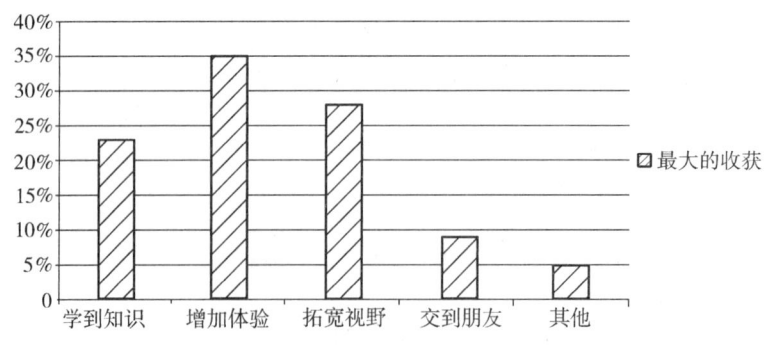

2013学年学生课题研究收获情况调查

（执笔：杨琳琼）

二、活动评析

上海市建平中学心理成长社团在学校社团文化和项目设计形势影响下,学生兴趣浓厚,活动有固定的时间保障,社团制度完善,管理健全。心理实验室系列活动能顺应心理辅导室配置等大环境变化,在学生兴趣的基础上,有组织、有计划地进行,学生在选题、研究方法,特别是查找资料、设计实验方案、开展实验、撰写实验报告与交流学习等方面团结合作,发挥所长,收获已经不仅限于实验研究结果本身了。这种形式的活动对于高中生提高探究能力、学术素养、组织能力以及协作精神都有不可替代的作用,其操作过程非常详细,在学生感兴趣的心理仪器探究方面经验独到,值得高中心理社团效仿学习。

上海市三林中学心晴社团的趣味心理学探究活动方案完整,甚至可以称得上是完整的研究性课程。在教师指导下,学生层层推进学习科学的研究方法并开展实践探究,注重激发学生好奇心与研究兴趣,更关注过程管理和评价,学生在体验中拓宽了视野、学到了知识、交到了朋友。其方案非常值得同类学校心理社团借鉴。

第二节 心理影视赏析

影视艺术虽然只有100多年的历史,但它的发展非常迅速,如今已经变成与普通大众息息相关的艺术形式。好的文艺作品对人的影响不容小觑,影视作品中的各种有代表性的鲜明而生动的人物形象会对学生产生较大的影响。学生在观看过程中,往往会自觉不自觉地被片中人物吸引,似乎也在经历着他们的人生境遇,感受着他们的人生,对自我的认识和探索不断深入,意志品质也不断受到影响。尤其是对偶像或者学生中广为认同的影视人物不由自主地产生喜爱、认同乃至模仿的行为。因此,影视作品对学生的影响力量是不可忽视的,经过选择的心理影视作品,对学生可以起到启迪人生、重塑自我的作用。

一、活动方案

案例:上海市进才中学"人格的心灵密码"系列课堂

"人格的心灵密码"系列课堂

——进才中学心理社团活动方案

(一)活动目标

由这一系列的课程给社团成员拓宽心理学关于人格方面的知识面,略作了解,并提高成员的兴趣。

（二）活动对象

心理社成员，社团成员已经参加了一系列的活动，进入发展、凝聚、提升专业知识阶段。

（三）活动时间

每周一节社团课，共4课时。

（四）活动过程

第一课时：多重人格与多重性格

导入：最近热播的韩剧 kill me heal me 有谁知道？讲述的是什么心理问题？

多重人格：多重人格的话题随着最近两部韩剧的热播又掀起了热浪，同时也激起了我们对这项疾病的无限好奇。

1. 多重人格的基本简介

多重人格障碍是心理疾病的一种，具有超过一个（若是两个则称为双重人格）的人格存在，犹如"在一个身体里住着好几个灵魂"。同时又可称为"癔症性身份识别障碍""多重人格障碍""分离性身份识别障碍"。

曾有一部电影《一个头 两个大》非常形象地描述了一个双重人格的特点。今天，我们以最新的韩剧作为我们社团活动的分析主线。

2. 病因与临床表现

根据电视剧 kill me heal me 片断就其中一个人格进行分析。（片段内容：主人公7岁的时候看到父亲对另一女孩多次施暴，终于在其中一次产生另一人格并且放火拯救女孩，这个人格也在后来承担了主人公最受伤的记忆。主人公对此事件原来的真相并不知情。）

学生活动：

学生讨论主人公幼年的心理创伤给他带来的负面影响，并结合理论知识对他的病因进行分析。

（1）分析童年创伤。

（2）提示：同学们讨论这次人格出现的原因，结合上一片段推断这个人格大致出现的时间（在主人公需要或感到什么的时候出现），以及他对主人公的作用，承担他哪方面的伤痛。

目的：学生对多重人格的表现有一个基本的了解。

（3）补充播放：国外纪录片中的一个小片段（一位多重人格患者正在与另外一人交流，突然下一秒他的语音、语调与神情完全转变，并询问先前与他交谈的人叫什么名字），展示真实的多重人格患者人格之间转换时的状态，让学生对此有进一步的了解。

3. 生活中的双重性格

一个典型的自述："从外表看我和所有人一样，可是我在和他们说话时我觉得自己是好努力的。我是说我好努力地不让自己不和别人说话。我的表情或许很平静，实际上，我在这一过程中汹涌澎湃，心里一刻也不得安宁。我的脑海中闪现无数个镜头：拿起刀把他给杀了，拿起椅子把他砸死……我新认识的朋友说刚见我的时候觉得我难以接近，后来才知道我挺好。其实我也有开心的时候，我还感到快乐。这种快乐对我来讲并不是什么稀罕物。我常感觉到。我只是心烦意乱,周围的同事很多说我性格开朗,我的朋友也说我现在开朗多了。我也不知道我到底要说什么。我只是心理烦躁,只是常常溜号想着一些乱七八糟的事情,想来想去我就烦了,不想活了,或者想来想去伤心了。这些别人是不会知道的,等我回过神了,我又觉得自己讨厌,总是去想那些没有用的事情,已经过去无可挽回的事情。有时我觉得自己是在逃避什么,觉得死了才能不让我受到伤害。觉得自己在伤害自己,做对自己不利的事,不肯帮自己。我说什么都不会有人相信我,我不愿意说什么。"

学生活动:讨论双重性格的表现及形成原因。

4. 控制与解决

学生讨论自己生活中是否有这种倾向,并介绍控制或解决方法。

（1）减轻或缓解个人生活和工作压力,改善生存条件。本质上,多重人格是一种对于环境压力的防御。

（2）多重人格的背后是强烈的自卑和脆弱,因此应注意循序渐进地培养自身的自信感和自强感,从小事做起,逐步获得成功的感觉。

（3）要给予患者足够的满足感和安全感。

（4）多与患者进行交流,引导其与友善的人建立友谊。

（5）给孩子一个温馨的家庭环境,禁止家庭暴力。家庭关系的不和谐很容易造成儿童的性格障碍,严重的会导致多重人格症。

在社团课最后推荐有兴趣的同学去看电影《一个头 两个大》《致命ID》《一级恐惧》《双重人格》以及书籍《24个比利》等。

第二课时:被动攻击型人格

1. 被动攻击型人格的定义

被动攻击型人格障碍,英文称为passive – aggressive personality disorder,是一种以被动方式表现其强烈攻击倾向的人格障碍,主要表现为:

（1）情感上易怒易变。

（2）行为上故意作对。

（3）对自己态度抱怨。

2. 学生思考

引导学生思考生活中是否遇到过类似表现的人。

3. 学生观看体验

播放《一个头 两个大》中的片段:主人公身为警察,却被邻居家的小孩欺负,妻子红杏出墙……后续出现的被动攻击。

4. 学生活动:案例讨论

下面列举一些症状,请同学们讨论:

小婷历史课学得很好,一日因为一同学说错苏轼乌台诗案的时间,小婷突然说话就很冲,脾气变得十分暴躁,那位同学觉得莫名其妙,对小婷说话的声音一下子就高了八度。

……

我们寝室的同学们一起畅谈,大家都把对每个室友的感受真诚地表达出来了,A向小婷表达了很多真实感受,希望小婷以后说话时脾气好些……小婷最后就对 A 说了一句话:你永远不要试图改变我。

• 小婷的事例是否和被动消极型人格的特征相符合,有哪些符合的特征?
• 在此增加一些关于小婷的生活细节,让大家来推测一下小婷这种人格形成的原因。(大家进行自由讨论与发言。)
• 结合对于此类人格患者的专业建议,让我们来讨论一下如何帮助小婷走出此人格带来的阴影。

建议:

(1) 努力了解自己。

知道自己在做什么,因为这种人格的人有时做事无目的性,那就需要了解自己的思想。如果你有被动攻击型人格障碍,并且知道你在做什么,你就可以改变自己。

(2) 不要取悦别人。

学会争取你真正想要和需要的东西。记住,在请求时如果被人拒绝也是正常现象,虽然你可能会很不愉快,但是你不要不断地取悦对方。说话做事要知道你想要的效果,而不要做你不想做的事。被动攻击型人格的人,往往会首先试图安抚对方,避免纷争,而不是去争取自己想要的东西。

(3) 控制怒火。

对于可以让你发怒的情景要格外留心,它可能源于你孤独、忌妒、忧伤或难堪。当你对某事非常担心时,停止一些报复性的想法,然后在大脑中预演积极的处理方式。

(4) 公平待人。

大喊大叫,歇斯底里,并不能让怒火平息,还不如不理睬好。当你要和其他人冲突时,把焦点放在理清自己的思路上,并且注意倾听对方的辩解,不要只是想自己要赢。

同学们在繁重的学业压力下,尽量排解平时生活中的琐碎小事,有什么事说出来,多和朋友沟通,常保持乐观积极的心态。不要把目标定得太高而给自己太多压力,知足常乐,学会感恩。不要让自己走进不健康的人格障碍。

第三课时:九型人格

1. 出发前的准备——我们都是性格牢笼的囚犯

很久很久以前,有一位善良的铁匠被人诬陷入狱,从此在暗无天日的监牢里凄惨度日。不久,铁匠的妻子送来一条她亲手编织的地毯,说是要给铁匠每日祈祷时跪拜所用。于是,铁匠非常虔诚地早晚跪在地毯上祷告,直到有一天,他终于发现了隐藏在地毯中的秘密……

原来,铁匠经过多年跪在地毯上反复膜拜与静心祷告后,他惊觉地毯上的图案竟是监牢大锁的构造图!亲爱的妻子早已把逃出监牢的秘密告诉了他,而他每日诚心跪在地毯上祷告,祈求能够早日离开监牢,但对摆在眼前的"逃狱密码"却视而不见。

发现了逃离监牢的秘密后,铁匠需要的是得到逃狱的工具——开启监牢大锁的钥匙。为了能够顺利打造这把钥匙,铁匠开始与狱卒交好,并努力说服狱卒加入他的逃狱计划。因为不管是犯人还是狱卒,每天都必须待在这座冰冷的监牢里,毫无自由可言;唯有离开这里,才会拥有更美好的人生。

经过无数次的讨论之后,两人确定了一个缜密的逃狱计划:赚取足够的逃狱基金。由狱卒每天带些金属给铁匠,铁匠利用巧手制作出精美的物品后,再由狱卒外出贩卖获利,以购买打造钥匙所需要的工具和其他开支。在众多金属中,铁匠挑选了一种最合适的金属来打造监牢大锁的钥匙。数不清的日子过去了,某一夜,铁匠与狱卒终于一起逃离了监牢,从此与妻子、家人、朋友们过着幸福快乐的日子。离开监牢时,锁匠特意把那张藏有大锁构造图的地毯留下,他希望下一位囚犯也能够看到地毯里的秘密而逃出牢笼。

每一位学习九型人格的朋友一定都会读到这则寓言故事,因为这个故事揭示了学习九型人格的过程。

我们都是性格牢笼的囚犯——"性格"是监牢大锁,"九型人格"是那张藏有大锁构造图的地毯;而"自我觉察与放下"则是帮助我们逃出监牢的钥匙。只有看清楚监牢大锁(性格)的构造,我们才能够打造开启监牢大锁的钥匙(自我觉察与放下)。

2. 了解"人格"的含义

人格是指一个人与社会环境相互作用表现出的一种独特的行为模式、思维模式和情绪反应的特征,也是一个人区别于他人的特征之一。

人格包括两部分:性格与气质。性格是人稳定个性的心理特征,表现在人对现实的态度和相应的行为方式上。性格从本质上表现了人的特征,而气质就好像是给人格打上了一种色彩、一个标记,性格可分为人类天生的共同人性与个体在后天环境与学习影响下所形成的独特个性。气质是指人的心理活动和行为模式方面的特点,赋予性格光泽。同样是热爱劳动的人,气质不同的人表现不同:有的人表现为动作迅速,但粗糙一些,这可能是胆汁质的人;有的人很细致,但动作缓慢,可能是黏液质的人。气质和性格构成了人格。

九型人格的符号由乔治·葛吉夫(George Gurdjieff)在 19 世纪末带到了西方,奥斯卡·伊察索(Oscar lchazo)首先将九型性格的教导与其图形互相结合,并阐明每种性格的主要特质,而格式塔心理学家克劳迪奥·纳兰霍(Claudio Naranjo)把九型人格带到了美国,开设了一系列的工作坊,探索人的性格型态。之后再由唐·理查德·里索(Don Richard Riso)及拉斯·赫德森(Russ Hudson)将九型性格特质详加阐释,包括九种内在发展的层次(Level of Devel opment)

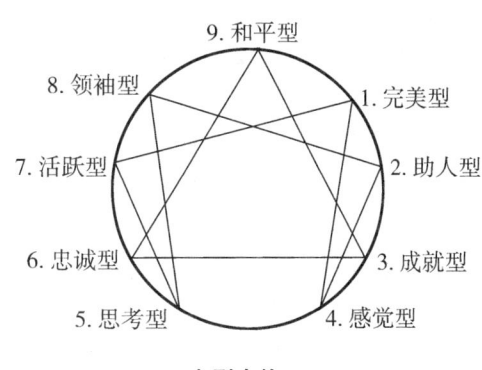

九型人格

与每种性格特质的"内在逻辑"(Inner Logic)。现在九型人格的理论应用范围广泛,包括个人成长、办公室管理及处理人际关系的窍门,更扩展至夫妻相处、教育子女及亲子关系方面。

九型人格又名性格型态学、九种性格。它包括活跃程度、规律性、主动性、适应性、感兴趣的范围、反应的强度、心理的素质、分心程度、专注力范围/持久性。可以分为完美型、助人型、成就型、感觉型、思考型、忠诚型、活跃型、领袖型、和平型。

3. 学生活动:我的人格密码

学生做简单的小测验,初步明确自己的基本人格型态,加强对自身的认识。

(1)调查问卷。

此份问卷共有36个题目,请在每题中选择你认为最恰当或最接近描述自己的性格行为的句子A或B,请全部作答。

1. 服务他人、因应他人的需求,对我而言是重要的。A
寻求看待事物和做事的各种方法,对我而言是重要的。B
2. 面对困扰时,我会陷在里面。A
面对困扰时,我会想办法放轻松。B
3. 我向来认为自己是个平静的、随和的人。A
我向来认为自己是个严肃的、自律的人。B
4. 我喜欢社交生活且喜欢结识各样的朋友。A
我对社交生活不感兴趣,而且怕与人交往。B
5. 做决定对我而言通常很困难。A
做决定对我而言很少有困难。B
6. 我向来是愿意支持他人,为他人付出,喜欢有人为伴的。A
我向来是严肃的、克制的、喜欢讨论问题。B
7. 面对全新的经验时,我通常会自问这是否精彩、有用。A
面对全新的经验时,我通常会自问这是否好玩、有趣。B
8. 我主要的长处之一是主导各种情况的能力。A
我主要的长处之一是描述内在状态的能力。B
9. 大体而言,我太开放、天真。A
大体而言,我太机警、谨慎。B
10. 我认为做事的方法有很多种。A
我认为做事的方法只有一种。B
11. 我的主要长处之一是利用资源及实现计划。A
我的主要长处之一是提出新点子,使人们为之兴奋。B
12. 我的健康及幸福因我强烈的助人欲而受害。A
我的人际关系因我强烈的自我而受害。B
13. 我向来有不易睡眠的困扰。A
我向来能轻易入睡。B
14. 我一向做事欠缺信心而犹豫不决。A
我一向做事充满信心当机立断。B
15. 人们信赖我,因为我有自信且能够为他们着想。A
人们信赖我,因为我很公正且会做正确的事。B
16. 我通常专注于自己的情感,且喜欢让它一直持续下去。A
我通常会淡化自己的情感,不会太注意它。B
17. 我或许一直都太被动,不够投入。A
我或许一直都有太强的支配欲和操作欲。B
18. 大体而言,我是有条理且审慎的。A
大体而言,我是好刺激且愿意冒险的。B

19. 我倾向帮助别人而发现他们正在犯错。A
我倾向和他人保持一定的距离。B
20. 我已提供许多人关怀与教养。A
我已提供许多人方向与诱因。B
21. 我很以自己的毅力及常识为傲。A
我很以自己的创新、创造力为傲。B
22. 大体而言,我是个外向的、擅长社交的人。A
大体而言,我是个认真的、自律的人。B
23. 虽然对方没有提出要求,只要我觉得他们有所需要,我便毫不犹豫及主动地帮助他们。A
若对方没有提出要求,我不会主动地帮助他们。B
24. 通常能引起剧烈情绪震荡的情况都会吸引我。A
通常令我觉得平静、舒适的情况都会吸引我。B
25. 由于想象力及好奇心,我的想法一向很有冒险性。A
我的想法一向很实际,只尝试着推动事物。B
26. 驾驭及支配别人对我而言是较重要的。A
受到别人的重视及认同对我而言是较重要的。B
27. 面临麻烦时,我有能力将之解决。A
面临麻烦时,我会以自己喜欢的东西慰劳自己。B
28. 整体而言,我一直是凭直觉的、个人主义的。A
整体而言,我一直是非常有组织力的、负责任的。B
29. 我因过于侵扰及干扰别人而产生人际关系的困扰。A
我因过于逃避及沉默而产生人际关系的困扰。B
30. 我向来自信且喜欢与人比较。A
我向来谦卑且喜欢以较慢的步伐行事。B
31. 我喜欢生活在自己的小世界里。A
我喜欢让整个世界知道我的存在。B
32. 我常受紧张、不安全感及疑虑的困扰。A
我常受愤怒、理想主义及缺乏耐心的困扰。B
33. 我向来以自己在别人生活中所扮演的重要角色为傲。A
我向来以自己的风趣及对新事物的开放态度为傲。B
34. 我比较乐观且易于从挫折中恢复。A
我常处于情绪化且多愁善感。B
35. 在许多状况下,我喜欢让自己就领导地位。A
在许多状况下,我宁可让他人就领导地位。B
36. 我一向是专注且具有高度热衷。A
我一向是很自发的,喜好玩乐的。B
计分方法:按照主持人所说的方式进行统计。

(2) 简单分析。

九型人格中第一型会要求自我控制、合理、规律,并且延迟奖励的能力,他们的孩子是一个小成年人。

九型人格中第二型会要求宽厚、有思想、有用,并且注意他人,他们的孩子是一个小帮手。

九型人格中第三型会要求处事卓越,履行家庭的希望,外形完美,并且非常受欢迎,他们的孩子是一个小明星。

九型人格中第四型会要求敏感、艺术的创造性,情感深度和了解,他们的孩子是一位小治疗师。

九型人格中第五型会要求独立、用功、聪颖和有求知欲,他们的孩子是一个小天才。

九型人格中第六型会要求可靠、守纪律、坚持不懈并且可信赖,他们的孩子是一位忠于工作信念的人。

九型人格中第七型会要求生命力、幽默、韧性和自然,他们的孩子是一位小艺人。

九型人格中第八型会要求坚强的、自给自足、勇气和自我克制力,他们的孩子是一位小企业家。

九型人格中第九型会要求安静、压抑要求、温和并且不要求,他们的孩子是一个小天使。

4. 总结

(1) 人格会因心理健康与否升华或恶化(与其他人格理论不同之处)。

人格最健康的时候,随时有人格整合的可能。例如:第9型的出现了第3型的特征,由原本的内向保守变得充满活力,基本欲望得到满足,基本恐惧隐藏。健康的人格令人活出真我、心理平衡、充分发挥自己的潜能和能对社会作出贡献。

一般的时候基本欲望和基本恐惧浮现,由自我取代了真我,自我过分膨胀,自我防卫机制出现,心理变得不平衡,容易与人发生冲突,为了满足基本欲望,可以不惜一切伤害人,也很容易屈服在社会的阴影下,人格的优点未能充分发挥。不健康的人格,可以说是一种病态,自我防卫机制失灵,可以导致人格陷落,如第五型人出现了第七型的缺点如失控、信口开河和生活奢侈等。严重的会导致精神疾病,甚至自毁。

当人格于极健康和不健康的时候,是有整合和陷落的现象,这会导致错误地判断人的基本人格,尤其是极健康的时候。

人格升华的整合方向及其素质获得的提升表现:

1→7:放下拘谨,宽容乐观,敢于尝试,获得"开朗"。

7→5:减少冲动,处事冷静,深入思考,获得"理智"。

5→8:坚强勇敢,果断自信,言出必行,获得"威信"。

8→2:热情友善,乐于助人,心胸开放,获得"纯真"。

2→4:坚持心愿,自我享受,爱人爱己,获得"谦卑"。

4→1:安分守己,是非分明,客观冷静,获得"平衡"。

3→6:尽责细心,三思后行,忠心耿耿,获得"忠诚"。

6→9:随遇而安,放下焦虑,信服别人,获得"信任"。

9→3:目标明确,勤快积极,自我挑战,获得"果断"。

(2) 人格之间没有好坏。

不同类型的人回应世界的方式具有可被辨识的根本差异,并且与性别无密切联系。

(3) 同样的人格会在个体上有差异。

虽然人的基本性格型态不会改变,但是某一型的典型描述,却不全然符合某一个人,原因正是上面说过的:人们为了顺应成长环境、社会文化,他们在安定或压力的情况下,有可能出现一些差异。必须强调的是:每一个人的成长环境都是独一无二的,所以同类型人之间可能有许多共同点,但也各自拥有一些属于自己最特殊的特质。

九型人格与当今各种性格分类法的最大区别在于:九型人格揭示了人们内在最深层的价值观和注意力焦点,它不受表面的外在行为的变化所影响,基本人格型态不会改变,不应抗拒,应该客观面对、接受自己的人格优缺点。

(4) 作用。

对于个人而言,首先能够明白个性优势局限,发现特质和发展方向,指导个人自我成长,其次也能够解决事业、人际中的问题。

第四课时:强迫型人格

1. 学生活动:测试

这是网上流行的强迫症倾向测试,看看有多少人有这样的表现。

头脑中有不必要的想法或字句盘旋

感到难以完成任务

做事必须做得很慢以保证做得正确

做事必须反复检查

反复想些无意义的事

必须反复洗手,点数

反复做毫无意义的一个动作

总担心亲人,做无意义的联想

出现不可控制的对立思维、观念

习惯反复说一句话或同一个名字

戴耳机的时候必须看清左右才戴

怀疑门没锁

看到别人没把黑板擦干净就觉得别扭

考试成绩出来后不敢查

发呆时一次次右击刷新页面

调音量一定要调到自己顺眼的数字

2. 学生活动:观看影视片段

(1)《心理医生》中的一个强迫症的片段。

病人一直觉得手不干净,想要不断洗手,心理医生从垃圾桶中拿出一张废纸让病人摸,来治疗强迫症。

(2) 播放强迫性人格的视频《这是病,得治》的部分内容。

对强迫性人格的做法、特点等进行比较。

3. 学生活动：案例分析

（1）介绍强迫型人格案例。

从小我就很懂事，知道父母很辛苦，对自己要求极为严格，一点儿时间也不许自己浪费，成绩一直名列班上前几名，初一后还担任班干部，深得老师喜欢。初一后半学期，父亲节约开支给我买了块表，作为奖励。

初二上半学期，我开始害怕将表弄丢了，结果果真在一次早操中将表丢了，我深知父母挣钱不容易，内心极度内疚，常常有意识地到寝室和马路边努力寻找，希望能够发现，但始终没找到，也不敢告诉父母，成绩也开始下降。

后来我家添置了沙发，平时我喜欢坐在沙发上看书。一次母亲说别坐坏了，以后不准坐在沙发上看书。从此我果真再也不敢坐沙发，后来发展到看见椅子也害怕了。我勉强读完了初中，其后一直待业在家，成天为看病四处奔波，父母为此花去了不少钱，我更觉得不好受。

近段时间以来，我老是想着自己是否渴了或者饿了，椅子该不该坐，泡在盆里的衣服是现在洗还是过一会儿洗，见到点灯就要反复检查开关，出了门要反复看是否关好锁好等等。与他人交往时，我总害怕别人笑话我，认为别人的眼睛都在看自己。后来在医生的指导下，服用一段时间的氯丙咪嗪等药，饭后不再呕吐，能克制一点自己害怕的想法和行为，但停服不久则症状再次出现。

（2）分析强迫症表现形式。

4. 总结

强迫型人格障碍患者从早年（儿童甚至幼儿期）就表现出过度追求完美、计划性、过度整洁、过分注意细节、行为刻板、观念固执、怕犯错误等性格特点。强迫型人格障碍患者的症状有现实性，有时这些行为对患者的生活或者工作有一定的正面帮助。

强迫症的症状往往是荒谬的，强迫观念往往是某种内在焦虑的外在表现，强迫行为只能够缓解内心的焦虑，对患者没有帮助，常严重影响患者的正常生活和工作，患者往往为这些行为感到痛苦，极力消除却不能。

强迫型人格障碍患者在压力下会表现出类似强迫症的症状，但在压力缓解后这些症状又会基本消失，少数会发展成强迫症。

一个强迫症患者可以在病前并没有强迫型人格。

强迫型人格障碍和强迫症在治疗上都不容易，后者可以采取药物治疗，前者药物治疗无效。

（五）建议与说明

本系列课堂总共有四节课，分别通过影视材料来讲述有关人格的心理话题。在这个系列的社团活动中，需要学生学习一些较全面的心理学理论，因此在课程中指导教师会推荐一些相关的素材，如其他相关视频、课外读物、心理学经典实验等供成员拓展学习。

（执笔：沈慧、沈雨华）

二、活动评析

上海市进才中学的心理社团,通过《人格的心灵密码》系列课程,将电影《一个头 两个大》《致命ID》《一级恐惧》《双重人格》以及书籍《24个比利》等影视题材,围绕"人格"这一专业术语进行解读,拓宽心理社团成员关于人格方面的心理学知识,提高成员的兴趣,并注重自身人格健全发展。

第五章

心理社团发展状况

心理社团是学校开展心理健康活动中必不可少的一个部分,它是运用学生资源,以点带面地向全校师生宣传和普及心理健康知识的一个平台。根据每个学段学生不同的特点,心理社团开展的侧重点会有所不同。因此在本章节中,分别选取了小学、初中、高中的三个不同的心理社团,就他们的发展状况来分析如何在不同学段开展心理社团活动。

在六师二附小心理社团的活动中,可以看到社团和学校心理信息员培训相结合,社团成员作为宣传员辅助学校心理健康活动的开展。龚路中学将社团与心理剧相结合,社团成员拥有了一个展示的平台。进才中学发挥学生的自主性,由学生自行探究他们感兴趣的心理专题。

一般而言,心理社团活动以一学期为准。大部分学校会安排一节课的时间供社团活动,社团人员的构成在每学期中相对稳定,但在学期间会有所变化,因此大部分学校心理社团活动的安排以学期为单位开展。

第一节 六师二附小阳光心理社团

一、发展报告

(一) 社团成立背景

为了贯彻学校心理健康教育五年规划,推进心理工作的落实与开展,克服师生人数多、心理辅导教师少的现状,尽量关注到每位师生的心理健康,发挥班级心理委员的小助手与"小小咨询员"的作用,切实有效地开展学校的心理健康教育工作,六师二附小成立了学生心理社团,以进一步落实学校心理健康教育的各项工作,有效拓展心理健康教育的内容,探索一套适合我校心理健康教育的心理社团选拔、培训及工作开展模式,促进师生心理健康水平的逐步提高。

(二) 社团组织形式

1. 社团活动主题

助人自助、快乐成长。

2. 社团活动目标

(1) 通过心理测量、心理游戏、心理实验、心理小讲堂等活动,让社团成员学习心理知识,感悟心理科学,提升心理素养,学会助人自助,促进学校心理健康教育的可持续发展。

(2) 通过组建学校心理社团,有效发挥心理社团的作用,发挥班级"学生心理信息员"的作用,以便切实有效地开展我校的心理健康教育工作。

(3) 积极创造条件,实施请进来、走出去的学习交流方案,提高心理社团的培训、组织能力,最有效地发挥学校心理社团的功能。

3. 社团成员组成

学校心理社团专题小组、学校心理专职教师、各班级心理信息员以及三到五年级对心理学感兴趣的同学。

(三) 社团活动安排

1. 活动时间

每期活动16次,每周三中午12:00~12:40。

2. 活动安排

第一阶段(第一周):成立学校心理社团专题小组、招募成员、研究方案。

第二阶段(第二周~第五周):阳光心理社团成立及心理小讲堂活动。

第二周:阳光心理社团成立大会、心理小测验。

第三周:心理小讲堂:什么是心理健康。

第四周:心理小讲堂:锻炼心理品质,培育健康心理。

第五周:心理小讲堂:班级心理信息员工作实务。

第三阶段(第六周~第九周):心理游戏。

第六周:自我认识。

第七周:同伴互助。

第八周:正确认识友谊。

第九周:学习的苦与乐。

第四阶段(第十周~第十三周):心理实验体验。

第十周~第十一周:沙盘体验。

第十二周~第十三周:放松训练。

第五阶段(第十四周~第十五周):室外拓展训练,培养团队精神。

第六阶段(第十六周):总结阶段,评选优秀团员。

(四) 具体活动程序及操作要点

心理小讲堂1:什么是心理健康

1. 理解什么是健康

问题1:什么是健康?

问题2:下面的人谁最健康?为什么?

A. 小明除了心律失常外,其他身体部位都非常健康。

B. 小萍身体非常好,是校田径队队员,但她与同学关系总处不好,常感烦恼。

C. 小强身强体壮,学习时一遇难题就发愣,大家说他缺乏自信心。

D. 小兰身体健美,善与人交往,情绪比较稳定,自制力强,意志坚定,大家都喜欢她。

小明心律失常,说明身体部分不健康。小萍、小强虽然身体不错,但他们不是与同学搞不好关系,就是学习自信心不强,这都会阻碍他们成长和进步,他们的心理素质水平有待提高。小兰不仅身体好,而且心理素质也不错,这就会促进她的成长和进步,所以说小兰最健康。可见人的健康包括两方面:身体健康和心理健康。

2. 理解什么是心理健康

人的身体健康可通过一系列体能测试来判断,而心理健康也是有衡量标准的。下面就来探讨一下心理健康有哪些主要表现。

组织学生讨论:

将学生4~6人组成一个小组,讨论。讨论内容:心理健康的表现是什么?为什么?学生讨论5~7分钟后在全班范围内交流发言。老师简明扼要地将讨论内容写在黑板上,着重分析几项内容。

（1）心胸开朗,乐于交往。

表1

性格类型	含义	益处	害处
开朗	心胸开阔,不斤斤计较	① 与人关系和谐、个人情绪愉悦 ② 交往中互补优缺点 ③ 与他人、集体相融,促进学习、工作更快进步	不开朗 不善于交往	① 与人关系冷漠、不够和谐、个性孤僻、烦恼 ② 与他人、集体有距离,失去学习进步的一些外部力量
乐于交往	在与人交往中主动、热情,不羞怯,不冷漠		

每个人都生活在社会中,不可能离群独居。孤独会给人带来烦恼,影响身心健康。在社会、学校、家庭、班集体中,如果我们开朗、乐于与人交往就会使自己形成良好的个性品质,促进学习、工作更快进步。人的交往包括与同龄人、异性之间,与师长、父母、长辈及社会中的人之间的相互交往。学校是我们学会人际交往的重要场所,同学们应该在交往的过程中不断提高人际交往能力。

（2）情绪健全、情感丰富。

表2

情绪健全的含义	要求或作用
积极情绪多于消极情绪	① 积极情绪使人有好心情,给生活和学习带来有益影响 ② 消极情绪会对身心产生不利影响

表3

	情感
情感丰富且健康的特点	① 待人热情,善于交往,人际关系和谐 ② 对祖国、家乡、亲人、集体、他人充满爱心,易被人接纳 ③ 对自己、他人,对学习、生活有责任感 ④ 善于想象、思考,促进思维能力开发 ……

特点不只局限于表3中这几点,只要合理,学生说出来,即给予肯定。

每个人都有情绪和情感,它是丰富多彩的。我们每个人要做自己情绪、情感的主人,让自己的学习和生活快乐、充实、美好。

(3) 性格良好,有自制力。

表4

性格良好的特点	诚实、友善、富有同情心、有责任感、自尊自爱、理解、可信、可靠、关怀、体谅、热情……
自制力强的意义	① 能自觉支配自己的行动,排除干扰,克服困难,很好地控制、驾驭自己 ② 完善个性 ……

每人都有自己的性格,性格与先天遗传有一定关系,更是后天环境影响的结果。性格有内外向之分,但谈不上好与坏之分。不论什么性格的人,只要他具有诚实、友善、富有同情心等因素,就称其为具有良好性格。每个人不可能具有所有的良好性格特点。性格是可以通过人际交往、社会实践等途径不断趋于完善的。

(4) 意志坚强,不怕困难。

表5

意志坚强的特点	① 遇事能够当机立断,果断行事 ② 有控制自己的情绪、言谈、行为的能力 ③ 当行则行,当止则止,不感情用事 ……	意志坚强在对待困难上的表现	① 能够正视困难,知难而进,寻找克服困难的有效方法 ② 失败了也不气馁、不退缩,继续努力,直至成功

意志力是人克服困难取得成功的催化剂,是心理健康的重要表现。

3. 小结

这节课我们知道了人的健康包括身体健康和心理健康,同时又了解了心理健康主要表现在以下几个方面:心胸开朗,乐于交往;情绪健全,情感丰富;性格良好,有自制力;意志坚强,不怕困难。因此,我们平时不仅要重视自己的身体健康,还要重视自己的心理健康。

心理小讲堂2:锻炼心理品质,培育健康心理

1. 复习提问

(1) 健康包括哪两方面?

（2）心理健康体现在哪些方面？

2．导入新课

心理健康对青少年的成长有益，而不健康心理对青少年的成长有害。每个同学都希望自己心理健康，然而良好的心理品质并不是天生的，是通过锻炼得来的。锻炼心理品质是每个人都需要的，它可使心理不健康的同学不断提高心理健康水平；它可使心理健康水平良好的同学继续保持和进一步提高。那如何锻炼心理品质、培育健康心理呢？这节课我们就来讨论这个话题。

3．出示课题：锻炼心理品质、培育健康心理

（1）了解自己的心理特点

我们经常听到一句话：只有自己最了解自己。

心理学家认为，自己并不完全了解自己，主要表现在两个方面。一是过高估价自己。二是过低估价自己。

了解自己，是心理健康的标志之一。只有了解自己，才能对自己的能力做出适当的估计，才能有较强的环境适应能力，保持乐观的人生态度。

怎样才能尽可能客观地、正确地了解自己呢？

① 通过比较来了解。

② 通过他人的评价来了解。

③ 通过心理水平测试了解。

练习：完成社交能力自测表。

（2）要掌握正确的锻炼方法

① 多读好书，优化心理品质。

② 参加社会活动，锻炼心理品质。

③ 参加美育活动，陶冶心理品质。

④ 经常亲近大自然，有益心理健康。

心理小讲堂3：班级心理信息员工作实务

1．工作条件

（1）身心健康。

指身体（生理）健康、心理健康。心理健康主要指能恰当地评价自己的能力，能处置常见的挫折，能适度地表达和控制自己的情绪和行为，能保持良好的人际关系。

（2）待人真诚。

能悦纳他人，善于运用个人的情感，针对同一环境、事件、人物言语和行为应该是一致的。

（3）表达流畅。

有较强的书面写作能力和口语解说能力，能在阅读中围绕主题，整合综述相关资料。

（4）兴趣爱好。

对青少年的学习考试、人际关系、情绪状态等方面的特点有一定的探究兴趣。

2. 工作职责

（1）学会合作。

按时参加学校召集的心理信息员会议,积极发表自己的观点和创意,学会与老师和其他信息员合作。

（2）积极配合。

支持配合心理老师做好心理课的组织管理工作,发现问题及时与老师沟通信息,交换意见。在心理老师的指导下,完成教学所需的游戏小品排演、问卷调查小结、宣传板报出版等各项工作。

（3）认真学习。

端正态度,认真听取相关的讲座,记好笔记;虚心向专家、老师请教,掌握一定的有关青少年心理健康方面的专题研究方法。

（4）能够提问。

在人际交往中,要有问题意识,能觉察出有调查研究价值的各类问题,并写好提案,提交给心理老师。

（5）善于观察。

在日常的学校生活中,要重视收集本班级同学的学习心理（包括态度、方法、效果、考试）、师生冲突、上网特征、亲子问题、娱乐内容、休闲倾向、异性交往、应对挫折、卫生习惯、人生志向等方面的新动向,并及时与心理老师交换意见,沟通信息。

（6）适度介入。

对于学生同伴中出现的异常行为、不良情绪反应,如有足够处理能力的,可以适当介入,给予他人必要的支持,如没有十分的把握,应及时转介给心理老师。

（7）懂得研究。

根据心理健康教育的进展与需要,心理信息员应不断提高掌握计算机网络等多媒体新技术的学习,并充分利用网络资源,整合相关青少年心理健康方面的学习、研究资料。

3. 工作原则

（1）平等参与。

信息员虽有一定的特殊性,但在心理活动课及其他心理项目的开展中,应与学生平等交往,做同学的知心朋友。

（2）尊重他人。

在履行各项职责的过程中,一定要尊重同学、老师、父母的言行,尊重他人的人格。

（3）真诚坦率。

在相关的会议及活动中,要积极参与,敞开心扉,做同学的表率。

（4）注意保密。

不得把了解到的个案调查、咨询中求询者的姓名和情况向外公开。对于学校中发生的尚未定性又未公开的事情不得向外界宣传,对家人也应有所保留。

（5）重视程序。

如有问题需要反映,不得直接越级向上级部门反映,而应向班主任或心理老师汇报沟通,不得把事态扩大。

4．工作奖励

（1）每学期评选20%的优秀心理信息员,颁发荣誉证书和奖品。

（2）不定期组织心理信息员校际之间的学习交流、参观访问、联谊活动。

（3）对成绩突出的信息员,学校心理辅导员中心(室)向班主任或学校推荐,给予相应的奖励。

5．帮助途径方式的了解

（1）学校心理信箱的位置、心理辅导室的地点、热线电话号码、心理信箱的位置。

（2）浦东新区学校心理健康教育指导中心,学生成长热线:50941525(我们就是要"我爱我"),周一至周五晚5:30~8:30。

心理游戏1:自我认识

活动目的:

让学生从自己与别人不同的特征中,看到每个人都是独一无二的,意识到一个人要清楚地认识到自己是不容易的。

活动准备:

1. 课前向学生家长拿一张学生小时候的照片;

2. 提供学生书写的"个人小档案";

3. 提供学生画画贴贴的"我们的指纹艺术画"铅化纸。

活动过程:

游戏1:猜猜我是谁。

拿出三块小黑板,上面贴着每个人的照片,请大家在黑板上找出自己的照片,然后把事先写好自己名字的卡片贴在自己照片的上面。

游戏2:个人小档案。

完成一份个人小档案,来挖掘每个人内在的特点,看一下你的自我评价和大家眼中的你是否一致。

游戏3:指纹艺术画。

五人一组,每个人只能用一个手指,一起来完成一幅"指纹艺术画"。

完成作品后,交流、介绍各组作品。

总结:

在刚才的游戏中,我们每个人都为集体完成这幅作品出了自己的一份力,每一幅画缺少任何一位同学都是不行的,所以每一位同学都应该认识到自己存在的价值,不要有任何自卑的想法,因为我就是我,一个独一无二的我。

心理游戏2:同伴互助

活动目的:

1. 通过游戏,引导学生领悟到合作的必要性,使学生感受到为了达到一个共同的目标,需要大家一起来,你帮助我,我帮助你。

2. 使学生体验到,根据每个成员的特点、特长进行分式合作,效果会更好。

活动准备:

1. 两根与学生身高等长的尺子(棍子)。
2. 每两名学生准备一条蒙眼睛的布条。
3. 硬纸板一张,四角各系一根长短不一的绳子;球一个。

活动过程:

游戏1:给小仙子出主意。

听故事。

每两名同学一组,用一句话写出给小仙子的主意,学生发表意见。

用准备好的棍子试一试。

游戏2:盲人走迷宫游戏。

同桌两人组成一组。

两人一个整体,一人扮盲人,一人做向导,开始走迷宫。再交换玩一次。彼此说一说玩时的内心感受。

游戏3:四人运球比赛。

四人一组发一份游戏用具:一块硬纸板,四角各系一根绳子;球一个。

四人小组用硬纸板把球抬起来,讨论怎样才能按要求完成。

然后四人小组用硬纸板将球抬起,移动一段距离。讨论:四人怎样合作才能成功?

总结:发挥每个成员特点,分工合作,才能更好地完成任务。

心理游戏3:正确认识友谊

活动目的:

1. 了解孩子们认识友谊的现状。
2. 认识友谊的重要性,明白什么是真正的好朋友。
3. 帮助孩子与同学建立真正的友谊,从心理上辅导孩子解决在交友中出现的烦恼。

活动准备:

1. 搜集资料,创设情境。
2. 课前请同学填写自己的资料卡。
3. 每人准备一张空白卡片。

活动过程:

游戏1:绕口令《小华和胖娃》。

小华和胖娃,两人种花又种瓜,

小华会种花不会种瓜,

胖娃会种瓜不会种花,

小华教胖娃种花,

胖娃教小华种瓜。

一个真正的好朋友就是这样的,他能够在你最困难的时候给你关怀,给你温暖,能够在你最开心的时候分享你的快乐。

游戏2:介绍好朋友。

同学们自由介绍好朋友和成为好朋友的原因。

游戏3：你说我猜。

好朋友相互配合，一人用自己的语言或动作描述出屏幕上出现的词语，另一人就从他的语言或动作中猜出这个词。说出词语里的字就犯规了。一分钟内猜出6个词过关。

总结：能做到互相理解、宽容、不埋怨，真是一对好朋友！在游戏中，我们进一步感受到了快乐，增进了了解。

游戏4：说出你的烦恼。

在平常的交往中，有的好朋友之间难免也会出现一些矛盾，产生一些烦恼。请同学们畅所欲言，倾诉自己的内心烦恼。

老师和其他学生帮助有烦恼的孩子想办法解除烦恼，出谋划策。

如果有些同学不愿当着大家面说，可以通过写信的方式向社团指导教师倾诉，聊一聊，消除你们的烦恼。

游戏5：友谊厅。

小组交流课前收集的描写"朋友，友谊"的名言警句；

把收集的语句赠送给在座的朋友；

用自己的话来赞美"朋友，友谊"；

在友谊卡上写上自己的心里话，把卡片亲自送到好朋友手中，和他一起分享这份真挚友情带来的快乐；

孩子们互赠友谊卡，社团指导教师关注个体，(《手拉手》音乐)活动总结。

心理游戏4：学习的苦与乐

活动目的：

1. 让学生对学习的苦与乐有初步的、辨证的认识。

2. 通过本次活动，激发学生的学习兴趣、求知欲望和积极进取的精神。

活动准备：

要求每个学生准备一个实例，说明学习是苦或是乐；课前收集有关学习的名人名言；小品表演；头饰。

活动过程：

1. 小品表演：学习的苦与乐。

提示：学习到底是苦还是乐？我们来听听这两位同学是怎样说的。

学生甲：我认为学习太苦了。你们想想，我们每天背着沉重的书包到学校去学习，回家还要做大量的作业，平时还有测验、考试。为了应付这些，还得放弃看电视、玩耍的时间。若考试考得不好，还要被老师批评，被家长责骂。你们想想，学习是多么痛苦啊！

学生乙：我和甲同学的想法恰恰相反。我认为学习是件快乐的事情。请大家想想，学习使我认识了字，学会了计算，还懂得了许多道理。当我们考试得了好成绩或学习上有了进步时，老师和家长就会表扬我们，这时我们的内心是不是很快乐呢！所以，认为学习是一件乐事的朋友请大家笑一笑。

2. 讨论交流：

(1) 看了小品之后你同意哪一种说法？

(2) 请结合自己的实际情况，谈谈你们对学习是苦还是乐的看法。说得好的学生戴上一个精灵的头饰。

3. 继续讨论问题：

(1) 你们有没有这种经历——有时遇到一道难题，想了很久还是解不出来，后来经过努力，终于找到了解题的方法。这时你们的感受是苦还是乐？

(2) 你们有没有这种体验——为了迎接考试，连续几天放弃休息，甚至电视也不看，结果在公布考试成绩时知道自己得了100分。这时，你们的内心是不是高兴得无法形容？

(3) 你们有没有这种想法——今天在学习上虽然花了不少时间和精力，但自己长大后，能用到学生时代学的知识和本领，那时，回过头来你们一定会说，学习虽苦犹乐。

4. 介绍与解释：

请同学将收集到的各类有关学习的名人名言向大家介绍并作解释。

(如："读书破万卷，下笔如有神""书山有路勤为径，学海无涯苦作舟""吃得苦中苦，方为人上人"……)

总结：

通过这堂课，我们知道了学习是一种艰苦的脑力劳动，需要花时间、下工夫。当想到这种艰苦能换来知识、换来赞扬、换来为国家出力的本领时，你们就会体会到"苦尽甘来""乐在其中"了。

室外拓展训练1：盲人背瘸子

活动目的：沟通配合能力，活跃气氛。

游戏规则：当场选六名学生，两人一组，一人扮"盲人"，用纱巾蒙住眼睛，一人扮"瘸子"，为"盲人"指引路，绕过路障，达到终点，最早到者为赢。其中路障设置可摆放椅子，须绕行；气球，须踩破；花朵，须拾起，递给"瘸子"。

室外拓展训练2：无敌风火轮

活动目的：本游戏主要为培养学生团结一致，密切合作，克服困难的团队精神；培养计划、组织、协调能力；培养服从指挥、一丝不苟的工作态度；增强学生间的相互信任和理解。

道具要求：报纸、胶带。

场地要求：一片空旷的大场地。

游戏规则：12~15人一组，利用报纸和胶带制作一个可以容纳全体成员的封闭式大圆环，将圆环立起来，全体成员站到圆环上边走边滚动大圆环。

(执笔：盛秋蓉)

二、评析

六师二附小的阳光心理社团，作为小学心理社团，活动设计兼顾科学性和趣味性，内容选择从小学生的心理需求出发，特别关注小学生的自我认识、人际交往、学习适应三个方面。

社团成员在心理课堂中学习心理知识;在心理测验中了解自己;在心理游戏中学会挖掘自身的优势,认识自我、肯定自我、悦纳他人,变得更自信,敢于与人交流;在心理绘画和儿童心理剧中学会运用心理小知识;在心理拓展训练中培养自信,提升团队合作互助精神;在心理沙盘、心理仪器使用中放松心情,舒缓压力,训练注意力及手指灵活性等。

这些社团活动形式多样、内容丰富,深受学生的欢迎。学生在心理社团活动中收获很多,充分表现了自己,在同伴快乐的氛围中不断地成长、不断地进步,对接下来的社团活动充满了期待。

同时,社团成员通过活动培训后,能在自己所在的班级开展心理信息员的工作,配合学校心理教师对班级内的同学进行同伴辅导,达到助人自助、快乐成长的活动效果。

第二节 龚路中学倾心社团

一、发展报告

(一) 社团成立背景

学生社团是中学校园文化的重要组成部分。为丰富学生的校园生活,营造学校心理健康教育的氛围,宣传和普及心理健康知识,帮助学生提高心理品质,本着充实心灵、助人自助的原则,心理社团应运而生。我校有专职的心理教师,也有与之配套的硬件设施,这些成为我校开展学生心理社团活动的良好条件和有力保障。

(二) 社团组织形式

1. 社团活动主题

校园心理剧"小手拉小手,小手拉大手"。

2. 社团活动目标

(1)给对心理学感兴趣的同学提供一个学习和交流的平台,让他们在社团活动中学习到心理学的知识、理念,提高组织活动、自我管理、人际交往的能力,能够以更好的心理素质去学习和生活。

(2)在活动参与中感受关爱,培养技能,接受助人、助己的心理健康理念,并以点带面,促进学校心理健康教育工作的有效开展。

(3)培养学生心理同伴辅导员,心理社团的成员将会主动关注自己周围的同学,热忱帮助身边需要帮助的同学,将他们所接受的心理学知识传递给更多的人。

(4)壮大心理健康教育队伍,帮助学校及时掌握各班级的心理气象,及早进行心理危机的预警和干预,促进平安校园建设。

3. 社团成员组成

由心理室拟定招募条件,发布招募海报,成立初期主要采取自荐和班主任推荐两种方式,保证每班至少有一名同学参与到心理社团来。由于毕业班同学学业较繁忙,因此招募的年级定为预备、初一、初二、高一、高二五个年级,共计25个班级。心理老师对自荐和他荐的学生进行面试,每班至少挑选1名学生,最多不超过3人,最终确定了50位对心理学感兴趣、责任心强、乐于与同学沟通交流、能热心服务于班级心理健康工作的同学,并从中推选社长1名。

由学校专职心理老师任指导教师,并整合学校、社会等资源来为学生心理社团提供支持。

(三) 社团活动安排

1. 活动目标

(1) 为社员提供一个展示自我的平台,在活动中培养社员与人沟通、交往的能力,提高心理自助能力。

(2) 体验并学习换位思考,进而理解父母。

(3) 在家长学校中向家长演出,与家长们一起探讨如何与孩子沟通,进而加强亲子之间的沟通。

(4) 将社员参演心理剧后的收获和成长编撰成册,作为心理健康小册子向全校师生发放。

(5) 在心理主题班会中播放心理剧,与同学们一起探讨如何与父母沟通,为同学们提供必要的心理支持和援助。

2. 活动时间

每周1课时(共18课时)。

(四) 社团活动过程

第1课时

1. 热身游戏——叠罗汉。

游戏规则:所有社团成员围成一个圆圈,依次做自我介绍,第一个成员说:"我叫A,我来自……";第二个成员说:"我是A旁边的B,我来自……";第三个成员说:"我是A旁边的B旁边的C,我来自……"。如此轮流介绍,直到一圈结束,但是第一位必须将整圈人的名字都复述一遍。

游戏目的:对于互相不认识的心理社团成员来说,可以增进互相之间的了解。

2. 选取社长。

(1) 老师宣布社长要求。

① 对心理学非常感兴趣。

② 有很好的组织协调能力。

③ 有责任心。

④ 善于与他人沟通。

(2) 学生可以通过自荐或者他荐的方式。

(3) 竞选社长的成员准备2~3分钟演讲,成员投票决定。

3. 校园心理剧介绍。

第2课时

1. 分组、推选组长。
2. 团队建设。
(1) 在组长的带领下,共同完成一张海报以及自己组的队形。海报包含内容如下:
① 组名、组长、组员。
② 组的标志(或者吉祥物)。
③ 组的口号。
(2) 分组在所有成员中展示,每组推选一名发言人介绍自己组的海报。
(3) 所有组员一起喊自己组的口号。
(4) 所有组员一起摆出自己组的队形。

第3课时

1. 设计封面。
2. 教师设计校园心理剧学生成长记录手册,学生小组合作设计属于自己的封面。

第4课时

1. 小组讨论:生活中和父母之间发生的印象深刻的事。
2. 交流分享。

第5课时

1. 选择其中一个故事为剧本原型。
2. 小组合作:撰写剧本。

第6课时

1. 小组合作:为剧本设计台词。
2. 教师指导。

第7课时

1. 分组讨论:角色性格分析。
2. 教师引导学生从自己的角度去理解人物。

第8课时

1. 每人选择自己想扮演的角色。
2. 分组讨论:扮演前角色分析(同类角色的同学组成一组)。

第 9 课时

1. 对自己想扮演的角色进行现实人物采访。
2. 教师引导学生从他人的角度去理解人物。

第 10 课时

1. 根据采访收获对台词进行修改。
2. 教师引导学生揣摩自己扮演人物的内心活动。

第 11 课时

1. 小组合作：在组长的带领下排练心理剧本。
2. 教师引导学生体验扮演的角色的感受。

第 12、13 课时

1. 各组汇报演出（请学校专业人员录像并刻录光盘）。
2. 学生交流分享。

第 14 课时

1. 分组讨论：扮演后角色心理分析（同类角色的同学组成一组）。
2. 教师引导学生对人物有更深层次的理解。

第 15、16 课时

1. 全体交流分享表演之后的感受及收获。
2. 社长组织成员将同学们的收获及启发整理成册，作为心理健康的宣传小册子，主题为"如何与父母沟通""如何与孩子沟通"等。

第 17 课时

1. 在家长学校活动中播放社员排演的心理剧。
2. 成员与家长们敞开心扉，分享自己和父母沟通时曾经遇到的各种问题，引导家长们换位思考。
3. 向家长发放主题为"如何与孩子沟通"的心理健康宣传小册子。

第 18 课时

1. 在心理主题班会课上，向全校学生播放心理剧。
2. 将心理社团成员分派到各个班级，以心理剧为导入，开展一节主题为"爸爸妈妈，我想对你说"的心理主题班会。班主任可以邀请部分学生家长来校一起参加主题班会，让父母和孩子有面对面的交流。
3. 成员给各班学生发放主题为"如何与父母沟通"的心理健康宣传小册子，给家长发放主题为"如何与孩子沟通"的心理健康宣传小册子。

4. 操作要点。

（1）可以让成员记录在自己设计的"校园心理剧学生成长记录"中。

（2）如果正好有主题为"亲子关系"的小团体辅导，可以把心理剧播放给参与小团体辅导的同学们看，或者由成员直接表演给同学们看，然后和小团体辅导的同学们一起分享他们在参演心理剧之后的收获和成长，引导他们换位思考，给他们提供一些心理援助。这样的同伴辅导有时能起到事半功倍的效果。如果参与小团体辅导的同学对心理剧有兴趣，也可以让社员们带着他们一起排演心理剧，也许可以取得意想不到的效果。

（3）在各种学校的活动中，尤其是心理节活动中，可以向全体师生、家长播放心理剧，也可以在学校的心理节中由心理社成员组织全体同学进行心理剧比赛。

（4）整理学生的收获，以便能更好地了解学生的改变是否在我们的预设之中。对于预设之外的收获更应好好珍惜，作为以后心理剧前进的动力。以下是学生的一些意外收获：

① 快乐与别人分享那将更快乐，难过跟别人说那将不再那么痛苦。

② 我知道了在特殊的情况下要随机应变。

③ 角色扮演好不好不重要，一个人只要用心去演戏，那演出的戏就是最好的，要有自信。

（5）自己做的事和说的话一定要让别人明白。如果你说的话自己明白，可是别人不明白，说了也白说。

（执笔：褚玉英）

二、评析

心理剧是中学阶段常用的心理健康教育活动的形式。初中学生正处于青春期早期，自主发展意识强，但自主发展的能力较弱，他们与高中生相比，更愿意表达自己。将心理剧与社团活动相结合非常符合学生发展需要，体现出以下几个优点：一是参与人员自愿参加社团活动，本身对心理学比较感兴趣，在活动中投入度高，获得的体验也深刻，参与人员成长明显；二是团队规模小，心理老师的指导比较到位，从选题到最后的演出，指导老师与学生互动高；三是设置了展示环节，除了扩大心理社团的影响力之外，还可以有针对性地开展心理健康教育的宣传。

龚路中学的心理社团还有一个亮点，就是设计了非常详尽的记录手册，对学生社团活动进行过程性评价。

附：校园心理剧学生成长记录（样表）

校园心理剧
学生成长记录

剧名：_____

班级：_____　　　　记录者：_____

剧本内容		
角色		角色性格分析
我想扮演的角色是		
扮演前角色心理分析	自我分析	
	小组讨论	
	其他	
采访记录		
设计台词		

扮演后角色心理分析	自我分析	
	小组讨论	
	其他	
交流分享		
收获和启发		

第三节　进才中学语者心理社团

一、发展报告

（一）社团成立背景

2000年,学生自发组织起了语者心理社团。"语者"取自于英国作家尼古拉斯·埃文斯的作品《马语者》,意指跨越鸿沟,读懂相互的语言,心灵相通,彼此进行心与心的交流。

语者心理社是一个温馨的大家庭,经常对学生生活中可能遇到的问题进行分析和模拟训练,彼此帮助,共同成长;语者心理社是一个有服务意识的大家庭,他们会在世界精神卫生日走进社会,开展心理知识的宣讲和宣传资料的发放;语者心理社是个重视专业实践的大家庭,他们在世纪公园、马路边进行人际交往的实地考察和训练。同学们在活动中得到心理锻炼,在助人中提升自身的心理素质。

在语者心理社里,社团成员对生活中可能碰到的问题进行分析和模拟训练,不仅有助于每位成员的心理健康发展,学会一些助人技巧,在学生中还起到小咨询员的作用,也为学生自主成长、展现自我、体验成功创建了更广阔的舞台。进才中学语者心理社屡次被上海市中小学心理辅导协会评为"优秀学生社团"。

(二) 社团组织形式

1. 社团活动主题

自主发展,共同成长。

2. 社团活动目标

(1) 普及心理知识,满足对心理学感兴趣的学生的认知需要。
(2) 促进对心理学科的理解。
(3) 增强社团成员的人际交往能力、组织管理能力等。

3. 社团成员组成

在高一、高二学生中招募对心理学感兴趣的学生自愿参加,由学校专职心理教师担任社团指导教师。

(三) 社团活动安排

1. 心理知识讲堂

由社团成员自主选择主题、查找资料、制作课件、课堂讲授,为心理社成员提供专业的心理学知识,满足他们的学习需要。从选题到讲授,完全由学生自主完成

案例:"人格的心灵密码"系列课堂

活动名称:"人格的心灵密码"系列课堂

活动目标:由这一系列的课程给社团成员拓宽心理学关于人格方面的知识面,略作了解,并提高成员的兴趣。

活动对象:心理社成员,社团成员已经参加了一系列的活动,进入发展、凝聚、提升专业知识阶段。

活动时间:每周一节社团课,共4课时。

活动步骤与操作要点:

第一课时:多重人格与多重性格

学生活动:观看 *kill me heal me* 片段。

(1) 同学们讨论他幼年的心理创伤所给他带来的负面影响并结合理论知识对电影中人物的病因进行分析。

补充播放:国外记录片中的一个小片段(一位多重人格患者正在与另外一人交流,突然下一秒他的语音、语调与神情完全转变,并询问先前与他交谈的人叫什么名字),展示真实的多重人格患者人格之间转换时的状态,让同学们对此有进一步的了解。

(2)说一说生活中的双重性格。

双重性格也可以说就是我们常说的"两面派"。

(3)控制与解决:说说如何与"双重性格"的人相处。

同学们讨论自己生活中是否有这种倾向,并介绍控制或解决方法。

在社团课最后推荐有兴趣的同学去看其他相关影视资料。

第二课时:被动攻击型人格

学生活动:观看《一个头 两个大》中的片段。

(1)案例讨论。

下面列举一些症状,请同学们来讨论:

小婷历史很好,一日因为一同学说错苏轼乌台诗案的时间,小婷突然说话就很冲,脾气变得十分暴躁,那位同学觉得莫名其妙,对小婷说话的声音一下子就高了八度。

……(省略)

我们寝室的同学们一起畅谈,大家都把对每个室友的感受真诚地表达出来了,A向小婷表达了很多真实感受,希望小婷以后说话时脾气好些……小婷最后就对A说了一句话:你永远不要试图改变我。

(2)结合今天的影片分享,谈一谈如何了解和完善自己的性格。

第三课时:九型人格

学生活动:阅读《九型人格心理学》书籍片段。

(1)教师对相关心理学知识进行讲解。

(2)简单的小测验,初步明确自己的基本人格型态,加强对自身的认识。

(3)讨论了解自己的性格对自己的帮助。

人格之间没有好坏,是不同类型的人回应世界的方式具有可被辨识的根本差异,并且与性别无密切联系。同样的人格会在个体上有差异。明白自己个性上的优势与局限,发现特质和发展方向,指导个人自我成长,解决事业、人际中的问题。

第四课时:强迫型人格

学生活动:观看《心理医生》和《这是病,得治》中的片段。

(1)测试:网上流行的强迫症倾向测试,看看有多少人有这样的表现。

(2)比较两个片段中主人公行为上的差异。

(3)案例分析:强迫型人格与强迫症表现形式的差异。

(执笔:沈慧)

2. 心理课题研究

每学期由社团成员根据需求选择相应的课题,在心理老师的指导下开展研究。通过开展课题研究深入理解心理学科的科学性,掌握基本的科学研究方法。

一般学生开展心理课题研究的流程如下:

(1)指导教师进行选题指导。

（2）学生分小组查找资料选定课题。
（3）指导教师进行课题研究方法指导。
（4）社团成员撰写开题报告。
（5）指导教师对开题报告进行分组指导。
（6）开展研究，指导教师进行过程性指导。
（7）课题结题，举行课题成果展示活动。

案例：关于音乐对学习状态的影响研究

1. 研究主题的选择。

（1）学生根据自己的兴趣和生活观察选定研究主题。

随着经济发展和各种音像设备的普及，听音乐已经成了人们生活中不可缺少的一部分，边听音乐边学习，变成了存在于现代学生中的一种普遍习惯。对这种习惯的态度和看法，不论是家长、老师还是学生自己，都有许多不同的看法。

部分同学认为音乐对于学习会产生分散注意力等负面效果，而一部分同学又觉得音乐对于学习有有益的帮助。很多有关音乐的著名实验都证明音乐对人类甚至动植物都有所间接或直接的帮助。在疑惑和兴趣的促使下，课题组的6位同学试图用自己的双手探究该问题的答案。

（2）在社团指导教师的辅导下查找资料，确定研究目标。

学生通过查找资料，发现已有的一些心理学研究证明，音乐对人的思维发展确实存在影响，因此，将研究目标确定为音乐对学习状态的影响到底是积极的还是消极的？现代流行音乐和古典音乐的影响是否不同？什么样的音乐对我们的学习有帮助？

2. 研究过程的设计。

第一阶段：上网查阅资料，根据现有的研究结果进行了几个结论的猜想，如音乐对学习状态有影响、音乐对学习状态没有影响、音乐对不同的学科有不同的影响。

第二阶段：与指导老师进行交流讨论，在老师的建议下进行问卷调查。大部分题目主要由课题组成员编写，编写好后由老师来修改、完善、打印。

该问卷名称为音乐偏好调查，共13题，12道为选择题，1道为开放性题。

在选择答题者的范围上，我们选择了自己班级的46位同学。然后进行数据统计，我们使用word和excel软件进行输入和编写，通过1234等数字代码代替字母，便于进行数据统计。数据输入由6位课题组成员分工完成，汇总工作由龚玄杰完成。

第三阶段：在暑期中进行实验。实验分为两批。

第一批实验设计如下：

实验内容：在有/没有音乐的情况下完成题目。

实验方法：选取8位同学，做自身对照实验。一次实验共做两套题，第一套在没有听音乐的条件下做，第二套在有音乐的条件下做。

题目内容：一套共15道的英语选择题。

参考变量:完成时间、正确率。

选择音乐:肖邦夜曲9 NO 2E。

实验要求:

实验过程保持安静;题目统一选取。

分析方法:在不同条件下完成同样题量、难度相近的习题,通过分析完成时间和正确率的差异,得出该音乐对学习状态有无益处的结论。

第二批实验设计如下:

实验内容:在有/没有音乐的情况下完成题目。

实验方法:选取6位同学,做自身对照实验。针对数学和英语两门学科进行实验。每门学科,听音乐做5次实验,不听音乐做5次实验。(即每门学科10次实验,共20次)

做题内容:数学、英语(暑假作业);数学一次实验做9道题(5道填空题+4道选择题);英语一次实验做15道选择题。

参考变量:完成时间、正确率。

实验要求:

(1) 实验全程保持周围环境安静。

(2) 选自己注意力正常、心绪平静时进行实验(不要大悲大喜时做)。

(3) 题目自选。

选择音乐:

莫扎特A大调单簧管协奏曲第一乐章;莫扎特A大调单簧管协奏曲第二乐章;莫扎特A大调单簧管协奏曲第三乐章;肖邦 降D大调夜曲;肖邦 夜曲9 NO 1B;肖邦 夜曲9 NO 2E。

选取音乐的原因:经过讨论,我们一致觉得音乐的跌宕起伏和情绪化会对注意力的集中产生消极影响,所以选取了古典、浪漫时期两位作曲家的作品,这几首作品情绪化不强烈,音量平均,较有规律。

分析方法:在不同条件下完成同样题量、难度相近的习题,通过分析完成时间和正确率的差异,得出该音乐在短时间内对学习状态有无明显益处的结论。

3. 研究成果展示。

第一批实验进行时,志愿者在进行实验时都急于结束实验,音乐在这样的心境下难以起作用。第一天一共做了两次(即四套),在第二次实验时,实验负责人发现大家做题的速度一套比一套快,有好几位志愿者反映是因为越做越进入状态。由于时间条件的限制,第一批实验进行了一天,已做成的数据由于干扰因素太大,也难以反映问题,于是修改实验方案,进入第二批实验。

第二批实验为了避免出现第一批实验的尴尬,我们对实验进行了一些改进,例如增加实验次数,以在一定程度上减少误差;选取多样但性质相似的音乐以提高实验的趣味性;不集中志愿者统一进行实验,而是自由选取相似的题目和合适的时间,希望以此来减小对实验预期结果的影响。但由于暑期课业和业余活动丰富,一些同学有心参加但因时间有限或网络、电脑故障没能参与实验,后又有一位志愿者没能按照要求进行实验,一组实验数据作废。最后只剩下五组可供分析的数据。以下是第二批实验的部分数据:

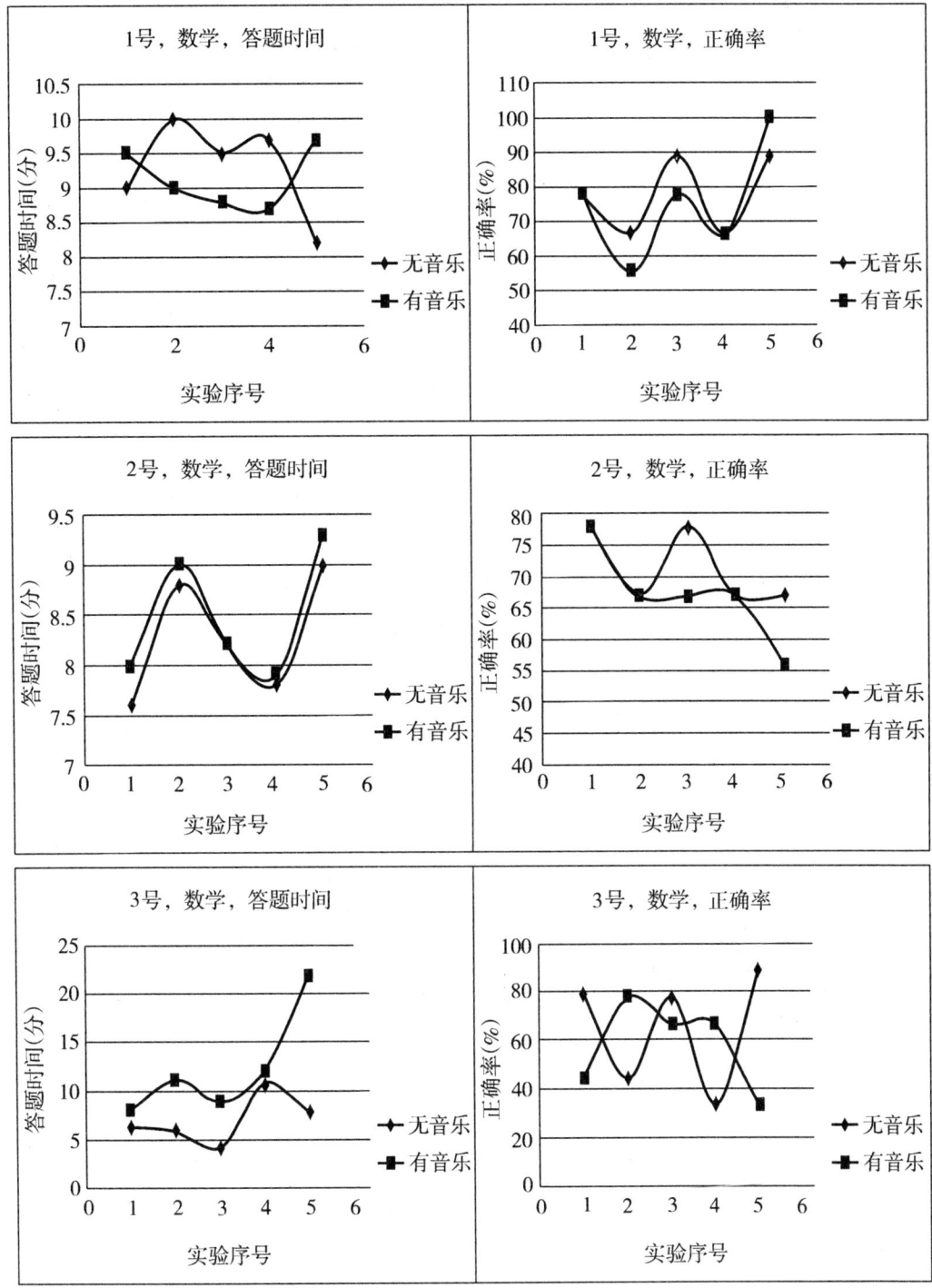

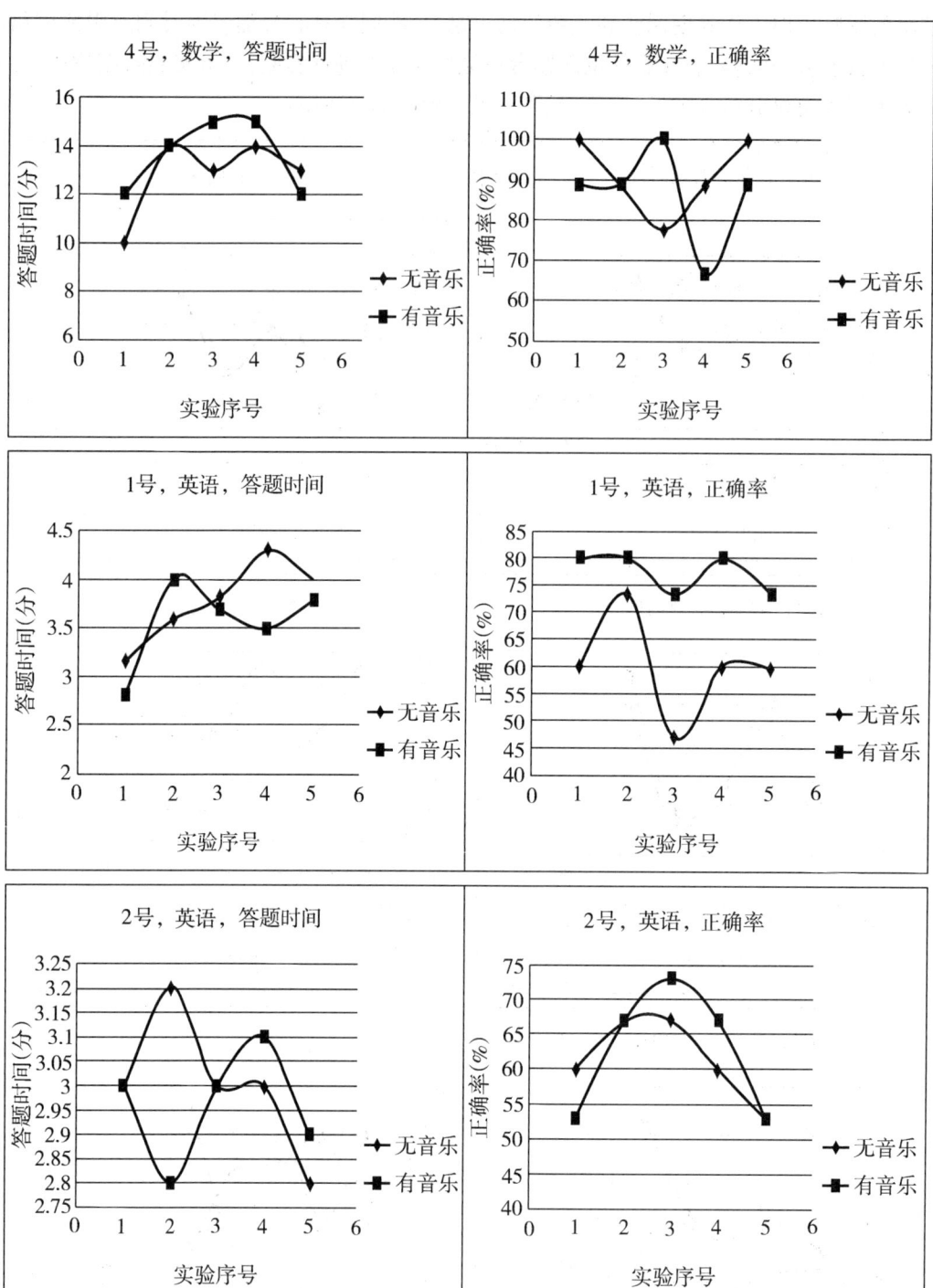

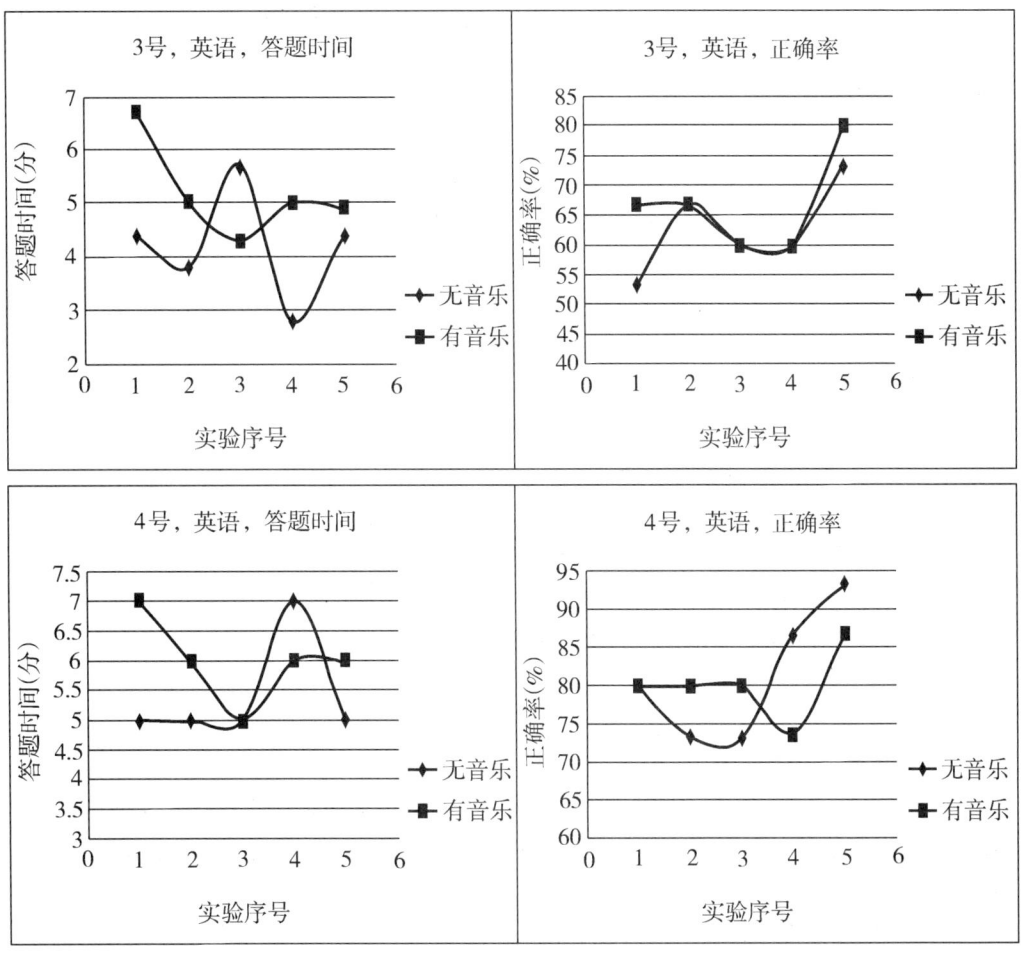

就数学答题速度来看,5 位同学中的 4 位在听音乐时做题时间有不同程度的缩短,然而就正确率来说,没有明显差异。

对于英语来说,正确率有提高的趋势,而答题速度没有明显差异。

在我们分析数据时发现,5 人的个体差异较大,每个个体在不同次实验中的差异也很大,原因之一就是我们选取的实验样题——暑假作业中的每套题难度参差不齐。同时由于样本数较少,以上结论尚待商榷。

4. 学生的收获与反思。

回顾整个研究过程,一开始设计的问卷调查就存在一些问题,针对性不强,并没有很好地为整个研究过程服务。整体来说,课题的进程过于缓慢,各种有关课题的步骤安排得不够紧凑。

通过这次经历,大家知道了课题的基本概念和进行课题的一般步骤,了解了科学研究的过程,同时了解了实验设计是实验成败的关键。

在学习压力大和学习生活繁忙的中学中,开展音乐对学习状态的影响实验,存在相当大的困难。寻找志愿者是最大的困难。另外,实验材料(进行试验时做的各科题目)难找,难以控制变量。

鉴于此课题需要很多的样本数,需要较多的同学参与,因此本课题难以得出较确切的结论。

附录:中学生音乐偏好调查问卷设计

通过这份问卷,我们意在了解音乐对同学们生活与学习的影响。为了使我们的研究结果能够切实帮助到同学们,请同学们真实客观地完成问卷。

本问卷不涉及个人隐私,不对同学做任何评价,旨在了解情况,大家可以放心答卷。

谢谢大家的配合!

你的性别:_____

你的特长(可多选):(　　　)

　A. 西洋乐器　　　B. 民族乐器　　　C. 美术绘画　　　D. 舞蹈　　　E. 科技

　F. 其他_____

1. 你喜欢在写作业的时候听音乐吗?(　　　)

　A. 经常　　　B. 有时　　　C. 偶尔　　　D. 从不

2. 你喜欢听什么风格的音乐?(　　　)

　A. 现代的流行音乐　　　　　B. 古典音乐

　C. 无歌词的背景音乐　　　　D. 摇滚等重金属音乐

　E. 其他_____

3. 你认为音乐会带给你什么感受,对你产生什么影响?(　　　)

你希望音乐带给你什么感受,对你产生什么影响?(　　　)

　A. 愉悦放松心情　　　B. 宣泄或排遣,转移注意力　　　C. 补助学习,集中注意力

　D. 培养情趣,让自己更有品位　　　E. 影响学习,忍不住听完后又有后悔之感

　F. 其他_____

4. 你认为音乐与人的情绪有关系吗?(　　　)

　A. 关系密切　　　B. 有点关系　　　C. 毫无关系　　　D. 不清楚

5. 你认为听自己喜欢的音乐能让情绪变得好一点吗?(　　　)

　A. 可以　　　B. 不一定　　　C. 没有效果　　　D. 有一定影响

6. 课余时间,你喜欢听哪种音乐作为放松和娱乐?(　　　)

　A. 爵士乐　　　B. 古典音乐　　　C. 流行音乐　　　D. 非主流音乐　　　E. 其他_____

7. 你认为音乐能提升你的 IQ 或 EQ 吗?(　　　)

　A. 能　　　B. 不能　　　C. 不清楚　　　D. 有点能

8. 在晚自习什么时候易神游和浮躁?(　　　)

　A. 开始时　　　B. 下课前　　　C. 中间　　　D. 20分钟休息前后的10分钟

9. 觉得音量如何最舒服?(　　　)

　A. 很小　　　B. 一般　　　C. 较大　　　D. 巨大

10. 如果音乐很好听或者音乐的旋律很强,会不会专注欣赏而忘我?(　　　)

　A. 从不　　　B. 偶尔　　　C. 常常　　　D. 不清楚

11. 一般多久听一次音乐?(　　　)

　A. 每天都听　　　B. 两三天听一次　　　C. 一周听一次　　　D. 很少听音乐

12. 每次听音乐一般会听多长时间?(　　)
A. 20分钟以下　B. 20分钟~1小时　C. 1~2小时　D. 2小时以上
13. 写下自己认为会喜欢一辈子的音乐(考虑到老年)。

(执笔:沈雨华)

二、评析

　　进才中学语者心理社植根于进才中学的学生心理自主发展的心理健康教育模式。高中生具有强烈的自主发展意识,与初中生相比,自主发展能力显著增强。他们在选择社团活动时,除了考虑自己的兴趣外,更多地会结合自己未来的生涯发展方向。因此在设计和指导社团活动时,应该注重为学生搭建平台、创设环境,鼓励自主发展。(不论是心理知识讲堂还是学生心理课题研究,都可以看到学生自主发展的热情和能力。)

　　在心理课的教学中,有部分学生对心理学科产生了浓厚的兴趣,但日常的课堂教学并不能为他们提供充足的时间和空间进行学习和探究。在社团活动中,他们可以自主选择主题,收集整理资料,通过与同伴的交流与合作,开展课题研究,从而满足他们自主发展需要,提高了自主发展的能力,为他们未来的生涯发展奠定了基础。

后　　记

　　从1998年12月上海市教委颁布了《上海学校心理健康教育规划(1999~2001)》和《上海市中小学心理健康教育大纲》以来,广大学校在学生心理健康教育实践的探索中取得了丰富的成效与经验。其中形式多样、生动活泼的心理健康教育活动,深受广大师生的欢迎。本书就是凝聚了上海市中小学心理健康教育活动方面的优秀成果,具体包括团体辅导系列、学生心理社团活动系列、心理健康主题活动系列等,为学校全方位开展心理健康教育提供了理论支持和实践引导,有助于学校充分挖掘资源,创设良好的校园心理氛围,提升师生心理品质。

　　本书作者均为上海市浦东新区有丰富实践经验的心理教师或者心理健康教育工作者。

丛书主编：吴增强

本册主编：廖静瑜

编写组成员：

心理健康教育主题活动系列：朱仲敏　章学云　沈慧　盛佳妮

团体心理辅导系列：吴俊琳　杨琳琼　余智华　李雪芹

心理社团活动系列：李文君　刘丽秋　张晓冬　李莉

　　编写过程中难免会有错误之处,恳请广大读者批评指正,顺致谢意。